编委会名单

顾　问　陈春声　陈平原　林　岗
主　编　张培忠　肖玉华
副主编　孔令彬

编　委（以姓氏笔画排序）
江中孝　李　彬　李伟雄　吴亚南
余海鹰　张　超　林　茵　林洁伟
赵松元　段平山　黄景忠　曹亚明

韩山师范学院2017年省市共建中国语言文学
重点学科经费资助

广东省普通高校人文社科重点研究基地
岭东人文创新应用研究中心阶段性成果

张竞生集

第四卷

主　编　张培忠　肖玉华
副主编　孔令彬
本卷主编　段平山

生活·讀書·新知 三联书店

Copyright © 2021 by SDX Joint Publishing Company.
All Rights Reserved.

本作品版权由生活·读书·新知三联书店所有。
未经许可,不得翻印。

图书在版编目(CIP)数据

张竞生集/张竞生著. —北京:生活·读书·新知三联书店,2021.1
ISBN 978－7－108－06928－3

Ⅰ.①张… Ⅱ.①张… Ⅲ.①社会科学－文集
Ⅳ.① C53

中国版本图书馆 CIP 数据核字(2020)第 145000 号

张竞生 20 世纪 40 年代初与夫人黄冠南摄于饶平旧寨园

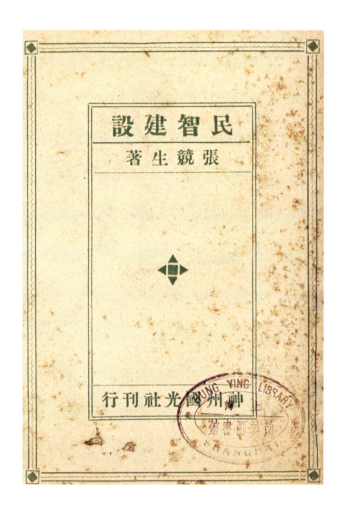

《民智建设》封面

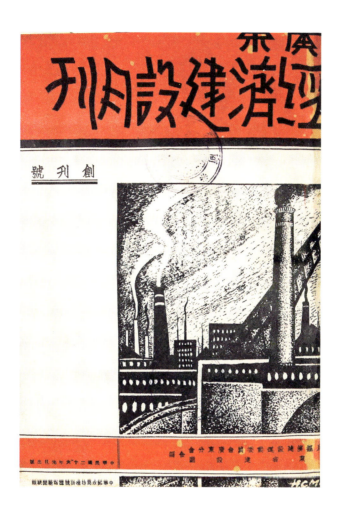

张竞生1937年主编的《广东经济建设月刊》创刊号

饶平交通动脉的饶钱公路 (节录)

(张竞生署述)

饶平地势南北较东西为长,从北到南(除沿海开次)都是山地。中间有一大溪流把东西的地势分开为二边。饶钱公路未筑之前,已有饶黄公路,它是在大溪流东边,但那时政治的腐败,这条公路筑了数年尚未完成。因此群众要求交通的便利,倡议另行提倡开筑饶外公路。饶外公路是在大溪流西边的,它比饶黄绕高乾溪,但它有许多优点:

第一,饶黄线那时的起落站为石壁头,这个海口常有风浪,阻碍货物的运输,但饶外线的起落站为饶东市的海口

张竞生关于饶钱公路建设的手稿

本卷说明

张竞生的学术研究领域是很广阔的,除了哲学、美学、文学以及文化学等这些传统的学科领域之外,还有一些针对中国农村社会的实际问题的研究,如针对农村社会的人口问题、养老问题、征工问题、自然环境问题、地域特色问题、水利建设问题、交通以及教育等问题。这些问题综合起来,就是他的乡村建设部分。

本卷共收录了约70篇文章,其中的第一篇《民智建设》和第二篇《民力建设》在当时是由上海的"神州国光社"1933年6月编辑出版的"单行本"。但由于这两本书的篇幅不长,而且内容基本上是关于乡村建设方面的,所以选入本卷。其他文章主要来源于由广东省农业厅主办的《广东经济建设月刊》杂志以及由汕头市主办的《大光报》等。需要说明的是,本卷最后几篇文章虽非张竞生本人撰写,但由于其内容是针对张竞生乡村建设情况的相关报道,所以也收录在本卷之中。另外,本卷的一些文章,由于资料匮乏,难以辨识,以致存在缺漏,望读者谅解。

对于张竞生研究来说,乡村建设部分是一个极其重要的学术领域,因为在他的"乡村建设"系列文章中,不仅有很多值得人们借鉴的乡村建设实施办法,而且也体现出张竞生在政治理想、审美倾向、文化价值取向等方面的学术价值。

为尊重作者本人的写作风格和行文习惯,同时也最大程度地保留那一时期的文体风貌,本书编校时在字词、语句等方面尽量保持原貌,只对典型讹误进行了修改。特此说明。

目 录

民智建设——基本建设之一 1

  序 1

  民智与无线电的播音及收音机 4

    （甲）"播音处"的组织 11

    （乙）"收音处"的组织 18

  附一 无线电播音及收音机浅说 26

  附二 上中央政府省政府及地方政府一封公开信 29

  附三 拉丁字母的采用（附文法的规定） 30

民力建设——基本建设之二 35

  总论 35

  第一章 利用机器——电力化——艺术的手工业 37

    一、工业、农林、渔利及其他 37

    二、交通 43

    三、艺术技能化的机器运用法 46

  第二章 群力的发展原理与方法——领袖人才 50

第三章 玩耍——游艺的场所与方法——储藏力与创造力 55

结论 58

劳动界的四个兵略 59

归国后，到民间去的计划 61

农村复兴实验谈 64

救中国的两种经济特殊政策——征工与民库证券 74

救中国的两种经济特殊政策——征工与民库证券（续） 95

《广东经济建设月刊》创刊号编者之话 121

死的经济——裸葬！ 123

人口与经济问题平议 126

与行政督察专员某学兄论征工书 132

与友人论征工书 135

编后话：但求无愧我心 138

救荒方法 141

建设的建设 144

日本断不能灭中国 147

广东精神是什么 149

一日间的建设 150

向岭东区各县市之国民经济建设运动委员会支会进言 152

别开生面之国民经济——为广东名胜委员会而作 155

申论"生极其趣"之作用 166

再论"最大的生趣" 171

国民经济建设与教育之总评——并介绍中国各地几种雏形实业教育及
　　乡村建设运动 178

从五十亿一跳到两百亿元 214

罗定县人民到处吃草餐糠 216

一位好县长 218

《广东经济建设月刊》的第四期编后语 220

叙陈茂功先生著之《乡村建设刍议》 221

国民经济漫谈百则 223

　　一、大小便 223

　　二、脏泥 228

　　三、废物利用 230

　　四、瓜棚豆架 233

怎样使广东富？——以经济组织法代替官僚政治 235

征工与国民经济 246

章程国与怎样立章程 248

经济的声音 250

粤省水利与征工 251

　　附一　修浚韩江支流三利溪绪言 257

　　附二　修浚三利溪揭阳段意见 259

一隅经济建设实验谈 262

监生与监死 270

到水去！暑假学生最有趣之工作——浚河作堤与灌溉 272

我国持久战的几种经济条件 274

山的面面观（小叙） 293

山的面面观（续一） 296

山的面面观（续二） 299

山的面面观（续四） 303

山的面面观（续五） 307

山的面面观（续六） 309

山的面面观（续七） 311

养病最好是山居——山的面面观之八 313

风景区的设立与鉴赏——山的面面观之九 317

论组织与根绝内乱——山的面面观之十一 320

论设立农林机构之重要性——山的面面观之十二 324

一种新的社会 328

饶平交通动脉的饶钱公路 339

张竞生的发言 342

山窝种柑谈 344

民需论 348

饶平县农产展览会告参观者及三字经说明 355

小学教师与农村领袖 361

今后之农民政策 364

附录

张竞生谈饶平建设近况 369

张竞生博士的农村生活 370

张竞生回到农村以后 372

为移植美松致张竞生书 374

民智建设
——基本建设之一

序

革命史中有一定律:

"凡革命而不能建设者,则其革命永久不能成功。"

墨西哥数十载扰乱无定局;而我民国十几年来仅造成为彼此互相争夺之场,均属此例的证明。

反而论之,革命后而有建设,则成为急速的进化;美国脱英国独立后,国势所以一振如日中天。

在腐败的社会如我国一样,革命手续实不可少。

但会革命而不能建设,功虽不小,而罪更大。必也能革命又能建设,然后才算为伟大的人物。

中山先生最大功勋,当然在推倒满清;可是他又更伟大者,在能于推倒帝制后而汲汲于各种建设(如心理建设、实业建设、社会建设等)。他自己说得好:"故我敢证言曰:为和平而利用吾笔,作此计划(此仅指"实业计划"),其效力比吾利用兵器以推倒满清为更大也。"(见他的《实业计划》的"结论")

实在的,先生的实业计划,又基本,又伟大,诚为我国向来未有的大贡献。我国如要成为一个新国家,非从这个计划去实现不能成功。

可惜,先生自己不得势力以实施其计划,以致赍恨而终。故以后真正的革命党,第一步当将先生的实业计划努力施行,始能弥补其"革命尚未成功"的遗憾。我今在此部"建设丛书"所论,与中山先生的"建设",只似随月微星,光芒固然不大;然炯炯中天,希望别有一些的表见。竞生于革命初年,也曾出点破坏力量。回首十几载来,民生愈加凋零,国事越形疮痍。自惭前日革命功不偿过,加以前时为新文化曾与旧礼教决一死战,终因误会太多,仇计太险,以致败北而逃。凡此既不能于破坏之余,取得实力,将所怀抱见诸实行;只好逃迹于欧洲空谷,提起秃笔,诉诸空言。悲哉!寒木萧萧,白云飘渺,我的思想也将长托于高山流水之间乎?

可是,在此"丛书"所希望的,虽不敢如中山先生所说"比推倒旧势力的功效更大",但使一班仅会破坏者,见此后,第一,知道一味只会革命者不见怎样可贵;至于一班只图个人利益而闹乱者,其罪更不容恕。第二,使他们知道,一味破坏,闹到民穷财尽,彼辈也无从上下其手,势必同归于死亡,还不如好好为社会建设,彼此较能同存同荣。第三,使他们知道建设比破坏更易为,更省费,而更于己于人为有利益。若使他们——一班仅会破坏者知道这些了,则不但减少其个人破坏之罪,而且可以使他们一变而为社会的"功人"了。

第一为"基本建设"。

第二为"制度建设"。

第三为"思想建设"。

先言"基本建设"。

我在此所注重的为民智、民力与民生。

"民智",谁也知为重要。但怎样开通民智?谁也不知其确切。通常说开通民智,应先普及教育,即强迫凡儿童均入国民学校。这是根本的方法;可是在我国今日完全说不到。

第一,无钱可开许多国民学校,无教师可用。第二,许多成年老人将如何教?第三,"智慧"与"识字"原是两件事,凡入过国民学校的,最多只可说"识字"。(小孩读书甚含糊,苟非通行"注音字母",若照这样艰难中国象形字教去,小孩出国民学校后,连识字的力量尚无。)但怎样使成有智慧?尚需靠助于社会教育——如报纸、书籍及讲演等。故今日要开通民智而望从普及教育入手,无疑等于痴人说梦:事情实在做不到,而且效力也甚微。

我今有一极简便、极省费、节力,而且收效极速、极大,又极普遍者,则即此书首章所说的:"无线电播音机"的建设。

以一省为单位说(实则应以"方言区"为单位较对),只要有安置播音机及收音机费数十万元,则凡一切的社会新闻、政治趋向、实业情状、农业与工艺的利用,以及风俗、玩耍、音乐、唱歌,都可从"播音处",即时传到全省数千万人的耳中。这是"社会教育"最善的方法。不论老的、少的、男人、女人,不用费时,于晚饭后,坐听从"收音机"发出的一切报告。如此,逐日积蓄,不到一年半载,举凡一切基本的知识与应具的技能,及应有的玩乐无不一一得到。这真是一种最普及与最便利的民智教育。

用这个建设方法,每省每年只需数十万元维持费,就可于每一两万人中的地方,设一"收音所",即定"此处"为"教育区",一切关于人民的社会教育,均由此"教育区"办理。

以此"播音宣传"的机关,与普及教育的国民学校一比,优劣即时跃在目前:

(一)国民学校(就强迫的全省说),每年至少需数千万元经费。播音机关(也就全省说),则只要有数十万元即足。

(二)国民学校,只在教育"儿童"。播音制度,则在普及于老年、成人、儿童,及一切残废。

(三)国民学校,以及于一切的辅助学校,所教的,重在"识字"。播音机,能于识字外,同时给予一切的智识与技能。

(四)国民学校,所教的未免枯燥使人讨厌。播音机,使听者起兴趣。(因它有演剧、唱歌、音乐、诙谈等的插入。)

(五)国民学校,只是一个小学教育的机关。"播音所",乃是社会一切事的聚合所；可以由此讨论社会、政治，及实业的一切事情。

（六）国民学校，只有消费。播音机，同时可以为商业广告，可以得到生利。

这真是一件至大的社会发明——"播音宣传"。将它组织为有系统的教育机关，其利用更为宏大。欧美因其教育普及，人民可从书报上得到知识，故视播音机只为娱乐的作用。实则，应看它为教育机关始对。今将它组织为社会教育的机关，这是我们的新建设，别国将来也当从此道进行。

我国之谋建设者，不得不谋发展民智。而要民智的发展，非从这个播音机关去发展不可。

就我们广东说，每年省政府收入不下一万万元，而播音机关的常年经费，仅有数十万元，不过收入千几百分之一。然得此而使全省数千万人均得教育、智识及娱乐的利益，则又何苦而不肯去做？

凡执政者，既知此种利益而不肯做，则不配为人民的首领。

凡属人民知此，而不能要求公家去做，则也不配为共和国的人民。

所望上下一心共同谋中国的建设，但必先从民智入手，而后去谋他项建设，如此诸种建设始易做得成功。

所以我在此书上特行注重在"民智的建设"一项。有了民智，民力自能发展；民生自能优裕；各种制度自易推行；一切高深的思想自能领受与了解。

发展民智！从无线电的播音机去发展民智吧！这是建设中最根本的建设了。

民国十九年冬日，张竞生序于法国的"旅欧译述社"

民智与无线电的播音及收音机

什么是"无线电播音机"的作用？它的作用极大而且新奇。

不管地球上哪一角,哪一僻壤之乡,得了无线电的收音机,可以于一室之内,或在广场之中,听到地球上无论若干远的那一角,那一僻壤之乡,或那一个大城市的"无线电播音机"所发出一切的声音:如谈话、报告、宣传、谐谑、笑谈、音乐、唱歌,恍如当面所听到一样。(戏场剧节也可由此机而得到剧员所表示的大概,其效力与北平人所说的"听戏",不是"看戏"相等。)

远在南北极的雪山冰窖中,所有巴黎、纽约各大城市的音乐会所奏的美调,戏场中所唱的名曲,以及市场上的报告与叫号,都可以从收音机上,惟妙惟肖地听到。

我现在巴黎近郊的一小屋内,每日每夜,均从这样机听到欧洲各国同时所演奏的歌调:有时是意京罗马的小曲;有时为德京柏林的大乐;这是西班牙京城的舞歌,其音节活动到如蛇的舞动;这是波兰国来的情调,娇倩得使人心醉神移。忽又听到巴黎来的报告,说现年法国政府收入有七十三兆佛郎[1]。房主人即时提起铅笔来计算以法国人民三千余万人每年对于国家税的负担平均每人应得二千佛郎(约合我国二百元),转首与我谈此等国税实在太重,人民受剥夺难堪。忽又听到某商号的广告,某货物怎样好,怎样便宜。至于每夜十点至十二点时,则收音机所发出的乃是极好的"跳舞音乐",凡喜跳舞者,就可在厅内依乐按节而舞。

这真是新奇!一室之内,在极僻乡之一室之内,竟能与全世界相交通。一个小小的机器,竟能将远在千万里外所有个人或一队人所说的话、所唱的曲、所奏的乐,完完全全与真的一样传出。若在野人与乡曲看来,好似西游记中的变幻,实在神出鬼没,奇怪到苟非亲目所见,亲耳所闻,他们无论如何,总是不肯相信的。

可是这个学理,若从物理学来说,实在平常无奇。这是声浪的传播法而已。譬如我们与人对面谈话,耳中所以能听到的,全由谈

---

[1] 法国货币单位,今译法郎。

话的人从口中所出的声浪由空气传到听者的"耳鼓"。无线电传音的学理，也就是这样的解释。从播音机发出的声浪，传播到空中去，被"收音机"收到，就能将原样的声浪发布出去。故此事的奇妙，不在学理，而在机器的构造：其一，能将普通的声浪放得极大到空中去；其二，则在"收音机"能将空中传播的声浪收到。我在此为篇幅所限，不能将此机器的详细说出，现仅将其设置的大纲上来谈一下。

这第二图，为"无线电播音机"。

中间屋，即安置播音机者，其上的线，即把播音机所发的声浪放到空中去，所以此种线当高高悬上（通常为八九十迈突[1]高）使声浪能够自由在高处播出，不致为山、原、屋、树所阻碍。

第三图，乃"播音室"，凡演讲、报告、歌唱、演剧及奏乐等在此处为者，借了"摄音机"摄取后，再经"播音机"扩大后始放出到天空去。

在第三图有×号的架上，便是"摄音机"。此外所见的为音乐家所坐的椅及放乐谱的架。

在本年二月二十日间，即写此节的前昨两天，我与数友人，承法国无线电公司介绍到其播音机厂与到巴黎的"摄音室"参观。前一天参观其播音机厂，其上"悬线"为九十迈突高，播音机电力为十二"基罗滑"[2]。在巴黎所发音，全欧洲均传得到，而且远及于北非洲。此种机价约二百万佛郎（合中元约三十万），管理只有三人，每点钟用电费及灯费约四十五万佛郎（合中币六七千）。后一天所观的为摄音室，其状如第三图，不过较为详备与广大而已。那个摄音室可容二百位音乐家。厅内构造俱极特别，如地下为"树胶毡"，墙乃由灰质做成的不平的面，天花板则缀上极厚的布条，凡此大纲在使声音不

---

[1] 法文 mètre 的音译，今译米。
[2] 法文 kilowatt 的音译，今译千瓦。

第一图　公众用的收音机

第二图 播音机

第三图 摄音处

民智建设

第四图　收音机

第五图　私家用的收音机

至于"反响",而又能保其原有的声浪。最要的是摄音机的安置,共有二个为"相交"形,使厅中声音都能摄到,而又能保存其"距离",故在别处的收音机所听到的声音,有如原来二百个音乐家所奏时彼此"距离"所发出的声音一样。

说到收音机的安置,事极简单,如第四图,乃一小柜,放在厅中,只接一线于屋外以收声浪,与连一线于电盒或电池,以转动收音机就够了。(新式的收音机,有如留声机,连接线在外也不用。)

收音机为私家用的,如第五图,则一家人,或良朋聚会,无论何时均可听到世界各地最美的音乐、歌唱及戏剧的表演(当然不见其人),故可说这是"家庭戏场",尤其妙的这是世界所有戏场的总所。这又是一个世界智识的总宣传,所有实业状况、商务、工业、政治、社会新闻等等,均可每日在机关内听到。

收音机若为公众用的,如在大庭广场之中,听众数千或数万人以上者则由机上安置多少"放大音的喇叭管",如此就可使听者人人闻见(参看第一图的喇叭管)。

总之,无线电传音机,安置简便,费用甚少,而效用极大。欧美各邦,都知其益。凡稍富裕之家,无不安置一具。可是,我今要提起读者注意的是看此种事为社会教育最重要之一,故于"播音处"与"收音处"的组织,别有一种特别的计划,完全不是欧美所固有者。

(甲)"播音处"的组织

(一)于每一"方言区"设一较小的播音机(看下附的潮州方言区的计划),或在每省的省城设一较大的机关,或全国设一中央机关。

(二)以方言区为单位(最要是在东南各省各处有——特别的方言,应以方言区为单位较对),则较可从其本地的特别情形设施教育的方法。

若以一省或全国总立一处,则应请晓识各处方言的名人,轮流担任宣传之责。

（三）播音处的人物分布如下：

（1）普通教育家

（2）特别教育家

（3）社会新闻家

（4）政治经济家

（5）社会学家

（6）艺术家

各项均请著名特长的人才，担任宣传之责。

今将其应宣传的大纲草下，以备参考。

（1）普通教育家，应编成一部极完善的"注音教科书"，从注音字母、拼音、释字、组句、文法的大纲、作文的方法、写信、一切名文的选读等等，均应极有系统的、从浅入深的按日编排。

如此，每日从播音机传出，使一切民人都从收音机听到。从此，逐渐学习，一年二年，一切民人，均晓"音读"的文字与普通话（注音字母的音——当然以普通话为准），以后并由各地方出了许多"注音的书报"，使民人得读。这是普及识字的最好方法。（以一日三点钟为总播传说，则此项注音教授只占十五分钟即足；尤其是在初始时，总使听者不起讨厌为主。）

这项教授，易使人厌弃不到，故最好当编成歌曲，使人念出极具其兴趣一样。

（2）特别教育家，种类甚繁：如科学常识、艺术大纲，最要是实业教育，如商业、各种工艺、农业、渔业等。今举其凡如下：

（甲）商业。应从珠算、簿记法、商务常识及商人道德等教起。

（乙）农业。此项最为重要。因我国农人占全民数百分之八九十，故农业常识的宣传实不少。例如，选种、用肥料、除虫等法均应切实从各种地产立论，以便人民采用。譬如粟种改良得好，则我国每年不知多收若干万斛。他如麦种为北方重选；大豆种则为东三省所应特别讲求者：有人研究得如东三省豆种改良，即可每年多收数百万担。肥料，在我国农业上也占重要。至于水果的种植与改良，其出产补助农人也不少。凡此，一切应用的技能与智识，都应做有系统的介绍（参看下二章关于"农业合作社"及屋边路旁种果树等项）。

（丙）各种科学常识。如天文、地质，可以达观与打破南人"风水"的迷信；如物理、化学，可以知道物质的组织与物力的变化；生物学，可以知道生物的源流与人类的进步与退步；医学以重卫生；动、植、矿，以引起人民对这三项的兴趣；尤其是家畜及有用的植物与花卉等应当特别注意宣传。

（3）社会新闻家，每日则报告国内及国外重要的新闻。这些时事新闻，也当编成为有系统，使人民得有线索可循。尤其是"国外新闻"，最要给予听者一个有意义的兴趣。例如"英国保守派内阁倒，由工党代组内阁"。若如此平淡说法，终不起劲。今日我国许多看报者，每对外国新闻一栏都行忽略，乃因编报者太无方法之所致。故当于新闻中介绍其因由与我国人，或全人民关系所在。如说英工党组阁后，怎样有改良英国贫人阶级，及放还我国租借地之希望等；并将英工党的历史，及其阁中重要人物择要介绍其小史，等等。

（4）政治经济家，当将政治、法律及经济的学理与应用及其在各国实行上的大纲，择尤编成系统。如就现在的关税说，在外国怎样采取"保护政策"的情形，与我国关税怎样受外人操纵的情形，简要说出。

（5）社会学家，当将社会的组织学理与事实逐日演讲，当然以"通俗"为主。

（6）艺术家，这指剧场著名演员，音乐演奏家，著名唱歌、说书、弹词家等等。此项当然极占重要。大约占每日"播音"总时间的一半。因这有趣味的事情，而最足引起人民动听的。这些艺术，乃是"情感教育"的重要者，故当以能引起人民的情感为主。所以应以本地人民情感的程度为标准。如外国著名音乐及歌唱，虽极美丽，但与我国人民终不免隔阂。依我意见，应将我国本有的改良，与应就我国人情，重新编演；尤应就各地特有的曲调，善于引导。例如，吴歈越曲未必能使粤东人民听得入耳，而极南靡靡之音，恐终见弃于燕赵悲歌慷爽之人。故应就方言区，就其所有的改善，旁及于外地及外国的名歌美乐，以便缓缓养成有真正美术的嗜好。

除了"情感教育"为主要外，应从艺术性上加入智识的范围。我想所有的宣传：如教育、技能及政治社会等，均应编成为最有兴趣与和谐的歌曲。例如说书、弹词，极可宣传名人的历史、国势的盛替以及社会的情形。凡此，全靠宣传者的才能，所以当择才识之士与有艺术性的人任其宣传之责。

（四）播音处，设总理一人，以其晓得此项行政及学识者为主。所有播音处的人物，或则专请在播音处任编述及宣传之责。此项编述好后，尚可在社会上流通。若在省城或京都，则可临时，或有一定的时候，聘请大学有名教授及社会上著名人物到播音处宣传。

（五）我国京都，应设一伟大的"中央无线电播音处"。当然以声浪能传及"全国"为主。用普通话宣传。全国晓得普通话不下十四五省，人数已极众多。至于音乐、唱歌，当然晓得听者更众，因为这是一种"世界语"，群众均能通晓的。

（六）"中央播音处"的设置费，有四五十万尽足。维持费每年数万元即够。而且可以收广告费，补助不少。（参看下粤省的组织法一条。）中央播音处的"声浪长度"[1]，当与各省的不相同，以便各省收音机能得收用。（这也应由中央定一各省播音的"声浪长度"各不相同的法规，以便各省的收音机可得各省的播音。"长度"作用，请看下说。）

（七）各省应设立本省的"播音处"。

今将我们广东省设立播音处的组织及经费较为详细说明如下。

---

[1] 今称波长。

在广州市设立一无线电播音机处。

此机电力为十二"基罗滑",播音远度可及周围三千里。当然,全省收音机可以得到,而且远及邻省如广西、福建、湖南,以及上海等可以得到声浪。

此机费,就现在巴黎市价说,以法国机论为一百八十万佛郎,约二十几万元。此外,搭二台架及装线,约数万元。共二十余万元就足。

以后维持费:第一,每点钟用电约共五十"基罗滑",照现在法国市价仅二十五佛郎(想在我国较为便宜,每点钟用电一元余即足);第二,"电胆",当费二元半;第三,管理三人,每日约三十元。若照每日发音六点钟算,则用电与电胆共费二十余元,合以人工共约六十元。

扩音处宣传人的经费可多可少。譬如费充足,则可请著名艺术家,如音乐队、剧班等奏唱。费不充足,则可用"留声机"(只关于艺术的)所有的代为播出,如此费用甚少。大约每年从数万元起就可开办。以上两项,每年经费有七八万元即足。

若说利益,实在多端。我们在上已经说及这是最好的群众普及教育方法了。此外,传达国内外的消息最为灵通。现在安南的西贡[1]及河内已设有播音机,经过此项间接机的介绍,我国的可以将欧洲艺术及一切事情转到。广州若有播音机,同时即可得到欧洲一切的事情,借此代转给本省及邻省的人民知道。

只就广东一省说已有三千余万人,每年区区数万元的费用,每人的代价不上一文,而一年中所得的利益实在非银钱的价值所得计算。

其次,于军事,尤其是治安上,借此播音机的传达,可以即时调度军队或警队于必要的地方。(播音机与收音机有一种特别的暗号法,可使自己军队知道命令,而敌人不能知道的。)或警告人民于有盗贼

---

[1] 安南为越南旧称,西贡为胡志明市旧称。

藏匿的地方。

又其次，商业、工业及种种的广告，可代宣传，并收其费。

末了，除公共的收音机外，私家的收音机，可抽其税。此事应照下办法：

凡私家要用收音机者，可到公家经营的"卖机店"购买，并报告其履历。照市价若干外，应加多一倍为酬偿播音机所发音之费。故如收音机应卖一百元者，则卖为二百元。（私家店当然不能出售此种机，及禁止私人向外处买用。）

大概，收音机每副的市价应值一百元。若如上办法，则每机须共值二百元。恐私家或小商店，不能购取，殊失广行宣传之宗旨。故最好就用"出租法"。例如此中机可用为五年期者，则将其价分为五年计算，则五年共六十个月，每月三元余即可租得一机在家中或店内，成日夜与世界交通及得一切快乐了。

照广东说，所有广州及各城市的私人愿买或租此种收音机者，当然为数极众，故如经营得法，每年公家尚可得大利，以为"公共收音所"之费用。（详后）

广东有三种重要的方言，即广话、客话及潮话。除音乐、唱歌可共享外，所有报告、宣传，应用上三种话轮流发音，庶使各地土民得以了解，凡此当然极不经济，因为例如说了三点钟话，无异得了一点钟效力。所以我意是广州市，无妨设立一个省立的播音机，但用普通话宣传。此外，于此三种方言区的中心地各设立一个播音机，专用"土话"宣传。

此项"方言区"的地域既然缩小，故播音机可用极小的器具。费用虽分为三区，但第一，机器便宜；第二，宣传人缩减。又此中大利益处，就在能善用本处方言为深入的宣传与发挥本地固有的风光。故在我国地方这样广大，方言这样复杂，最好尚以"方言区"为单位，较有利益。

今将我实地所调查的小播音机价，与我潮州方言区的地域极相宜者，再为计划出来以备参考。

（一）于潮安城（前潮州府治所在）的韩山岭上，设一"无线电播音机"，并设一"摄音处"。

此项播音机的电力为"五百滑"[1]，约可传达周围三百里的声浪。如此，从与福建交界的饶平县，以至于惠州属的海丰、陆丰二县均可收到音浪。或再用较大的电机，使福建省的漳州府诸县（同说潮州话者，也名"福佬话"者），均可得到用潮话宣传的利益。

（二）"摄音处"（即由此发音，由播音机传播于空中的机关，参观上所说及的）的宣传人员，常用潮州话宣传。于上所举各项宣传的节目外，应该加入潮州乡土的历史、地理、潮州剧、文学、出产种种。

（三）此项"五百滑"的播音机，就巴黎一公司告诉我说，每架不过二千余元，连搭架、建厂等费，总共五千元可足。

摄音处的费用，也如上所说的，可多可少。如无充足的经费，不能专请宣传员常时住处外，则临时请金山及韩山两校教员担任发音，酌补车马之费。至于音乐、歌唱，或由外处所播达的代为介绍；或由留声机取用。"潮剧"如不能专请，也可由留声机取用。总之，除用了一位"处长"，每年约需数千元薪水，及多少用外，余费都可伸缩。

大约，安置费五六千元，每年维持费一二万元尽足。以潮州人数约八九百万之众（若合海、陆二县，及漳州府在内，则人数可达一千余万）与其富饶，此等经费，实在易筹。即多加几倍费用，也不成问题。况潮州、汕头及各县县治所在，人多业广，私家用机，为数必多，以此抽税，公家不但不失本，而且可大得利了。

以方言区为单位，不是以此养成为地方自大的风气。我意是，一面以方言宣传，较易引起地方人，尤其是乡民的兴趣。每一方言，自有其若干的特别"语气"。这些"语气"，不是用别种方言或普通话所能达出者。这些"语气"，有时仅用一个字，甚至一个音的轻重，即

---

[1] 即500瓦。

足使本地人印上极深的感触、极大的感动。

又，每方言区，自有其特别的故事、历史、地理、文学等等。这些文化，在别地人看来，总不如本地人为深切。如潮州"意溪的鳄鱼"，被了韩文公一祭文所驱走的故事，在潮人听起，总比别处人为有趣味。（当然，宣传人在此等迷神事情，应用科学或艺术的学理代为解释。如说，这条驱走鳄鱼的故事，断不是韩氏一纸祭文所能做到。或者，这是一种宣传；或者，带去祭文的那班官吏，必用驱鳄的实在手续，如用毒来毒死它的方法；或偶因沙塞意溪，以致水浅，鳄鱼不能不向别处迁徙。这项迁徙时日，当然在祭文之后，不过后人误会为同时以神其事耳。）

可是，除用潮州方言报告宣传外，当然逐渐取用普通话的教育，务期后来，人民都有普通话的常识。（凡方言区，都应一面用方言，一面输进普通话。）

由上经费说来，则广东省，总于广话、客话、潮话三方言区的中心点，设立三处无线电播音机，其款也不算大。区区数万元的安置费及维持费，每方言区，即细至一县，也可办到。故如省政府不肯办，我劝各方言区应由自己办理。

现在，我国尚无这样播音机关具有系统的组织（在大城市或在军队，虽有一些小机的播音，但其范围不大，而且全不是为"群众教育"设想），实在可惜。以安南的贫小，法国商人尚在西贡及河内设立十二"基罗滑"的播音机各一架。故如政府不肯办，则凡商人具有相当眼光者，都愿经营。但我想此事如入商人之手，势必以利益为目的，殊失为"群众教育"的宗旨，所以无论如何，应由公家经营，始能达到我在下头所计划的"收音处组织法"一段的实施。

（乙）"收音处"的组织

（一）凡有一两万人之地方就于中心地点，设立一个"无线电收音处",安收音机一个。

（二）收音处设处长一人、用人二人。处长，要有中学毕业，并经得到"播音处所设收音机训练学校的毕业文凭者"。

（三）收音处，并设置"电影机"，以便于必要时，与收音机互相对照，更易引起观者的兴趣。

收音处，最重要是当看为群众教育的机关，故其宗旨，在将"播音处"来的宣传消息，好好给予听众知道。现在播音机只能"播音"，至于同时"播形"尚未发明。（虽则学理已经得到，据此中人说，大约再一两年，定可同时发音与传形，如此，比如在潮城演剧，则凡剧中所做与所说所唱，同时如真的完全一样播到一切乡间的收音处。在收音处的地方，可以看到远方所做的戏剧及其唱白。到此，实在完善美妙了。）

在未得到声与影同时射出之前，收音处，所以应配有电影机，以便于必要时将影随收音机的声而出。如教孩子注音字母，教到某字母时，则将该字母影出，同时与收音机中又得到该同样的字母的声音，如此使听者既见其影上的字，又得到其音，与教师当面教的一样逼肖。至于拼音、解释字义，以及写信、作文等等均可这样声影同教。他如教科学及艺术，也当求同时将必要的书图影出。此中最重要的为剧中情节，现在固然有"有声的电影"出现，但极贵价。收音处有时固可开演此项"有声的电影"；但此外，将普通的、无声的电音开演时，而选其与收音机所演奏的歌唱、说白等情状大略相合者，如此较得深大的成绩。

总之，收音处，须有"电影机"，至于影片，则由"播音处"，相时送到。或如影片不多，可以轮流送至各"收音处"，以收普及之效。

（四）处长，应随时向听众指导。我意是这些处长应由省的教育、民政两机关与"播音处"会商后选派，即名为某县第几处处长。（此指以县为单位说，则于县中分成为若干处。）

此项处长，除管理"无线电收音"及电影外，并执行上头命令，及施用各种新政与社会事情，与监督人民对于新政的履行。

他管理一两万人的地方。他是教育官,也是行政官。若能利用群众日日聚集的机会,以宣传与施行新政教,则先前愚蠢的人民一变而为极智慧的分子;先前如散沙的群众,一变而为大结合的团体了。例如:

公共卫生(在市则讲市政)、乡村行政、建设、道路、经济、美观等等的讲演后,因他是行政官,同时有权力去实行并监督。

他如实业,如农业、树林、渔业、工业等,也由他教导人民去实用。

又如锻炼身体与操演兵术,也由"收音处官"去教练。

或如为政治、社会等事的训练与实施,也由他去指导。

你看这个人的责任实在重要。他一面是教育官,一面又是行政官。这个虽是与我国昔时"乡官"相似。但乡官太蠢陋,这是有智慧的教育官。乡官无政治的实力,这是极有势力的行政官。

我们已在上说及"播音处"对于各种教育及社会事情的宣传。如今又加以收音处处长的解释与指导,则其学理当更深入于人心。

至于实行的事情,若恐处长专擅,则应限定他只能执行上头命令。又"每处"则组织顾问五人,全由本地方有名望、学识者充任。处长则不拘本处人,但以能识所任地方的方言为主。

(五)处长责任既如此重要,故应选择好人才、品行,又加以严密的训练。

这项人才,第一,须有中学毕业以上的资格。第二,须得播音处所设立的收音机训练学校的毕业文凭。他们所任事情,因其繁多,当然难求其专门高深,但求与群众的程度相合就好;这个普通的常识在他们处长既极易于得到,对付自然裕如。至于特别的职务,则由上头特理。如"兵操",普通与初步,当可由处长任教育之责,至于高深的,则由军事机关特派军事人员任之。又如农事,若选种、择肥、除虫等普通事情,当由处长善于指导,至于农业高深的学理,可由农事机关派员任之。

【注】这项学校的组织,大概与专门学校相同。所授学科,大概应如下列:(1)无线电播音及收音的学理;(2)此项机器的应用;(3)电影学理及应用;(上三项极易学得。)(4)注音字母、拼

音及文法；(5)科学常识；(6)艺术常识；(7)实业常识；(8)社会学、政治、经济，高等的学理；(9)柔软及兵式体操。

他们既是中学以上毕业生，学习以上所列功课，当然极易，学期定为一年毕业。以后每年或二年，再行召集，开会讲演一次，约为一月期，使学员得互相切磋之益。

(六)"收音处"的地址，最好是有经费时，建筑一个极合于一两万人聚集的大厅(参看下民生章)。可是在今日的财政，实在设不到(除省会及有钱的地方外)。无可奈何，只好取用旧有地方，如祠堂、会所、学校大讲堂、庵院之类。这些地方，尚嫌太小，不能容许多群众；不过看作收音处的行政地方而已。至于"收音机"的安置，当以在大庭广场之中为主。横竖，它不怕风雨，大家可以鹄立些时，约每日以两三点钟为限。(我们南方乡下演戏剧时，其他地方大约在大平地，可容数千群众观看。除女子坐椅外，男子都是站立的。)

(七)经费：分为开办及常年维持两项。

开办费：购置收音机一副，约一百元(照现在巴黎市价说)，有钱时，可置二副。

附放大的喇叭管二三副(约一百元)。

装置费数元。

每日维持费：电费(有电灯的地方用电流，无电灯的地方则用"电土"[1])，如开三小时算则合值不过十零文，今就照廿文算，则每年不过十元就足。

又处长每年薪水约一千元(乡下生活极便宜)。

二个用人共约二百元。

一切杂用约三百元。

照上算来，收音机购买、装置与维持费，均甚便宜。以粤省三千

---

[1] 即干电池。

余万人应设公立收音机二千副说，则开办费（合喇叭管五六万副说），不过四十余万元。至于维持费，若就用电说当然极微，全省每年不过数万元。若合处长年薪及用人工钱及杂费说，则每年约须三百万元，为数似极大。但以全省三千余万人所得教育及训练上的利益计，当然此三百万元的数目不大。假如省款不能支出（其实粤省每年收入近一万万，此三百余万元哪里支不出），则可用下二法：

一、责成各处自筹经费。以一二万人的地方，每年筹出一二千元维持费，似不难为。

二、将收音处处长，兼任该地方的学校校长或教员，如此他的薪水可以减少而取偿于学校的津贴。

此外，如上所说，尚须购置电影机，此项费用及维持费，比无线电收音机更大。故当就财政贫富以定实行的迟早。或合起若干地方共买一机以便轮流之用。

总之，"无线电收音"的效用，已在欧美各国极大的证明。我们现在的组织，乃重在"群众教育"，所以于播音处，则有系统的宣传；于收音处则宜有严格的履行。如能照我们在上所举去办理，包管一年半载，成绩比欧美更大，而在我国的社会必定起了空前未有的效果。

因为我国现在人民虽多，但极少教育，故虽有四万万之众，无异于一群牛羊，蠢蠢然不知世间有什么事与人类所应为的义务。即如那班曾受过学校教育者，也因社会教育太无组织，以致出学校不久，与群众相混后，已尽忘却先前在书本上所得的一知半解。

故今日我国的大患，在这班群众，如一群蝗虫，遮天漫地，无一定方向而乱飞。他们当然要生存，但不知怎样生存的方法。故谨愿的，只好垂头丧气以待饿死；其狡猾的，则变为劣绅、乡蠹，或为盗贼以侵害人民。我每游我国城市，眼见那些蠢蠢而动的人类，确实害怕。这是社会的"活骷髅"，毫无心灵与志向。他们可以被买去代人死刑，去受枪弹，去为奴隶、娼妓，去为别国做侦探以陷害自己的人民。我每见这班群众便想及"自杀"，因为这是最苦痛与他们一气生存的。因为他们愚陋，不识好人，所以最易受奸人所利用。和这些人，是无一件好事做得成功，但又无一件恶事不会不发生的。我每诅咒这些人类太多，也曾想出一个"消极的方法"，即在限制户口的膨胀。我幸而现在又想出一个"积极的方法"，即在给予他们智慧与技艺。

不错，千万不错的，若照上所说的无线电传音机关的组织，则用极省的费用，而可得到极大的群众教育的效力。今将"收音处"的效果一定可得到者稍为说明如下：

（一）可以增长智识

"愚陋"乃万恶的罪源，智识为一切幸福的基础，我国人，天性本极聪敏，可惜毫未受过教育，以致极好的天性不能发展。加以数千年来专制君主的"愚民政策"严厉施行，以致人民的智慧摧残全尽，而那些迷信、顾忌的恶观念则充分生长。今用收音机，将世界最好、最科学与最艺术的智识，逐日做有系统的宣传，则人民耳濡目染，不知不觉中已得其宣传的效力。例如南人的迷信风水，以致暴露棺骸，费时失产。若由收音机宣布地质怎样构造、死人如何分化、美术怎样讲求，则人民逐渐了解，先前"地龙""虎穴""牛眠"等观念的梦呓，死骷髅与土质毫不能发生神秘的意义，以及为"公坟场"之全为美术着想者更为得法之观念了。

凡"愚才是罪"，看者注意这句格言。今后，我国如要成为一个真正的"共和国"，与要使人民成为一个真正的"共和人民"，则第一条件，当使"人民不愚"。若使人民均有智慧，则凡新政均做得到。若使人民愚蠢，则一切好事均不易推行。当民国四年间，举国调查户口，我闻乡人告诉我说，谁也不敢实报，因恐抽人头税与从军役。只这件最简单的报告户口，到如今，我国尚无实在的统计，虽则在上者不肯办理之过。但这样人民的虚报，总使纸上得到若干，而与实在的户口仍然完全不相干。这可见群众教育为一切根本的要图。有说：只要有好首领，则一切事，只有命令人民去做，不管他了解与不了解，所谓"民可使由之，不可使知之"。这尚是愚民政策的遗毒。不错，首领是极需要的，他们指导人民与发布新政策，可是人民须要了解首领的意见，才有效力。如上说对户口调查一事，当然应由政府举行，但又必要使人民真切知道这个意义，如此调查进行当然极顺利与确切了。假如从收音机将调查户口的本意详细宣传，使人民知道这于他们有利无害。如说：调查户口，在知道一地方的人口若干，以便于计算粮数，免至于饥荒时毫无预备，致人民成千累万饿死。这样一说，人民无不踊跃从事了。凡一切新政的推行，全赖人民的了解与帮助，故宣传的手续实占最重要的地位。而收音机的宣传，实比什么方法都较便利。

（二）可以联络情感

现在乡民尚守老子"老死不相往来"的遗训。这不是他们天性是如此的，实因他们无联络的机会与表示的方法。在粤东不只老死不相往来，而且乡里各自成为敌国。所以"械斗"之风甚盛与极凶暴，大都由于乡人素少往来，以致情感隔阂，意见参差。今若于若干乡里的中间地方，设立"收音处"，既有知识为之灌输；又有音乐、歌唱与各种艺术，为之熏陶；而最要是，彼此长相见面谈论，而所谈的又是世界的大势与公众的利益，自然情感日孚，意见惬洽。

这个好结果不但在同一收音处的人民可以得到，既凡一切同具有此种收音机者，便可得到同样的心思与同一样的情感。因为日夜所灌输与熏染的，都是同样的知识与艺术呢。

（三）可以发展民气

这项尤为重要。我们现在社会的组成，可说是死气沉沉。因为人民彼此各不相同，所谓"各人自扫门前雪，不管他人瓦上霜"。若每一二万人的地方，有一收音处，而使人民日日有接近晤谈的机会，即时社会便成为有活泼的气象，先前的死气一变而为蓬蓬勃勃的生气了。

试看乡村间的迎神赛会那一种兴奋欢乐之状，实在难描。这当然是一种迷信的作用，然此间玩耍的生活，也占一大部分势力。收音处，既能供给人民的"快乐生活"，而且是高等的快乐法，其结果当然使人民对之比对神会更能生起无限的兴趣。

这个民气,对于社会及政治的促进为力尤大。现今欧美的民治主义都是渊源于希腊。因希腊人民喜欢在公众地方聚会讨论一切的社会及国家事情。"收音处"的组成,就在给人民一个在公众地方常时有聚会讨论的机会。即名共和国,当然主权在民。而在今日的世界,又非合群策群力不能收迅速及伟大的成效。至于"收音处"有严密的组织,与其处长有方法的引导,自然不怕群众有出分越轨的举动。

总之,共和国主权在民。凡属公民人人均有参政持议的权利,使之养成为健全的公民。以此健全的公民为后盾,一切新政均能施行,而社会与政治当然日趋于光明。先前我国人因其缺乏讨论社会及政治的机会,以致养成为麻木不仁的人民,而使奸猾之徒因利乘便以夺取政权。若照我们收音处的组织,使群众于听音时间,得行讨论国家的大政;如此不但养成人民有政治的常识,而且可以同时实行其主权的使命。这样,民意既有所表示,执政者自可借此为依归。因此上下一气联络合作,如首臂的相应,先前一二人的专政与军阀的专横可以一举而扫除,于以代为民主的国家。须知这样"全民的政体",于彼军阀也有利益。因为国势强盛,凡属国民均有利益,而彼辈出众之人,尚不失为首领。若如今日的局面,全凭军阀个人的力量,今日胜利,明日保不定不失败,试计从民国元年到今日来,多少军阀败逃奔窜,有的尚不能保其首领。然则,与其专横自取灭亡,不如与众共作,以图同存同荣。故为军阀计,庶政与民公开较与一手包揽为有利益。振兴民气,较与摧残,为有福利。

(四)可以助长群力

这个借收音处的组织,使群众常时有聚集的机会,其效用除上所说三者之外,尚有一件重要的关系,即是能助长民力。

民力,如民智、民情、民气一样,全靠在群众有互相接触与刺激而后能发展。我们将在下章去详论"民力"一问题。现在此仅说及它与收音处的关系而已。

收音处，因听众的集合，能使涣散的群众成为一致的动作。如要修一公路，造一桥，与凡一切公共的善举，可以即时使群众签名任劳。因为彼此一气，又是有血性的少年，谁肯认输，谁不兴奋，而坐视他人去踊跃从公。即如认捐一事，也能利用此群众互相激动的心理而收极大的效绩。至于义愤公仇，例如抵御敌人，铲除国蠹，由群众的勇猛，而竟成为"众志成城"了。

只将上头各节的大纲一说，已可见到，照我们"收音处"的组织，关系如天的重要了。因为它是"群众的教育机关"，同时又为群众的"集合所""娱乐所""议事所"，一切群力、群意、群情、群智，都靠这个场所为培养发展之地。

附一　无线电播音及收音机浅说

从空中借了一种特别的记号以传达消息，古人已经利用过，如我国的烽烟，乃于一定的距离内，安置烽塔，如遇敌警，则于塔内烧起烟火，如是一塔递一塔，以达于驻军之处，而使知有所防御。

这样传达消息，当然极形笨拙。现在欧人从电而传达，其迅速无比。及无线电出，不但可传达记号，而且可惟妙惟肖的传递各种的音声。

初看起来，实为骇异，从千万里外的声音怎样能够即时立刻达到于各处听者的耳朵。实则从物理学一步一步去研究，则又浅显到如平常而面对面听人说话一样的平淡无奇。

现应先知"声浪"的道理。声浪与光浪，及任何种浪一样，从那浪动时就一圈一圈扩张到远方去。最易见到的，就把一石向平静的池水掷下，水面即时起了一圈纹线，渐行扩大到远方的水面去，以至于达到池岸，到我们眼不能见时为止。若我们眼睛精明，当能看到浪到岸上仍然一圈一圈递推而远及于天涯。又如我们耳朵所以能听对面人说话时的声音，也因说话人的"声浪"，如上例的水浪一样，一圈一圈波动到听者的耳朵。

可是，最当知的是这些"浪"，不是物质的传递，乃是一种"动态"。这因空中有"空气"，或者"以太"，它们受了"初浪"的打动，就自己掀动起来，它的邻近空气或以太的分子，也受它掀动而动起来，如此递推而动，承前授后，一直动到无限大的空中去。

这些浪，动得最快的是"光浪"。在一秒钟久，光浪能行到三十万基罗迈突，故从太阳来到地上的光，仅经过八分钟就可到达（太阳离地有15000万基罗迈突）。至于声浪的速率每秒不过三百三十迈突远。可是，光浪速率虽如此大，而其浪的"长度"则极微小。（长度，即是两个"浪头"的距离，如海起涌时，从一个涌头到一个涌头，是为此涌的长度。）但其动的次数，则有极多。

如上说的波浪、光浪、声浪等都由浪的传播。然则"电"也有同样的浪否？"电浪"。

约在五十年前，英物理学家 Clerk Maxwell[1]，及德人 Hertz[2]均证明电的传递，也是一种"电浪"的波动，其状与光浪无异。例如空中行电时，或人造的电机放电时，或太阳射出电时，均有一种"电浪"，在空中波动。可惜我们无特别机器去收得，所以觉得空中好似无电一样。实则空中的电浪甚多，随处随时都满装着这样的电浪。到了最近期始有法人 E. Branly[3] 发明一个收得电浪的机器。

到此，无线电播音与收音的大纲均行发明。因为声浪借了电流变成为电浪，如此在空中传播，则凡有收电浪的机器者，即时可以得到"原有的声音"了。

至于实现这个大纲：第一，当用电机使声浪化成电浪；第二，将电浪发出到天空（如上第二图的"线"）；第三，则应有"收音机"。此中最

---

〔1〕 今译麦克斯韦，英国物理学家、数学家。
〔2〕 今译赫兹，德国物理学家。
〔3〕 今译布朗利，法国发明家、物理学家。

要是，尚有二机：一在保存原有的声音；而二在扩大其声音，以易于众人听到。凡此种机器，经过多少名人的心力，到今日均行得到了。

由无线电而得到电报。由无线电传音机，而得到一切的声音。现在尚进一步而实现用无线电（即用电浪），传递一切的"形容"。譬如在上海开一运动会，那班运动家的活动可照样即时传到巴黎的白布上，合以声音的传递，则巴黎见者直与身在上海运动场中无异了。

总之，这个无线（电浪）传递的作用，实在平常无奇。最难是在用种种机器，使这些情状声音在一地方表现者，同时能传播到各方去，又能将它收起来，一如原有一样。这个当然全靠物理及化学与机械学的应用上的功效。故最奇异的还是学问。

由学问的研求与机械的证明，发现得空中乃一透明玲珑的环境，其中藏满了极细微的电子。这些电子互相影响，传递，感触与谐和而成为痛痒相关的世界。这样光明透彻的世界，这样含大力量的电子世界，前时曾由哲学家提议而得者，今由"电传"的方法而证明。故我人能够在千万里外，而与世界的人类交接，其状如在一室者，即由这个"电子世界"的恩赐。将来许多大发明，也靠这个电子世界为后盾。所以我人于鉴赏"电音"之余，当再努力于别种创造，始能对得起这个科学上的"电神"的恩意。

论他实用上，尤不胜举。今只说与气候相关一节。从"收音机"所发的"音响"不同，而一地方上可以先知天时的变化。例如"音响"有激烈的击动，则知邻近有暴风雨，如击动的数率甚多，则知其渐来渐近；如其率渐稀少，则知暴风雨渐远离开。又如邻近有雹，则"音响"微微作吹箫之声。如击动的音响为干燥，距离远，而力量弱的，则知天气的低降，以报寒冷之将至。如天要下雨，与雾，则"音响"弛缓，如天干燥，晴明，则"音响"紧凑。如风要转向，则"音响"作移转之状。

约略举其大端如上，已知"收音机"在气候利用上的重大，由一地方上而能先知若干时前的天气变迁，则于农事的收成、谷子的晒干、农人的卫生，俱有莫大的关系。他如渔人出海、飞机腾空，均可得出此预知的报告以为对付的准备。

要而论之，无线电传音机关，费省而效大，于群众的灌输力量为尤大。利用世界最伟大的利器，加以良善的组织，不到一二年，我们最愚陋的人民，一变而为最智慧的群众。凡知此种利益，而又不肯提倡，与凡有实力，而又不肯实行者，均是缺乏心肝的人了。好国民！速速起来提倡实行吧。我实在敢担保此为极有把握的贡献者，因我确已自己得到此种利益。我极愿把此种利益，贡献给我全国的同胞。如你们怀疑将来不得此项利益，则请到外国来领受此中的作用。

附二　上中央政府省政府及地方政府一封公开信

处此长时期破坏之下，凡属诚实之国民，都知之建设为救危良药、强国要方矣。顾建设之道，千端万绪。以我国今日人才缺乏，财力薄弱，若不权衡缓急，酌量先后，则虽有志于建设，但每苦于心有余而力不足。竞生考察欧洲各国新建设之余，斟酌我国情势，先草成基本建设、制度建设及思想建设三书，此中尤致意于"群众教育"一项。

欧美谋群众教育之方法，如强迫教育、帮助教育、报纸、电影、结社聚会等。顾视我国情形，则因经费支绌，师资缺乏，以致强迫教育不能一时实行，人民既愚蠢无知，所谓报纸、结社等，更无从灌输与宣传。以是，人数虽有四万万，究不能补救国势衰弱与民生困穷。

竞生现想出一个群众教育最好之方法，即用"无线电播音机与收音机"，使一切必要的智识、艺术与技能，每日夜向群众去宣传教导。如是不到一年半载，前此黑暗的群众，一变而为开明的人民，新政由此推行，建设从此成立，所谓古今中西向来至难解决之群众教育问题，竟由此种计划之实施而全行解决矣。

此非一人之夸言也。无线电传音之作用，欧美各国均已收到大成绩。可惜其偏重于商业性质，不知视为群众教育机关耳。诚能照拙著

《基本建设》一书第一章所说去施行，则群众教育必定生出一个新纪元，而他种利益同时亦可得到。

以言开办经费，数仅二三十万元，则周围三千里之人民均足享其利。若买小机，为二三百里计者，则数千元已足，其维持费尤见微薄，若为利益起见，则凡私人用机，可酌收费，如此公家尚可得利，有如电灯公司之类，既益群众，又益经济也（说详上说之拙著内）。——民主国，主权在民。群众开明，则凡建设事业，官厅一倡而人民千和。如此建设事速而易举，效大而普及，较如一人干叫而无应如今日之建设云者，真不可同日语矣。故愚谓一切建设，莫急于群众教育，而群众教育，莫急于无线电传音之机关。侈言建设，而此最基本与最省费之群众教育尚不实行，则亦不必多言矣。料及我国不乏一班热心于建设之首领，故敢作此"公开信"以闻。

又，此项无线电传音机关，可由省教育厅司播音之责，而责成县教育局任各处收音机关的监督；各收音处，则由所在的学校校长或教员任其劳；如此，维持费，尤较省约。但因认此为"群众教育"的重要事件，故在拙计划内，以此项传音机关有独立组织之必要；虽则其维持费较多，然其成效比诸附属于教育机关内当必较大也。要之，视地方经费多寡，以定为独立或附属于教育机关内而无不可耳。

民国十九年，三月张竞生谨具，时在法国

附三　拉丁字母的采用（附文法的规定）

我国象形之甚难学：每个字都具一种特别的画数，彼此互不相同，而非识得此种字二三千个以上不能够用。因此学者必要费了许多心力，始能认得这二三千个字形；又要晓得各种意义；又因文法无一定，更加困难去作文。

故要谋思想发展与智识普及,势非从新采用新字母不可。"注音字母",固是一种救济的方法。但我意还不如采用拉丁字母为便。这个意见可以简说如下:

(一)凡学者所用于注音字母的功夫与去读拉丁字母当不会少。既然同下一样心力,则当求其较大的效益。拉丁字母比注音字母的效益大处至少有三项:

(1)拉丁字母乃世界各强盛国所通用,我们采用它,可以逐渐与他们讲通,及得到其智识与技艺。

(2)采用拉丁字母,对于欧美科学及专门的字较易译出。

(3)手写与印刷上,拉丁字母比注音字母均较便捷与美观。

(二)如说我国音腔复杂与特别,注音字母比拉丁字母较能达出此种的音腔。在此层上,我意是于采取拉丁字母后,每个字母怎样读法,当按我国音腔而定。于必要时,则于字母上加上记号以成别音,例如法国读 E 字母有四音。如此变通,则拉丁字母二十六个尽足敷用,不必多事于新创了。

采用新字母,最起人反对者,就在怕我国旧有的书籍,如著名的经史子集等,从兹废堕。这项怀虑实用不着。采用拉丁字母,乃使群众便于音读而已。至于求高深学问者,当可向旧籍去吟哦。且今不用新字母,这些经史子集,诗词歌赋,于群众中也极少知道。故用新字母于旧籍无害,而于群众的智识有益。

再进一步说,新字母既以"普通话"为主音,则将来于群众音读纯熟后,自可逐渐将旧籍精要佳善处摘选为"音读",如此,现在群众所不易晓的古籍,一变而为"流通本"了。

方今新智识日增月加,我人对此已觉难于应付。故我国古籍除非一班专行研究国故之人外,一切民众实在用不着去研究。且研究又有什么益处?若能择其主要编成缩本,使人知我国文学之渊源与古时风尚之所自,这就好了。至于复杂的原本古籍,只于一班专门研究国故之人有用外,在群众及一班研究新智识者,实在用不着,放丢它们在厕里可也。[1]若问采用拉丁字母后,将来我国文化将如何变迁?我敢答说:必定大大发了光明。

(1)以科学及艺术说,用拉丁字母易于摄取欧洲原来的意义与其运用的方法。例如"德律风"的译音,因其成为我国字的一种意义,与原有的完全不相同。即"电话"的译义也不合。因为"电话"的原文,在欧义为"远音"。今若取用拉丁字母,则照原字译为 telephone,又再为学生解释此字的意义,与此机械的作用,如此听者晓然于所在,不会如今日采用象形字的"望文生义";或以谓"风是有德的律了";或则以谓"电能说话了"。

凡科学与工艺,需要有切实的确定之名与释义。就现在我国的象形字译文说,则真牛头对不着马嘴,如"自来水"、汽车、电车等,尤其为不通。

(2)以文学说,如以"诗"言。诗乃"心声"或为"天籁",故最重在"音韵"的谐和。以我国象形字去作诗,每为字音所束缚。如改用拉丁字母,则既以"音"为主,作者既可着力于音声的组织,自能成为自由表现的好诗。

(3)以思想大端说,如学哲学等。凡从象形文字研究的人,每觉所见不广,而常常为这样死板呆滞的象形字所累。但取用"象声"的学者,则其思想甚广大流通。所以埃及虽为古文明国,但终不如希腊有许多大思想家。因埃及用象形字,而希腊则取"注音",工具的巧拙不同,所以思想的结果也大见差异。

试就我国说,经过数千年的历史与若干亿兆人的研究,实在产不

---

[1] 对于"古籍整理"或者说"整理国故"的提倡,是学术界或文化界的一个潮流,但是,张竞生所倡导的"民智建设"不但没有将这些意思包括进去,反而是坚持了一种相反的观点。在张竞生看来,无论是针对民智的开发还是针对民智的利用,驱除一些无用的、无实际意义的学习与研究是必要的。因为,在一些传统的文人眼里,只要是"啃书本"似乎就意味着是"素养"或"智力"的提高,所以,就有一批毫无责任心的知识分子大力提倡读书学习,而轻视社会实践以及社会教育。而在今天看来,张竞生的这种民智建设的观念一方面体现了他的坦诚与率直,他说出了别人一般不敢说的事实状况。另一方面,也体现出了他对于社会发展的一种准确的预见。

出若干好的文化。科学可说完全无，因纯粹科学，全靠抽象的研究，这个完全与我人习惯于实象的象形字的思维不相宜。艺术，粗浅则有之，伟大不见多。文学则气魄狭小；虽唐代名诗，也为象形字所拘束不能达到"天籁"与"心声"的妙境。说及思想，尤见稀薄；诸子百家，都是"沙虫"，叫得虽好听，但终不能超逸清高，如"鹤鸣九皋，声闻于天"的伟大。

所以为新文化发展设想，非将我国旧有的象形字，代换为拉丁字母不可。

又或有疑虑是我国方言甚多，采用拉丁字母当然以普通话的音声为主，则操方言者读此完全不解，反不如象形字较能普及。

这个答复甚易。（1）拉丁字母的音读，但否认以普通话为主。而我国晓得普通话的省份已达十四五省，为数已极众多。（2）将来教育普及，则操方言的地方，自能兼晓普通话。因为方言的根源，尚是普通话而出，他们转习普通话甚见容易。（3）有些地方，如闽粤等，则可采用二种读音法的拉丁字母：一当然是普通话，而二是本地话。这样既便于本地群众的读习；同时可渐引进于晓通普通话。

今日智识复杂，技艺众多，文字不过是求得智识与技艺的一种工具，故当求其简便易学，除弃象形字采用拉丁字母这个由繁变简的利益已经昭然在人耳目。例如日本采用"假名"后，人民识字之数大增。凡受过国民教育后，都能看"中文旁边注上假名"（因为日本人变法还不彻底，所以尚保存中国字，而为群众起见，则于中国字旁注上假名）的书报。

至于土耳其的总统凯摩[1]，更能决然彻底将土文废弃，向改用拉丁字母。当其改革时，反对甚众。但也断然施行。果也由其所料，不过数个月工夫，土人晓得用拉丁字母读法者数达百万以外。由此推广到乡间去，成绩当尤伟大。在现时的土国各大城市中，商店招牌等已全改用拉丁文字母的写法了。

---

[1] 今译凯末尔，土耳其共和国第一任总统。

土耳其素称为"近东病夫",同为世所僇辱。今得凯摩努力改革,国势日振,浸浸将成为强国了。他又能从其思想根本上——文字,改革。伟大的凯摩!我国执政者能与他比并吗?我人不禁祷祝我国也有凯摩其人者出!

于拉丁字母采用外,当同时兼及于"文法"的规定。我国固有文法(可参看《马氏文通》),但都由习惯而成,或则失之简,或又失之繁,故今日最要在定一种极合用的"文规",将各种字位(如主词、动词、形容词等)及时间、情状等等极精密订成专书使群众能于极少的功课内,得到"文法"的使用。

这个文法的规定甚见重要。我曾读一本欧人所写的中国游记,他说中国人说话不清不楚,不知是"肯定",或是"否定"……这个原因当由于无切实的文法,以致普通人说话,当看其色的表示,而后知道其所说的意义。故为思想着实确切起见,应从速规定一本极简单而切实的"文规"。

【附注】在此"民智"章,本应说及普通及专门教育二项。我在上虽说到将无线电传音的方法,代普及的国民强迫教育;但这因现时为世事所迫而出此,实则,遇可能时,国民强迫教育,当应从速施行。又凡为国民优秀者,经过考试之后,即得公家帮助,全入中学及专门以资深造。将来,这样中学及专门,尚应视为国民的普通常识,无论何人(除低能外)均应强迫及免费入读。如此,国民教育程度日高,一切事业都可作为了。

至于此种组织及建设,因为本书的篇幅所限,不免暂付缺略。

【又注】改用拉丁字母,仅采用拉丁廿余个字母的写法,至于读音、拼音、文法等,全以我国语为主。故所写的虽为"洋字",但念读上及文字应用与文学,和语言的精髓上,均与前时取用中国象形字时代一样。这个变动,不过学习与写作上便当,并非由此将中国本有语言抹煞。

民力建设
——基本建设之二

总　论

人之所以比禽兽高出，不但在脑袋，而且在两只手。脑袋出思想。两只手出力量。思想要靠力量而后始得深远、宏大、高邃与精微。

有脑袋，又有手，诸事都可做到。有脑无手，许多事做不来。有手无脑，许多事尚可做成。现在"机器世界"，机器的利用，凡有两只手就可制造许多样"奇技淫巧"的物件。故今日对民力的建设，即在使群众人人能利用机器；换句话说，即在使人人利用两只手。至于脑袋的责任，只要极少数首领人才作引导就够了。所以在群众说——尤是在我国今日的群众说，最重要是力量，是他们的两只手去利用机器的力量。

力量，仅恃个人两手，当然极薄弱。力量之大；一边在合众人之力；一边则在善用机器。古时无机器，但有了群力，也能做出许多大工程，如我国万里长城、运河、阿房宫、各代陵墓、各大寺院之类。在外国则有埃及金字塔、亚历山大灯台、巴比伦浮花园等，凡此都名为世界的奇迹者。仅就我国长城而论：其长度、高度、广度，均足惊人；相传有百万人一气工作，而且经过若干年月而后成功。我曾与学生数十人同往参观，见其中均由极厚的砖块依山沿岭而筑成。同时有一英国人见此大叫"Great China！ Great China！"，不错，真是大中国的大工程。

可是，单靠人力，力量总不大。需要靠机器，然后力量始能扩展到极宏大而且精巧。

因为借了机器，（一）用力少而收效大；（二）补充人力所不及。由前之例，如用徒手，则长城工作每日需百万人的话，若用机器则只要几百或千人即可得了同样工作的效果。由此可见机器能节省人力，同时又节省消费。利用机器的国家人数虽少而极富裕，因既能多出产而少费用。反之，不能利用机器的地方，例如我国人数虽称数百兆，而极形贫穷。因出息少，而人类多、消费多之缘故。（如用机器制火柴枝，只要一只手推一下，则同时可得一二万枝。如徒用手则要一二万人始可了。）

机器第二的效用，即在能补人力所不及。例如美国，威尔逊山天文台，因其测量镜巨大，故所见的天空格外广大。又如有了显微镜可见极细小的微生物。有了极精细的秤器可称极微细的分量。借了潜艇，人可以如鱼在水底游行。借了飞机，人可以如鸟在空中飞翔。

故为出息多计，应当利用机器。而为精巧起见，也当利用机器。我国今日的贫穷，固然由于机器不发达；大多数人民的愚蠢，也由于不识利用机器。文明国人，能利用机器至三四十种之多，而我国人则连识用一种也无。所以今日我人对于民力的建设，第一在使其利用机器，这是在下第一章所要讨论的。

在第二章上，我们则去研究群力的组织。这项尤形重要。今日我国毫无组织，以致人力如一盘散沙，诸事毫无振作。在有组织的社会，则个人的力量可变成为几十种之不同。并且由此可以养成首领的人才。

末了，在第三章上，我们所要建设的乃是玩耍力，这当然就广义说法。凡我国人最缺点与最不懂处尤在此项。殊不知玩耍力，一方面乃是人力所储藏；一方面，又是创造力之所出。方今各强国也知此项的重要。不过他们对于创造力一方面甚见不到。此项精义尚待我人发挥者正不少呢。

第一章　利用机器——电力化——艺术的手工业

一、工业、农林、渔利及其他

我们是落后的工业国。今后补救方法，我想最要是"电力化"的建设。现在我国各重要城市均有电灯厂，不过其利用仅为灯光。今后各县治，各重要的城、市、村、邑等，均应由地方政府（省或县或市政府），筹设一电力厂。其为用不仅在电灯，而且举凡一切的工业，如制衣服、帽、鞋、袜、各项用具、建筑品、各种科学的出产品、各项人生日用的品物等等，都可利用电力。

一切制造的机器，如制服机、制袜机、制火柴机，所有日用品及科学实用品诸项制造的机器，可由政府整批购买，然后出卖或租借与人民利用。

电力之用于工业者，当极便宜卖出。欧美各国，电力厂通常卖给工业者仅为卖给灯光用之价一半，或三分之一，若电力厂由政府经营，则当更便宜卖出为工业者用了。因为工业用电力极多，则电厂纵收费廉，因其多卖，尚可得利。假如亏本，则政府可用别项公费以救济。

电力于小工业极便利而且极普遍。这个极适用于我国的实状。因为：

（一）我们人数极多，地方极广，故极不宜于大工厂的多数人集合（除大城市外），而宜于各家、各处小工业之分布。

（二）我们经济穷乏，不能建设大工厂。至于小工业，每一机器，如制袜、制牙粉、制各种小用品等，其机不过值一二百元，又仅要引一条电线到其家内，即可从事制造。

（三）小工业比大工厂，较自由与富有营业竞争的精神，较卫生与较有生人的兴趣。

政府的作用在总其大纲与调度各小工业的合作。故在大规模上说，则应如中山先生所计划，全国或全省上当有极大的各种工厂以供给人民的需要。可是此事因现在无人才与钱财，故极难实现。纵能实现，则人民的小工业也当同时提倡。如由我们所说的"电力小工业"去建设，其事本极易实现，而其效果的宏大更有不可思议者。因为：

（一）小工业的工人不至于汰为机器的奴隶，他们尚保存有"手工艺术"的性质。

（二）许多任务业，须靠许多的"分工机器"的手续，如火柴厂，其中有制枝、制药、制盒、装药、装盒、包盒的种种分工机器。故由政府，或公司去调度，则可分配这些分工于相离不远的各处，由此，合了许多的小工业可以成为许多的大工业了。

现在最重要是各地电力厂的建设。

电力厂最主要与最费用的是煤炭。故现在各处煤矿应从速开发。至于山西煤矿其富无比，更应从速开用与输出各地方去。

电力厂，又可利用水力以生电，东南及西南各省均有极好的水利可以利用。水电电机虽较贵，但因免煤费，故其出息甚便宜。煤与电的利用，不但在工业，而且在我人的饮食及取暖上头也关重要。现在国人都向山中樵采以为薪料，以致满山濯濯。故今后要讲林业，烧粮薪料非从煤或电去解决不可。

我今就来实地做一计划，理想的，但有人与钱，则也可成为事实。其事就是我生长的广东饶平县。

本县为长方形，于纵面内有一溪流从县治数里间发源而直下百几里至于海，可说全县大部分受了此溪的洗礼。

今若能于此溪上流安置电机，如此，则全县的工业可得利用电力；同时地上的车及水上的船，均得电力以输运；同时则家家可安置电机以做饭、粥、菜及饮料。如此我们中世纪的生活，一变而为最新时代的人民了。

此县有的是山，若其草木免如今日全为薪料所牺牲，则可圈定若干山为牧牛之用，余则可蓄殖最贵重的木材，如此，林利既厚，而且美观卫生，与山皮得木叶的庇荫，免被雨水所剥削，既肥地面，而且可免水灾了。

可是，我们不必做这样久远的理想。今就最易实现的事实说，现在各大城市已有电灯厂，则诸项小工业即可附之以兴起。只要本地政府或有势力之人，买了各项机器，供给人民，诸项制造物即可充斥于市面。当然所制造的以该地所出的生货为根本。最普通是关于衣食住及日用必要品。

对于小工业的助进，政府不但在建设电力厂，与购买各项机器，并且应设立工业银行，以最低利息借资给人民经营各种工业之用，有时且全以公益名义给极大的公款以济助失业或不景气的工业（此项银行须有极善良的组织法）。

此外，政府所当为力的，则在主宰运输。必要时又当兼营大宗的买卖，务使某一地方的出产，能够到别一个需要此项货物的地方去；进一步，尤应向世界市场去竞争。

在此应注意的是：

我们政府对于实业的组织，既不可如苏俄政府的独力武断，也不可如各国（尤其是美国）之任个人或托拉斯垄断。我们政府一面当听人人充分自由去发展；一面则立于指导地位；或遇人民各人自己能力不足时，则以政府的力量立于补助的地位。

政府不是万能。并且一味专靠政府，一方，则养成政府办事人员的专横与官僚；一方，则养成人民的奴隶性，毫无自己经营及提倡的能力。

可是全去靠恃人民，尤其是在我国这样对于实业极幼稚又无组织力的人民，则必无一实业办得成，或则彼此互相排挤倾陷，结局则必同归于尽。

所以最好的方法，政府则立于指导与补助的地位；而使人民循守一些好方针各各去努力发展。以我国人民之众、地方之广、各地场物之不同，若使各各能去自由发展，则必成为极繁富灿烂的实业社会。

又，工业固然应以机器为主，由此可以多出产与实用及美观。但须知"手工业"也有存立的价值。例如"抽纱"一项，在手工上占了极大的地位，各项花辫固然可用机器织绣，但总不如手工之艺术。现时汕头及烟台的抽纱"花辫"在外国销路甚好。因为我们工人多，价又便宜，而且做工者极有耐性与精巧，所以出品美，故能畅销。由此作例：我们对于手工业当大予提倡。这项手工业若能好好引导，则将来世界市场，关于艺术的品类，必可由我们得了相当的操纵力。因为我们女人多，而且这般女工人不如外国女子之务于外事，她们实能孜孜埋首尽心作挑绣或各项的手工业。这项工业不但可得厚利，并且工人也得艺术性的修养。此中关系甚大：因为工厂的工人，都不免为机器的奴隶。但手工业，精神与心力在能去指挥其物质。例如法国之关于服装（外衣与内衣的女子服装）、帽及各项时髦品，极为世界市场所要求。此中大部分出产品，都由女子用手工做成。

故手工业与机器工业乃立于相助与相成的地位。手工虽出品少，但具有艺术性。机器工出品极多，但未免千篇一律。可是有些对象贵多，此项应由机器工去给予。有些对象贵少而精致，此项应由手工去供给。手工之功劳，就在给社会的艺术品，它是实用的艺术者，它给人类物质上之用途又供给精神上鉴赏。至于机器工则专在供给众多而且极便宜的物品；由它的普遍愈足显手工之矜贵。所以机器工并不曾杀死手工，它乃手工的兄弟姐妹行。机器工只能杀死那些不用手工而可用机器之工业者。例如磨业，古时用手或用牛马去挨磨；中世纪则用风或水磨；但到现在均被机器磨杀却了。因为一些物品，它的价值全在便利与出息多，故机器可以战胜一切。但有些物品则其价值视心力之大小为贵贱。在此项上，机器的效用甚小，而心力的利用则极大。

故此后,我们对于手工业,由当大大提倡与指导。我们以前可说无机器工,只有一些手工;可惜这些手工都是陈陈相因,今后应当助以科学的学理,尤当济以艺术的技能,务使手工业成为我邦的特彩。故请诸君留意,此项艺术性的手工,也为建设事业上最重要之一。

工业的来源为生货。供给生货的为矿、农、林、渔业等项。

矿产,我国甚富。要谋实业发达,应当从速尽量开采。这项事业,规模极大,本应由政府独力经营,但苟有善良矿律,也可听人民自由采取;若能采用累进的收得税(即获利愈大,纳税愈大)。则不怕开矿的人民过富。然矿区调查为事甚难而且多费;故此事应由政府(省政府)聘请著名矿工程师详细调查,列表布告,使私人或公司得以准据从事。(政府方面更应从速实行开矿,以免货弃于地,并可为人民表率。)

农业为我国根本生活。虽则我人有几千年经验与极多的人力,但此事应改良者尚多。

农器,旧有的如犁耙等不能深入地土,以致土质稀薄。现在欧美犁器不但深入而且同时有割、推等尖锐刀锥形,故一举可得数用,是应采择者一。

播种、收获,以及去壳、磨耷各项,也当采用最精的机器。

农业在今日所最当注意者,尤其在选种,与肥料及除虫害。而其附属的出产品,更应努力改良。

因为无好农器及肥料,以致出产不丰。而稍硗瘠之区:如小阜、山坡等,则全不能耕种。若用新法如在外国一样,则此项小阜、山坡的出息与平壤同等,这样一来,则我国同时不知多收若干作物。又因水利不讲,防御无方,以致一有水旱,则全属农业丢失,满地尽成饿殍。北方诸省,尤为甚者,每每饿死数千百万人,其饿死人数直等欧洲一小国的人民。这样无能力的人民,真比虫蚁能择生活者更不如了。

为今之计,应由政府划分农区,于各区中设农务官吏,公置农器,讲求农学与水利,分配肥料以及调济农食等事。(请参看下篇

"农村组织法")

林业,在我国尤形荒疏。自南至北,由东到西,满山都被樵采与为牛马所蹂躏,不但一草不存,连有一枝草根也被拔出。这样结果,满山无一点出息;若遇雨水,则地上不能由根叶藏水以致一泻无遗,遂致变成水灾。所倾泻的又含极多的土质,以致水量重浊(如黄河之斗水八升土,更为不幸),拥挤崩溃,以致水患更大。一逢晴明,因无林木蓄藏水素,以致即成旱灾。而无林叶以清新空气,于居民卫生也大不利。凡此所说,就是摧残林木者所受的孽报。至于山无树木,美观全失,以致不能养成人民的美德,所失实也不少。

所以造林,造适合于建筑材料的林木(造纸林尤重要),应当积极进行,切切不可如昔时的官样文章,敷衍了事。当由政府派人监督,指导实行,则其地应归公有,即由公家经营。

介于农林之间,尚有二事关系于民生极大者则为水果及蚕桑。蚕丝本由我国所发明与特产,可是今日应采新法改良者甚多。法国对于丝业本为后进,到现时,丝料精良已超出我国之上。

论及水果,于美观、食用,及卫生与经济,均占重要的位置。我国本是水果出产的好地方,例如北方之桃、山东之梨与其苹果,闽广的出息更为富饶与美良。今应讲求择种(如山东梨,应种为西班牙梨。烟台苹果,应改为朝鲜的之类)与培植的方法(如美国养柑与柠檬,每丛柠檬每年不出三千个者,即被拔去另种)。保存与制罐头,尤为要图。例如闽广出柑极多,但因不善保存,以致上海、北方等处须用美国从数万里外运来的货。

在此,尤应特别注意的是棉与麻业。我国各地均可种棉;江苏南通,即一个最好的模范。麻为闽广特产。凡此,只要识得提倡与经营,即时全国衣服问题,就可解决,不知如现时之身无完缕,其穷省如贵州一带,女子连蔽下衣也无着。如此野蛮世界,还敢夸说什么礼教古国?

渔业,在这样十几省临太平洋岸的大国土,当应产出极丰,然因无掠鱼大船，与精良器具，遂至大鱼不能上网。又因不能利用罐头保藏，与输运不便，以致有货时滞塞一隅变成腐朽者甚多。海利本是无穷藏，渔业之外，又应讲求盐的采取，凡此，须有特别的建设机关，以谋水上的利益。

以上所说，如矿，如农，如林，如渔，都是供给工业的原料。故工业愈兴盛，这项原料的需求愈多。是宜利用科学智识及机器技能，使一切产物达于极多量与极便利之效果。

二、交　通

如果我国要成为强盛文明的邦，则当如中山先生所计划的铁道、公路及海港的大方向去实现。可惜是我人一时无此人才及经济实力。故现在只就最紧要与最易行的交通方法略陈于下。

第一，应当开许多公路。现在各处已有了公路，但尚嫌太少与修理不好，故应再扩充与改良，同时路两旁应种各种大树。

公路既有，若以县为行政区单位说，则至少应购买几辆公共汽车（可以乘人兼载货者）按时通行。这样一来，则全县交通流丽，不至如先前血液之凝结了。同时又当盛倡汽车、运货车，与改良手车，及东洋车、马车、牛车等。

今以我们饶平县说（我喜将我县为例，因其构造稍似中国全地的雏形。又我个人对于本地情形较为熟悉。且我前时曾答应人对此有所计划，今说此聊以偿夙愿），长度百有余里，广则数十里。内地都山而外滨大海。现在无铁路，交通只有一条纵贯的溪流。公路拟开，但为劣绅与奸吏所阻扰，以致尚未成事实。今若从与大埔县交界起，一直开一好公路，经过县城，以至于黄冈市，转折而到隆都区，抵澄海县交界止。此项工程并不大，因旧有"官路"可遵循。此路成后，只要四辆或六辆大号公共汽车轮流来往，则外边海产得以运销内地，而内地所出山货得以流通外区。现在各方出产不多，人民来往更少。每日有二三次来往车行，人货均足流通。稍后则再扩充二三横线。

此项筑路费及购车费为数甚少，但其利益无穷。试就现在的情况与此项成就后的交通一行比较，此中利害越见显明。

现在交通，只靠溪上的木船与竹筏。溪中都满了沙，水量不深，遂使船载不多。虽则百余里水路，而需时时刻刻乘风与用人力，故遇风无、水逆之时，则需一二日始能达到，以致货物的运价极高，至于有些地方，船只不到，而全用肩挑者，其成价尤贵。大约每百斤货的百里肩挑费需一元余，若用汽车输运，则不过二三角即足。至于新鲜货运到远方不朽者，只有汽车才能尽责；肩挑者虽用重费而也做不到。若论旅客航船或坐轿，费时失财。如改坐汽车，则百余里路，既出极少旅费，而且在一小时即可达到了。

除了汽车之外，既有公路，则一切车辆均可利用。例如南方之路小且多水泥，故虽要拖东洋车也不能。所以人民一切运物只好用肩挑与手携，凡此取携不多，并且由肩挑而汗流浃背与变成驼背、肺病，及肿脚肚者，也不少。如有公路，则北方可用马车而南方可用牛马以输运，或用手车（如北方及江南等地的独轮车），总比肩挑者为便利。

有了公路，旅客也可利用汽车、脚踏车或用汽油的小快车，或乘用各种畜类，也极便利迅速。

要之，建设公路不是供给军阀运输军队及官僚奔走之用，而乃供给人民一切旅行及载货的便利。故筑公路，不能即算了事，同时当建设各项的车辆与输运的方法。

第二，交通上之载多数货物与旅客者当莫如火车与轮船，但迅速便捷又莫如飞机。火车、轮船，我们固当努力去多多建设。可是为救眼前缺点及我们国势特别情形起见，则当急速先行组织飞机队。

飞机的效用甚多：或为私人旅行，或为商业，或为战争之用。

我今所要说的专为商业，遇必要时，也可变为军事用的飞机。

商用飞机，如带重要对象、信函、载旅客之类。现在欧美各国来往都有这项的运输。例如英法两国来往，虽隔一海峡，但用飞机几点钟即可到达。因此快捷，故旅费虽比坐船与乘火车者加了三四分之一，而人也多乐于利用（时间即金钱），省了旅行的时间，比省了旅费更有利益。（飞机危险，也比轮船、火车上危险不会多。）至于信件运输，利益更大。因为信间所说，尤是关于商务的事情，其到达的时间愈速，则其营谋的商业愈有价格。例如从法国写一信到我国汕头市（广东属）订抽纱。当时信中所说花样虽在巴黎极时髦，但因船行的期限，每一次需三十余日（即由西伯利亚铁路到汕头也要二十日间），到汕头后，又须照样制造，制造好后，又再多三十余日始能寄到，这样往返须几个月，到巴黎时，先前时髦的花样已变为不时髦了。推而言之，一切远方货物的运输，由飞机总比轮船或火车为有利益。

若就我国幅员之大与交通那样梗塞而论，飞机利用尤为无穷。例如现在由一省到其邻省，每须十余日路程；苟如改用飞机，则几点钟即可达到。最奇怪是由广东到云南，且须假道于法国势力下的安南。若由飞机则十几点钟内即可直接交通，回视今日须要许多日的海程又须受外国势力的压迫，其旅行难易苦乐真如天壤之不同了。

此项商用飞机队，愈多愈好。故政府与人民均可自由组织。不过政府之目的，不但在得利，而在于便利交通，所以有些线路虽必丢本，苟其于国计民生有益，则也应举办。至于人民所组织的飞机队，必要时，当受政府的指挥。

因为飞机不但与商业交通上有大利益，而且在军事上的关系更大。

今后战争，都说是化学战争，即用毒气弹的战争。飞机在空中自由飞翔，从上而下，当然最适用于抛掷毒气弹。现在我国陆军军队，则冗兵滥士充塞队伍，又且牺牲于内战，故对外已失了一切战斗力。说及海军，更不成话，简直就可说无，并且比于无更为丢脸。故此后国防最要的在军用飞机队的组织。

军用飞机队，苟仅为防守起见，则费用极省。又除一部分特别准备外，其他，在平时可改为商业用。反之，所有商用飞机，当受政府监督构造与指挥，务必于战时可改为军事上之用途为标准。

由此看来，飞机在今日我国商用上、交通上及军事上，均占重要的位置，故我国应急起之追。

方今世界日趋于接近，而且各项竞争俱为猛烈。空中是自由的，也可说无国界的。今日我国陆海军怎样腐败，外人尚无代我人组织之说。今后飞机队，若无好好去努力，则德国及苏俄拟代行东北到北平之空线；日人则由门司到上海；法人想由安南到上海。他们平时，固是商用飞机，但一朝有事，则改为军事飞机，而我国沿海各重要城市，均可于数时内受了敌人的毒气弹，全城市人民不论老弱男女，一百万人、二三百万人，同时可被毒气一网杀尽。故飞机队的组织，比海陆军更为重要。这是我人生死关头，幸勿昏涂敷衍。

现于后附一世界商机运用图。同时可见他人商机的兴盛与对我国筹备的野心。

三、艺术技能化的机器运用法

现在是机器世界。一个民族的强弱，就在视他能否利用机器为决定。

他们各强国能够利用三四十种机器，而且日见增加不已。我们现在只晓利用东洋车及北方的独轮小车，这不过半个机器，连一整个尚未上，无怪我们这样衰弱，而他们那样强盛。

今后，我们也当利用一切机器；举凡一切的工业，以及开矿、治农、植林、垦渔利，一切交通事业，至于日常家用，均应尽量采用机器，以发挥人力到了极大、极强、极幽微的地位。

又进一步：利用机器，不是将人变为机器，也不是使人变成机器的奴隶。现在欧美工厂的组织法，不免把人变成机器、变为机器奴隶的毛病。我们为要除此项弊病，应当把机器的工作，变成为艺术化与技能化。换言之，我们利用机器，不是为机器所利用；我们是机器的主人，但不是机器的奴隶。

例如：我们可怜为实业落后的国家，以致将人做牛马，做一半机器的东洋车夫尚能随处存在；而北方一部分的苦工竟全靠此为独一生活。我们责任当然在使此项不人道的工作速速消减，但在一时不能消减之中，应设法改良，使东洋车夫不会全变成机器，变成牛马；使他们尚为机器的主人。这个应当提高车价，保护与优待车夫，限制壮丁始准拖车。最要是把车夫打扮得雄壮，如鞋袜整致，脚肚到膝（如兵士状），应紧束以洁布（或好毡之类），短裤而短衣，腰中束带，帽也当按地方与时候而求合于卫生美观，及拖车上的便利。凡此装束，不但美观，表出车夫是一个人，不是如现在肮脏衰敝如牛马（外国牛马也不这样脏与衰弱），并且装束得合法，于拖车行动时迅速，省力，不吃苦，又与身体无碍；如束脚肚与束腰身两事关系更大。此外，又当教车夫怎样适度的以执车柄，怎样弯腰、举足、向前走与跑，怎样呼吸。（当应严禁坐客催跑，只由车夫愿意，相力跑或行。）这样请求，东洋车夫虽一半变为机器而一半尚保存主人的价值。

交通机器，以迅速便利为上。现在飞机日行数千里已极惊人；但许多学者及技师，尚求比此更猛速的交通机械。最近德法二方面均有"火箭式的射法"的发明。现因试验费太贵，而拥资者不肯济助之故，一时尚未能实现。苟用此法，则人们能在极短时间可到月球；而由巴黎到纽约只要二十余分钟；则到上海，也不过三四十分钟。旅行到此景象，真如电与光一样射击。人力到此，便是"电公""光母"。这样旅行也算极艺术化了。耳边风，眼中烟云，人身变成电分子了，这岂不是人力最大的发挥吗？这尚不是艺术最大力量的表现吗？

故我要提醒中国人的，不但要改良现有的东洋车夫的牛马生活，并且要去研究实现以后最迅速、最精良的交通机器与旅行的方法。

关于工业一方面，利用机器，使机器变成为艺术技能化，其关系上更为重大。因为工业发达的国家，大部分的人终生力量均为机器所牺牲。故美国工程师泰罗（Taylor）[1]，曾发明一个利用机器的方法，即是现时极著名的"泰罗方法"。他说这个发明比他发明铸钢的机器更有千万倍的重要。

泰罗方法，确是一个大发明，这个就在使人力能够善用机器，例如建一屋，排印一书，通常需用数千工者，用了泰罗方法，则几百工即可了事。他的方法就在使工人对于机器，能够发挥最大的力量。粗而论之：如从船中起砖，若由人人携砖到店内，则往还需时，工作不多，而且困乏。泰罗方法：就在教工人从船到店中，各各站在一个适度的距离，由此从甲至乙到丙、丁……用手互相转递砖块；同时，并教以怎样用手接砖与投递他人，怎样转身、屈腰，怎样呼吸等方法。这是心理与生理适用于机器的科学方法。可惜，泰罗尚不知有工作上的艺术方法。若我的方法，则于这样工作时，同时教以唱和各种悦意的歌调，如此工人不见苦而反觉乐了。（其实，这也不是我个人的方法，乃是我国许多处的工人给我的方法呢。）

又以排印工厂作例。普通工厂，组织与作工次序上已不见好，而最缺点是每个工人所用的器具与他身手不相称合。泰罗方法就在将每个工人——如排字的，则量其指头若干大、手臂若干长、身材若干高，然后为之特别制成极合度的放字粒格子，使其身手极便利地得到各项的字粒，免致如普通的工人，身高而字格低的，则当时时屈腰；身矮格高的，则当刻刻站起脚跟，以致失时及多得劳苦。此外，光线怎样放射、空气怎样调度、衣服怎样穿法，均应极详细研究，务使工人费极少的力量，而得极大的出息。

这个泰罗方法，如用的适当，则每个工人的出息，可抵得普通工人不晓此法者七八个人。这个当然关系于工业极大。由此，工厂主人可多给工价；而工人可节省工作的时间，以为他项有益的生活。

---

[1] Frederick Winslow Taylor，1856—1915，今译泰勒，美国古典管理学家，科学管理理论的主要倡导者，代表作《科学管理原理》。

故我们工厂或私家的工作方法,当尽量采用泰罗方法,这个不但用力少而出息多,并且极卫生。不过,同时当兼用(艺术方法),使工人得到艺术的兴趣。如现时(无线电波音机)极便利,则凡工厂中应备一个,使工人于工作时,能得各种音乐玩耍的消遣,同时又可得到各项的学识;同时心神有所慰藉,工作上的劳苦可以觉得大为减少了。

现时工厂另有一个大毛病,就在出品物千篇一律;而且工人终身只晓做一样工,遇到此项工业出品太多,或因别事而工厂停辍时,则工人不免失业。为救此弊,第一,当使工人至少学得两种技艺,使得轮流工作,免至死执一样工作的枯燥,其次,也免因一业不振而致受累。第二,我国现在百无所有,固然不怕机器工作的多量出产。但为艺术及工作兴趣起见,则手工业(将来改良的手工业)当如上所论的去大大提倡。

简单说来:

我国实业种种落后,故要急起直追,当采用:

电力化的工业。

又因我们人多地广,最要在提倡:

手工业。

又为超胜他人工业起见,当采用:

艺术化的工人生活、艺术化的工业出产品,及艺术化的工厂组织法。

故各城市,应由政府或私人有以下各项的建设:

(一)代运各项机器,及设厂自造极多的机器,以极廉价卖给或借助人民。

(二)开设实业银行,专门在投资与借助各种实业的机关。

(三)开设各种实业,及利用机器的学校。

(四)利用种种学术,及监督的方法,奖助各项有艺术性的手工业。

(五)设劳工局,以极优待的法律与方法以奖进工人。

（六）工厂及家内的工作，当采用泰罗方法及艺术方法。

（七）奖助关于科学及艺术上所用的机械发明家。

第二章　群力的发展原理与方法——领袖人才

"人为合群的动物"，这个定义的妙处，连创始的社会学家自己也未明白。人为合群的动物，这不是他喜欢合群；乃因他自己觉得力量的孤单，乃因他觉得群力的伟大，乃因他要自己力量在群中尽量去发展，所以他喜欢合群了。

这是一件大发明，即是许多力量在个人发表不出的，在群中始见生长。这更是一件大发明，即个人借了群力，竟能生出种种不同的力量。这些力量或相调和，或相冲突。我们现当注意是在怎样使个人力量变成为种种之不同，而又使其能互相调和而免互相冲突。

第一，我们当建设一个信仰力——一种国教的会所。

这个信仰力当含有宗教的博爱，科学的观念，艺术的修养，所谓善、真、美三者合为一气。现在我国并无"国教"，以致各种宗教乘隙侵入。这些宗教，最多不过空负博爱之名（善一方面），至于真义的科学与美意的艺术几等于无，以致不免堕于迷信及丑陋。现在我们应当建设一种真、善、美的宗教，以代替国内所有的各种宗教，这个组织法大概如下：

（一）于城市及于一二万人的适中地方建一"国教堂"（如照我们在"民智建设"篇所说，则国教堂同时为播音处之所在）。

（二）主义：真、美、善。

（三）教堂建筑式当极合于美术观念。

（四）每日一早（其钟点按地及季候而定），人民当到教堂听讲（约半点钟）。

（五）所讲演的为名人德行传、科学常识及艺术观念（照基督教排讲圣徒的方法，我们的国教若能每日排定为一个名人，或政治家、科学家、艺术家的纪念日更好）。

（六）堂中有一主管人，掌一切及讲演事务。但应常时敦请各项名望之人物到堂演述。

（七）这项国教堂，兼为本地方群众聚会，及婚丧临时庆吊之所。

这项建设骤然看去似为理想，与不切要。其实，此事所关甚大。而且切实做去，本极易行。人类不能无信仰。因有信仰，始能生出一种大力量。可惜我国现在的愚夫愚妇尚在信仰土偶；而回教、佛教、基督教等则未免于暗中互相冲突。故要建设一种优美的信仰力，非从事于一种具有真、美、善的国教不可。这项详细的组织，固然在此提出。但我极敢大胆说，精神力的建设比物质力更为重要。信仰乃是精神力中最重要之一种，所以有精神去建设之必要。信仰乃是合理的崇拜，并非无理的迷信。故稍优尚的人类，都有一种信仰。我们现在最需要的，就在要有一种好信仰，而使我们由此得以生出极大的力量。

现时我们国民党每开会时首读总理遗嘱，已成为一种信仰。可惜大部分人对中山先生的论说与计划毫不注意，这缘其信仰尚未彻底。故今要使先生主义生出极大的力量，应当完成为宗教化。若国教堂成立，则于其中同时可作为先生主义极大的宣传。

信仰力发生极迟缓，故须渐渐养成，但非有宣传机关兴起信仰的方法不可。例如基督教之组织甚紧密，所以到今日尚能保存一部分的势力。我们国教——真、善、美合一的宗教，更应有紧密的组织。

可是我们的新教与先前一切宗教不同处，因为它不限制一定的信仰，举凡善的、真的、美的，均可听人崇拜。故人民可有无数的信仰，如在科学上说，他可信牛顿，又可信拉不拉斯[1]，可信达尔文，又可信拉玛克[2]，可信数学名家，也可信生理学者。聚合这些科学上

---

[1] 今译拉普拉斯，法国天文学家、数学家。
[2] 今译拉马克，法国生物学家。

的信仰而成为整个真的信仰。如此，信仰才得坚固深远。推而论之，聚合无数善的崇拜，而为整个善的信仰。又，聚合无数美的崇拜，而为整个美的信仰。

明白这个于无数力的发展中，而有一致互相助成的和谐之道理，则个人的力量当使在各方面发展，而又使有一致的凝合，这样，社会力当成极伟大与灿烂了。

所以：

第二，我们当建设一个政治力。

这个就在使人人有政治常识及运用政治的能力。这个当有各种政治学会社的组织。在一定时间之下，国民党可以继续专政；但同时当许别种政党于合法之下自由组织活动。最要是国民党当采用极美备的政策，一面以得大多数人的附和；一面以为各党的模型表率。如此，虽有各党竞争，不但无互相冲突的毛病，而且可得互相切磋竞进的利益，

此外，凡法律、经济、社会事业、各项科学、艺术，以及工艺、游戏、玩耍、各种会社，当多多设立，使一个人民得以加入数十种以上的会社，这个人的力量得在所加入的会社发表，如此一个人的力量可以变成为许多种的社会力了。例如他有真、善、美的信仰力；又有国民党的党力；又加入了科学社，得以发挥其所学的科学力；在社会事业上，他或者加入各项的慈善会社，或入化学工艺社，如此尽其所能以为各项会社尽力；此外，他又加入音乐社，以及玩耍的各项组织，使他的美术力量得以充分发表；此外，又加入练习身体与纪律的会社，如跑马、击剑、游水、踢球等，如此得强健身体，又一朝有事可为军国民的人才；此外，他又加入各项的学术会社，得以领赏各项的学识，以扩充自己所学之力量。

总之，一个人，应加入几十种有益而且调和的会社，并且实力加入（不是徒托空名），为各种会社效劳尽力。这样个人的力量变成为种种群力的发挥，其产生的力量不但为一个人所未有，而且为一群之

所未有了。

　　这个事实本极浅显，例如现在的老百姓毫无外界接触，终日坐守家乡，并无加入何种会社，故其结果，除他个人的工作外，在社会上毫无何等出息。但这个人若在南方聚族而居的乡里，则因宗族会社的关系，遂而发生此项关系上的许多力量。譬如他们与别乡械斗时的勇敢即是一例，又使此人加入什么秘密会社，如三点会、青红帮等，则又生出在此项会社上发挥的力量；如义和团尤其显著的证例，又使此人为兵士，则受军队的约束，而成为捍卫国家的健将；若使其为盗贼，则又成为扰乱地方的害虫。由此可见，一个人入了什么会社，就能生出什么力量。他若全无加入，则全无发生关于会社上的任何力量。由这个结论，所以我们为发展与扩张群力起见，主张应多行建设各种优尚的会社，同时，设法使一切人民自由便利地加入。

　　不过在我们向来毫无会社组织的社会，人民对于入社事茫无准备，骤然加入未见大益，而且有时生出流弊，故应先行养成组织各种会社的人才，以为人民的领导。这项人才，即是社会的领袖人才，由此可见其关系极大。

　　领袖人才怎样养成？这个重要的问题，我知道现在尚极少人去注意，即注意及的，也极少知道此中养成的方法。我们向来的教育，乃是养成一班高等流氓，而与领袖人才的教育相去太远。

　　领袖人才根本的条件是德行、魄力、学问、智慧、技能；而最要是，而为向来一班教育家所不知道的，是对于社会各种事业有组织建设的才能。

　　为要达到此后项的本领，故从高等小学以上的学校之教育应注意与社会相接触。换言之，今后的教育，不是死读课本与黑板即算满足，应将所教的付诸社会实行，简要说来，应该教以"社会教育"，这就是教学生读活书，不好读死书。

　　我今就简略地来说这个社会教育的方法。

　　现在每县大概有一二间中学，其大市上所谓中学、专门学校、大学校，更不能计算。今就于这些中学或大学中的教职员先行组合一气，举凡生活、消费及玩耍等，均有极好组织的会社。再进一步，当扩充此项会社为本地方的公共会社。如消费合作社、俱乐部、书店、纸店、报纸，或代售处，以及于生产等事，如粮食店、衣服店、建筑等，均应尽力建设。这样一来，学校变成为本地社会的主脑。凡学生于课余，当使其加入与练习各项社会的事业。这样学生将来毕业后，对于社会建设极有把握与才能，当然极易成为社会各项事业的领袖人才。

我于数年前，曾与汕头某中学校长说及，请其照此法去组织。我向他这样说："你们现在教职员有数十位，每年消费要数万元。到年底时，彼此所得薪水都已费尽。如此一年复一年，两手空空；况且有时学校关闭，连教书也不能。今若将这些人聚合起来，共立一个消费社，则数万元应全费去者，借此消费社的经营，至少可得数千元余利。由此而于汕头市上兼设书店、纸业，或公共的各项消费社，由此也可希望得到许多余利。别一方面，先由教职员为基础，建立一种具有艺术性的俱乐部，如音乐、唱歌、游艺，或演电影、跳舞之类，逐渐可扩充为学生及外人公共的俱乐部，如此于调和情感及提倡美术的功效甚大。再进而关于本地的政治、市政、报纸种种事情，由教职员所组织的团体，发表一致坚决的主张。若能这样办理，则学校立时变成'社会服务的学校'；教职员生活便宜，薪金可以积蓄；同时可以生利，情感既有所调和，而能力又得在社会上发展。再助以数百学生的合作，如此学校居然为本地社会的中枢。学生不至读死书，将来能够为社会做事，而为社会的各项领袖人才。"可惜我与谈的校长是极"怕事"的人，所以白说。

若各学校在各地方上，能照我此法去组织，包管社会各种事业可以发达，而学校本身也得极大的发展。至于那些专门学校，如商业、工业、农业等，更当就本地的社会上发挥其所教的实施方法。汕头有中等商业学校，其学生毕业后连比普通掌柜的才能不如。因为读的是死书,极少与本地的商业相接触之缘故。

各种女学校,对于女子的训练,更应照此法去实行。现在的女学生养成小姐人才,最好的不过识字与一些常识而已。我们女子社会这样幼稚黑暗,需要女领袖更为急切。故各处女学校的女教职员及女学生应于课本外,努力向女界建设各种事业;最要的,如识字、常识、工艺(小工业手工等)、农业、家庭生活、政治等,都应建设会社,由女职员及女生等引导。

从"社会化"的学校教育,养成社会各项事业组织的领袖人才。由这些领袖在各地建设各项的会社,使一切人民加入以发展其极大的群力。这就是我人今后最当努力之所在了。

第三章　玩耍——游艺的场所与方法——储藏力与创造力

就行政说,我国中央应设游艺部,各县应设游艺局。其职守比现在各国设部所管的体育应更广大。我们不但应管体育上的游艺,并且应管及精神上的游艺。

就体育说,如赛球,如跑马,如游水,如比拳(西方打拳与我国的不同),以及野外与屋内一切比赛的技艺,均应做有系统的提倡。

游艺之最重要者应推群众的跳舞会、音乐队及戏剧。

各城、市、区、邑应建设一间极宏大华丽的跳舞厅,同时可为音乐队、戏剧及电影之用。跳舞之益处甚多:(一)可练习身体壮健与风韵;(二)可识习音乐;(三)可养成社交的仪范;(四)可为男女表示爱情的机会。

这后项的关系万分重要。艺术如诗歌、小说、图画、音乐、戏剧等等的创造,乃由于情操的激动,情操的激动之原因甚多,但大部分乃起于男女之接触。跳舞给予男女极多接触的机会。因互相认识而结交,相合的则成为佳偶,相仇的则成为冤家。由爱恶而激起情操的活动,一切艺术遂因缘而生。且有情感的社会，人生觉得有兴趣，诸事都可有作为。我国社会本极枯燥无聊，提起他们的情感，尤需在用跳舞为媒介。

今后跳舞的组织，当然不是如上海先前野鸡式的堕落，而应以群众情感教育为主旨。故一切人民均得免费入场参加。这是群众玩乐的场所，其利益就在青年在此得到正当的社交，免至于陷入淫邪的勾当。青年男女对于情爱及性欲，本是自然的要求。好的组织，就在使他们得到正当的发泄。群众的跳舞场即是男女青年最好发泄情感的一途。其他如音乐队、戏剧、电影等，苟以群众的情感教育为目的，则移易风俗的力量也极大。

于玩耍中而可得到各种的智识者，则莫如各种的展览会。例如，农务、工业、家庭生活、各项成绩的展览，使人民极便利得到各种事业之进步及应用之实相。展览会的组织应分为五项如下：

（一）儿童玩耍会

这项关系极大。儿童性本好动及合群。我国父母对于小孩，太过拘束，而社会上也无给予儿童适当的娱乐。欧洲各国每有儿童玩耍会的组织。法国各区每年有一二次，由商人组织那些活动的木马、小汽车及种种儿童玩具。可惜他们偏于商业性质，儿童得益并不见多。今后我国各处应由本地政府及商人合办儿童玩耍会，举凡关于儿童艺术及学识与壮健身心的玩耍法，应有尽有。由此，即可提起小孩的生趣与启发其智慧，又可以同时提起父母及成年的乐意与本地的商务。同时，应组织儿童种种的比赛，以助成儿童德行、身体与智慧的进步。

（二）出产展览会

此项以农、林、渔及工业出产为大宗。使人民借此有所比较改良其实业。同时政府给予优等者以奖品，使人民有所兴奋。

（三）机械与技术展览会

我们在上已说及国人现在最欠缺是机器的使用。故今后应组织所有机器及其用法的展览会。这项机器，初时当从外人购来，及后逐渐由自己制造。展览之后，应将机器付诸实用生利。

（四）艺术展览会

这不但如现在由几个人或个人展览几幅画便算已足。最要是在给人民一切艺术的常识及历史的观念。此外，应推广艺术的意义，如音乐会等当然加入。又我所谓广义的艺术，乃指"人生的艺术"。故厨房术、手工业，以及所有一切"奇技淫巧"，与具有一点艺术性的人生生活，均应展览以便群众的赏识与仿效。如一种合于美术的服装、帽、鞋、袜等创造，一种点心之美味，一种好的建筑式，均应采入展览。同时并采用各国"人生的艺术"，以为比较采择的材料。

（五）智识展览会

这项算为新奇。可是一切智识都可由图表、机械等表示出来。最高深的"相对论"也可作成为实相。此外，如天文、物理、化学，都可造为模型，供人观览。这项关系甚大：因为死读书本，印象不深，而且难于了解，若从图证与机械去表示，则觉极清醒。例如太阳系之运行图，苟由一具机械表示出来，何等活动生色（我自己曾见此项机械）。这个不但给群众一班未受教育者之常识，即为一班已受教育者也助长他的记忆力及启发他的想象力不少，此外，关于医理及卫生的展览更不可少。我在柏林，见到一些关于花柳病的图相，那样的毒疱、破皮、裂肤、穿鼻、断指、全面溃烂、全身浮肿、阴部具满包毒脓与恶汁，使人一看，惊心触目；苟非全无心肝，一看之后，断不敢再与妓女、淫夫，或不相识的对手人，乱行性交了。

【附注】关于智识力一问题，当然极隐微深奥，故要使其发达，政府或私人当多立研究及聚集的机关，使学问家得于其中涵养及资助的机会。私人也当多建设名人的聚集会。我极羡十七八世纪时法人的 Salon 风气：由一些名妇在其家按时邀集名人聚乐，与讨论学术。

总之，玩耍的效用，一边在休养力量，使困倦的精神恢复；一边即在启发创造力。创造力常于注全神研究一事之后，在不知不觉中（即在弛放心神时）发现。玩耍，即是给予心神弛放的最好方法，所以常能生出创造的力量。这里所说，当是在上所举的各种合理的玩耍法。至于嫖赌等的无聊举动，真是费时，伤神，应在严禁之列。

结　论

此篇所论的民力发展方法：（一）借助机器（及仪器）；（二）借助会社；（三）借助合理的玩耍。因为民力是隐藏的，需要借助这些方法，然后始能发挥尽致。我国现在何以民力凋敝？而外国民力何以兴盛？此中理由，即在我们上头所说，因为他们能利用机器、会社与玩耍，而我们不能之所致。故今后，我们民力如要振兴，非去借助这些方法不可。又最要的，我们人多，又有许多艺术性的出产品；故对于"具有艺术性的手工业"（如抽纱、挑绣、厨房术等），应当加以改良后，尽力提倡。

劳动界的四个兵略[1]

在这个打过胜仗的纪念日，劳动界切不可心满意足。这当应是后来的方针，以便对付敌人的反攻。所以我在此献些策略，代做祝贺的资料。

第一，要战胜资本家，劳动界就该探取"争工作主义"，把一切紧要的工作，通过争到手里头，以便将来杀死敌人的命脉。所谓不合作，所谓罢工，仅当看作一时的示威，不可视为永久的政策。这是劳动界应取的第一种兵略。

其次，要达到争工作的目的，不可无一种完善的组织。先当争逐一切的工囊，及许多利用工人的器械。而后从劳动界的自治上、经济上、教育上、政治上，给予充分的势力。"凡一切的举动，及无谓的牺牲，均不可极力避免。"这是劳动界应取的第二种兵略。

第三，既有一个完善的组织了，同时应取一种备战的目的与计划。对于和平及苟安的条件，不可不一概拒绝收纳。这是劳动界应取的第三种兵略。

末了，作战的计划与条件一有把握，即当对敌人施行总攻击。其法在极力联络士、农、工、商、报界，以及兵士、妇女界，与一切表同意于劳动界的机关，务使彼此协力合作，一致把资本家包围夹攻起来；切不可自相残杀，以授敌人离间的机会。这是劳动界应取的第四

---

[1] 原刊1922年5月1日《晨报副刊》。

种兵略。

以上所说的，固然无异于纸上谈兵。可是，今后劳动界作战的计划，如要希望有确实的胜算，当然不能不探用这些大纲目的策略。至于"神而明之，存乎其人"。

归国后,到民间去的计划[1]

"到民间去""从基本做起",这些志愿,久藏在我的心中。到现在,我极决心去实行了。我是从民间来的,所以今后到民间去,在我算为本分事,而事实上也望较易成功。现把这回的几个动机写下参考。

(一)我想现时在上头混的太多,而在民间切实做事者太少人。因在上头混太多,以致省会及都会有人满之患;而因争饭碗之故,不免生出互相排挤与陷害的种种阴谋恶事,并酿成了今日人格堕落、国势倾败的局面。故今后救国之道:当使人人从本身事做起,如治家、理乡,渐渐推及于整顿一社、一区,以至于一县。就以县为单位,聚合一县人才共同筹维,使成为自治区域,这也是国民党极轨的政治。若能如此做去,下头做得好、上头扰乱的局势,也可渐入于轨道。所以今后我人应存一个决心,就是切不可到省会及都会去,只在自己本地方做事。(上头去也可,而以能实行自己计划为准。但切不可去鬼混。)

(二)在本地方做事固有许多难处:如族姓界限、劣绅势力、乡民愚陋等等。但是有许多易为力处,就是同本地方人易起信用。一切都是亲戚朋友,易于号召。乡民天真无机械心,易于服从实行。凡事都有难处。试问在上头鬼混的,几多人中始有一人成功?而得一官半职之后,究竟也一事无成,只有终日费尽心力于欺伪争竞之中。若把这些力量用在本地方事去,其成绩当较东西奔走者有两万信大呢。

---

[1] 原刊1931年《读书杂志》第1卷第6期。

（三）今日一县民政长，类因政见之故不能久留，故虽有好县长，也不能有好政绩，所以全靠本地人作成一个长久有次序的新政计划，使本地人逐渐进行。至于县长能帮助的更好。否则，也不妨碍这项计划的实现。故在这样变动的政局，更觉需要地方上有一个固定的自治及发展的机关，最好的是聚集一县的人才组织为人民的团体，以补助官厅能力之不及。

（四）现在民穷财尽，故在地方上做事，第一当为人民谋生计，旁及于卫生及教育。谋生方法，如有大资本成立大公司当然更好。否则从小做起，从手工业做起，以及于造林，改良农业、渔业、畜业等。又要的在给以切实的指导。有些事全不用资本，只要给以人民相当的指导，就能生出许多利益了。

（五）到本地方去，最要自己有谋生方法，切切不可为劣绅土豪。今日许多能读大学、专门的学生，在本地上，当有相当的产业足以自给。如有衍余资财当提出为地方公益事业，如此较能引起人民的信仰。

总之，我此遭到乡间去，就在试验是否能实现上头所说的各种计划。此外，私心尚有许多希望：第一，每日于办公事之余，至少当分出一半的时间，闭门译述，以足成译述世界名著的夙愿。余时，也愿耕田种菜以自给。我食的仅是菜蔬，穿的为布衣，生活简约，尚极易于维持。第二，如天之幸，能把一县之事办得好，则我饶平有的是好山好水，将来把此县变成为一个"小瑞士"也未可定。须知我国每县之大，均足以有为，不必骛高好远，若能将一县组织得好，就够表示个人莫大的功勋了。第三，假设失败，也值得去做一做。这样建设的事业纵然失败，在地方上终留下许多好基础。

我极坚信这个从下头做起，乃今后救国的独一方法。因为若干年以来，从上头做起的试验，已经完全失败了。今后，人人苟能从下头做起，即是把地方基础坚固了，上头（省及京都）的政局或有转移之一日。例如，现在最患的是匪与军阀，但地方上能自卫，就不怕有匪祸了。人民生计有着与受了相当的教育，就能使军阀不能利用人去当兵了,那时纵有兵,乃是军国民之兵,不是军阀个人之家丁了。故我极决定这个从下头做起比从上头着手为有效力。这些主见,一反现在的舆论,以为上头不好,一切都无办法的成见。例如我乡稍有组织,则匪不敢侵凌。去此不远的乡里,因无自卫的方法,遂不免闹出时常被匪掳掠的惨祸。即此一事,就可见靠上头的县署与驻兵,不如靠自己乡民之有效力了。

少年有为之士呵,你们切切勿去省会,于都会为游氓,最要的就在本地方做事,如能团结,包能把现在飘摇的国势,变成为繁荣的家邦。

农村复兴实验谈[1]

先决条件——利用人力。

在万山丛叠中，那些溪泉都是静静流去的。山那样多，一屏一屏排列起来树木全无，远远望去作青蓝色，与天空同样色，连接一致更觉伟大无比。山脚稳立的如天柱坚固，水从山脚一湾一湾静静流去。有时一些云，白的、黑的，或玫瑰色的，在山顶上飞。山中多少牛群在食草，离离落落的有一部一部的破碎山村。

这就是我年来所住的山村。我生于山，我爱山光旖旎，山色的变化。当夕阳西下，一阵一阵的光色递续变化而来呈，一先为红光、玫瑰色、青、蓝，又经无穷多的中间色后，始由浅黑而入于死灰，至于深黑。我爱山，又爱水。这些涓涓的山泉比大海的水又有一番天然美好的滋味。我爱在这山中与泉边的破落山村及其天真烂漫的乡民。

自我二十余年来借居在各国的大都市，在那狂飙的生活中，我总喜欢自己静静的山间与小溪流的那些简单的生活。那些都市的美衣服妇女们，哪能值得我们乡下的母鸡。即我们的雄鸡，一身的羽毛与勇气，也是超过那班摩登男子万万呢。

真的，我太爱山居与乡民了，所以过了都市可厌的生活后，又再回去故乡住。故乡虽是破落，破落之外，尚有许多伟大之可恋！自然的伟大，日月星的伟大，万籁俱寂时的伟大与可恋。

---

[1] 本文分两期刊出于1934年《社会月报》第1卷第1期、第2期。

不错，故乡确实破落得可怜，一切乡村都是破落得可怜。一间小屋子住了许多人，尚要住那些猪、鸡、狗。一墙壁瓦，都是破碎不堪。人民食不饱，衣不足，一群鸠形鹄相、残病衰弱的地狱冤魂！

可是你要知道这些破落的山村便是那都市繁荣盛况的供给场所。这些不成人形的乡民便是市民的大恩人。城市之日见繁荣，完全从乡村剥削而来。乡村好比母亲一样，将大大的奶子供养那班都市的小孩子，母亲当然日见瘦弱了，而孩子们当然日日肥大起来。乡村人有的是力量，他们日日卖力，所出品的竟整批流到都市。他们卖尽力气，自己反弄得衣食不足。都市人们只用些心机——用尽欺骗与剥削的方术，轻易地把乡民所得的尽骗去了！

乡村有的是人群！虽然那样不卫生，不够衣食，那样多疾病死亡。可是乡村有的是日光，是空气，是能多生子女的好牲畜。他们又是多卖力，不是如城市人的游手好闲。城居的，又是无日光，无好空气，生活乱七八糟，花柳病多，别病也不少，所以城居人不大会生子，更不会养子。故城市居民日见其少，每年都是由乡村整批地移民到城里来死亡消减！

你看，乡村不只有出品，并且有人种。出品把来饲养市民。人种移来代替市民。乡村是出品与人种的好园地。缓缓培养起来供给城市的缺乏，填补城市的空虚。

你看乡村是这样的重要——人力的出产地、人种的供给场，而今竟这样破落得可怜。那么，乡村固然消减，城市也不免随而消减了。

所以我们复兴农村，便是复兴与救济城市呵！

一

静静的农村，固然是住居的好处所，可是太过于安静了，反现出死的情状。寂寞的环境，一到晚来，只见黑暗暗一团。每遇有一枝灯火已惊为光明的世界。常时所见的为月光、星亮,与夫萤火的闪耀。在农村的夜象恍似在地狱一样黑暗惊人。虽则也有它黑暗的好处!说到日间呢?除了农务时全乡总动员之外,别时都无事做。一则乡间实在是无事可做,一则乡民实在不晓做事。譬如主妇吧,做点手工与养点牲畜就完了。至于家庭的卫生、养育小儿的方法与社会的应酬,她们都一无所为。家内地下每日有扫除一次的已极难得。更不必说及床上被褥的修理了。房子都无大窗户,一切又不收拾,试入乡人家内,一团臭味与恶气迫住人不能呼吸。住居的人安能不生病呢?

我常说有许多卫生及美的事务,不必要费财,只要用人力去干。我辈在外国,见到主妇一早起来,用布包了头发将家中条条收拾得齐齐整整、干干净净。被褥每日都要做得好。外国睡床的做法,比我们的叠被铺褥的功夫要大好几倍,但她们都是看作每日必要做的功课非做好不肯甘休的。她们不但每日要扫地,并且所有的窗户、桌几,以及一切器具都用渗湿的拭布,拭得干干洁洁的。如见器具,以及玩具等有一点尘埃,主妇就引为最大的羞辱。每星期至少一次,则用水洗地下,并且洗及门外的那条通到街上的小道呢。

这样工作,每日都非用了一二点钟不可。她们除有些富裕之家不用往外做工外,尚须往外头做工求生活呢。她们苦吗?日日做惯亦不见得怎样苦。她们好的就在多活动,身体好,全家得了卫生的利益。这点苦的代价可算极大了。

不必说欧美,就是日本的主妇比我们的,也要好几倍勤劳。我曾听一日本人夸口说他们的妇人,一人的工作比我们十位妇人还要多。确切的,日本妇人好洁净与好工作,比我国妇人来得厉害。同样女工,我们的只会偷懒与多谈天。日本的女工,孜孜工作的精神实在值得仰佩。

我国女子有钱的夫人们与摩登辈不必说了。她们终日无事做,只会玩耍。至于贫穷的妇人,未曾教育,又不晓得怎样料理家庭,在城市上往工厂的女工,确实劳苦,但其数目则极少数。故可说我国大多数的女子力量完全用不着。这是多么可惜。女子占了人类一半的数目，我们二万万的女子，完全无出力来帮助社会，社会怎样不贫穷呢！

说到男子，并不比女子强。现在我国为男性中心的社会，当然男子比女子做事多。可是社会无大事业与大工厂，一班人容纳不去。我们有的只乡间的小农业和城市的小商业。然而农人所忙的，只在农作时期，因为人多地少，故农人的农作时期，最忙的每年不过二三个月，余下都是袖手无事。至于商人，一间小商店，原来一二人就够用了，偏占了五六人，或七八九人，终日在店中无所事事。故可说我国大部分的男子也都是无事做的。一班偷闲的更不必说，即农人与商人，也是有许多力量用不出去的。

所以，我们今后最大的问题，也即是民族复兴的问题，就在设法使男女的力量充分用得出去，而且用得好处。这是个人工作方法的问题，也是社会工作效率的问题。怎样个人与社会始能得到工作的效率，待我们在下段去讨论吧。

二、怎样得到良美的清乡方法

说起农村破产的原因甚复杂：最著的是帝国主义的侵略，使小农出产品不能得到好价钱；并且乡村手工业受机器工业所排挤，以致完全停歇；因此许多乡村失业的人多往城市求生活，而留在地方的不是过了饥饿的生活，便是流入于匪徒。因匪徒的骚扰，更加促成乡村的破产。

我今就来说我县（粤之饶平）之匪情吧。在民国十七八年间，全县几成为匪区。在山的有几股，据岩洞为巢穴；沿海几区则有海盗。匪队有首领，有组织，凡入股的均为"兄弟们"，乡绅不敢管，自己的父兄也不能约束。"弟兄们"已是属于匪首领的人了，他们自以为是神圣不可侵犯的了。我乡近邻有杨姓者，父亲以其子入匪队，屡次劝诫无效，因恐将来连累，一日在园中做工，乘其子俯首播种时，力挥锄头于其子之首部而杀之。可是匪众因杀其"兄弟们"表示不服，将死匪的父亲逐出乡里，并将家产充公了。到了民国二十一年间，本县驻了几百军队，严行清乡剿匪。可是几十年来的清乡方法都不高明。因为兵来时，匪就逃跑了，受罪的不过是父老与乡村。

我适于此时从欧归乡，初时有半年久困守家园。只求读书译述，一切地方事不管。因为我不是官吏，不是绅士，要管也无权力。况且，此次清乡方法，初意在专与绅士为难，使我更不敢加入。我曾因此事与某连长辩论极久。他说：先前匪徒都由乡绅包庇的，所以当把全县绅士枪毙。我说：那时匪势的造成完全由于社会。匪徒极有完备的组织，父老实无方法禁止。说时，我并举上已说过杨某杀子之例。证明虽亲生父亲不能阻止其子为匪。我又说许多乡绅暗中不知杀却多少为匪的族人。（例如近乡陈姓者探知有族人加入匪队，其父老即秘密地诱其入暗杀了。这样办了几次。必要行此暗杀手段者，借以避免匪党报复。）我归根说，或有些不肖父老与匪类兄弟共同为贼。但据我所知的不过百分之一二耳。若把绅士全行治罪，实在太过冤枉。那位连长听此，表示不悦而去。隔此不久，就有军队枪杀两位乡长的事。影响所及，全县绅士，以至稍有点绅士名者一概逃走得干干净净，地方似陷入于无政府状态，连官厅公文也无人接受了。

此时有新到县长曾与我同过学者，看此情形极难对付。他向我说，地方新政多待设施，但今全县绅士均行避开，一切施政无从下手，问我有何办法。我遂举出四条大纲如下：

（一）良善绅士全不根究。如有绅士前曾包庇过匪徒者，也准予自新。

（二）匪徒也准自新。（这项办法，粤政府先已通过。不过主张匪须缴枪后，及经过亲族五人担保始予免究。）

（三）匪乡可准罚款赎罪，但此项罚款应充为地方公益事业之用，不准别提。

（四）文武官厅备案，凡一乡一人案结之后，不准后来新到官吏再行借已往的事勒索。

县长极以我言为对，就请我为清乡高等顾问。我因想到借此可以救了许多乡民，遂答应了，就将此意向驻军首领提出，彼也答应了。这样清乡办了几个月，罚得匪乡有六七万元，拨充本县公益事业之用。省却许多乡里恐怖，免了几百个乡民砍去头颅。我当时极夸口说：这是开创清乡之新方法。因为一面，使歹人有自新的机会；一面，地方又得了许多公款，可以建设公益的事业。

这件办法，当然不能算十分完善。尤其在第二项，根本就做不到。彼等匪徒前时常受官方欺骗，遂俱不敢缴械投诚。除极少数由我个人充分负责外，其余宁可往南洋，或到别县市，但不愿自新。

实则，纵使自新之后，社会既无职业可以谋生，也难长久为良善的人民。所以根本救济之法，还是为人民谋生活的出路，这是最好的清乡方法。

三、怎样筑路——土劣式的饶平县党部

我县数年前曾提倡筑一条数十里长的公路，即俗名东路。官场办事总是敷衍，筑了几年，尚未筑成。中间有一段十余里者因张王两姓争执路线，更加延搁不决。实在说，张姓未免无理胡闹，因照其要求改线，路变弯曲，而且费大。及我归县时就与各界开会议定，即速完成东路，同时再开一条西路俾得交通便利。我就领率乡人完成东路之后，正要着手开筑西路，即时起了极困难的纠纷。事缘王姓因开西路，未免使与东路竞争交通利权。王姓因东路经过其势力圈的城市，自然此路于他有益。今开西路，东路运输及过客必大减少，所以为自身利益计，遂极力反对。王姓比较有钱，且为了利益，就拿了款项到各处运动。那时主持县立筑路委员会者为县党的重要分子詹某，彼因

得王姓请托，就丧尽良心，对西路竭力反对。幸我得防军与县政府助力得以筑成，但因此与县党部的冲突变成尖锐化了。

　　说起我县党部，可说恶劣腐败到极点。我县全民人数五六十万，而国民党党人数目不满一百。一直六七年来，全由几个党人包办党务。因党权高于一切的，同时就包办教育及包揽词讼，勾结官府，凌虐人民。此辈最阴险厉害的为杨某、詹某及林某。周某则依达两可，极尽滑头的能事。此辈全是投机分子。共产党盛时，则为共产党员。国民党有势，则摇身一变而为国民党员。彼等在饶平专党政六七年，毫无建树。一味只知巴结官府及与省党部某委员互相勾结成。若要将在地方上舞弊作恶各种事情写出来，总可编成一巨册。这样投机分子来办党，国民党只好消减。此辈最毒的手段，就在使国民党消减，以便他们几个人假党之名得了利益就好了。

　　说起来真伤心。民国是我辈造成的，国民党是由我辈血汗所结成。可是坐享其成者不是我辈的真正国民党而是这班假充的投机分子！当我辈从孙总理在民元之前及民元之时努力革命之际，此辈有的尚不知革命两字怎样写，有的尚在他们的娘胎，及到国民党得势之日，此辈只学会了奸险手段，偷偷地就变为五鼠闹东京的妖精了。我今在此稍为叙及，使人知地方上有此种"党棍"，一切建设事业极难下手。以我个人在地方上的凭借，结局尚不免被这班党棍迫走，他人更不必说了。饶平人民虽对此辈要食其肉，吃其皮，无奈他们借党势为护符，只好听其弄权作孽到底罢了。（去年他们党棍和王姓凑集二万余元到省机关运动拿我呢。）

　　言归正传。我当来继续谈及筑路之事情吧。

　　我们县筑路征工法，一依粤建设厅所定，即于路旁二十里内摊派壮丁从事，由地方帮助每人每天食费二角。规避做工者，则有惩罚。因只筑干路，故遇人口密集的地方，成工甚迅速，自饶平县北行有一线四十里长者由两旁乡工在三天内即行筑成，你看这样群众的力量如何雄大，至那条西路，因为被党棍所阻挠，不能照例征集两旁民工,只好由我乡包办,我乡只有一千个做工者,今要将全路筑成,总共十余万工,势甚吃苦,幸而许多乡民表示同情,自愿出工。终于由我乡民,每人出了七八日的勤劳和各乡的帮助,在三个月筑成。可是难关又来了,那些桥梁从何造起?初议由县政府筹拨公款的,但那班党棍实不愿意,竭力从中作梗。归根只好由我乡负责筹款,我们乡人极穷,要凑集万余元(最省约的用费,因须造成三条大桥及许多桥、涵、洞),极形难事。我只好将多年的乡后的"保护林"砍伐出卖了。此尚不足,则又向比较稍有钱的乡商招集数千元。再不足,只好由我个人向人借拨。卒之,全路桥涵也成功了。

那班党棍真正厉害:初时阻碍官厅不准此路立案,继则不准人民应工,终则不肯照约拨款筑造桥梁。种种为难不堪详述。论起这条西路乃我县最重的公路。它比东路有三件优长处:(一)路线较直。(二)西线起点海口的钱东市,比东线海口起点的黄冈市较有繁荣的希望。因黄冈市离海尚二十余里,大船不能入口。钱东市,大海在面前,一切海船均能靠岸,且海口屏藩甚好,大风不能侵入。非如黄冈所靠的石龟头海口,有一小风波,船只就不能起卸货物。(三)西线的要站,钱东市到达汕头,比东线的黄冈近了二十余里。汕头为我县经济的咽喉,也即人民出外的第一海口。一切货物运输及人民旅行,经过西线而达汕头,比经东线当然省却二十余里的消费及时间。

然而那班党棍何以尽力阻碍西线的成功?此中独一理由,就在他们得到王姓的请托,遂抹杀天良,与不管地方公益如何了。

我在此特向饶平县党棍攻击者,乃照事实说出,并非有意诋毁国民党。国民党的许多党部,固然极能领导人民做事。至于现时的饶平县党棍,根本就不是国民党。他们挂名国民党,而实在所做的全是反对国民党。我辈向这班投机分子攻击,正是爱护真正的国民党,正是真正的国民党人。其次,必要这班投机分子、混蛋滚开,地方始能进行各种建设事业。否则,他们借了党势,无恶不作。和他合作,势必同流合污。反对他者,势必一事无成,而且有身家性命之险。自这班党棍得政以来,我们饶平人凡有一点学识与人格者,都不能在地方久留,只好向外发展去了。

四、苗圃与林场的经营

我饶多山,纵横几百里都是山环岭亘。故要发展此地经济,第一当在造林与开垦。考察此方山地都具肥饶,且气候好,收成大有希望。此中山及平地的开发分为数项:

(一)于水边种竹或枝疏根深的果木,在南方如我县最好的为龙眼树。所谓水边,指沟、涧、溪、河等之种植,其效用甚多;如这些竹与木,用本毫无,而出息极大。我计算全县单以竹言,每年可出息数百万元。水果价恐尚超出。其次,可以得到极美的风景。由我乡校而望近沟一带离离几十围竹丛,已足鉴赏那些朝烟暮晖的自然景致。然此中最重要的,则为做堤防之用。在我们这样无建设的社会,水患问题成为生死关头。每年任凭水势括东决西,完全听其天然的崩溃。然近要将所有水道整理,无论何种地方的经济都办不到。若于水边种植竹木,俨然成为天然藩篱。只要竹脚常时修清,免碍水势就好了。竹根深入广播,挽住地位之力量甚大。这是一种惠而不费的天然堤防。我国各地当选择其相宜的树木,多多种于水边,其避免河流横崩之功用正无穷呢。

(二)于山阜、山窝之间,可以广植五谷如旱稻、麦、各种豆类,以及各种水果。我县有一山乡不过三十余家。利用这些山谷开垦为柑地,每年出息万余元。我曾尝其柑味比平阳出产的为香甜。据其种植者说,这样山地比平阳为难活。但活后之生命较长,且虫害也较少。他又说及一班人喜种鸦片可得大利,可是他们并不稀罕,因为柑的出息比鸦片更多呢。我曾考察其地之广,周围有数十里,都可种柑及别种水果,其利益真不可算数。又有一带连延几十里,可种菠萝蜜,出息也极浩大。

（三）半山以上，不能种植五谷与水果者，可以造林。林利收成固然极缓（大都十年），然其利甚广博。我国纸之销路日见增大，而均靠外货。是宜种植可以制纸的杉林，不过数年即可收成。其次则造成可建筑之林木。这项林利之外，最要处在能吸收水分，挽住狂流，可以减少无限水患。至于卫生及风景之益更非钱价所能估量了。

总算起来，如我县说，上列三项五谷及林利，每年可达四五千万元。如能切实做到，以数十万人民计算，每年每人男女老少可得百余元，还会穷苦吗？况且尚有农业及其副产品之收入。况且尚有数区滨临大海，可得极广大的鱼盐之利呢。满地黄金，可惜无人去利用。致使人民困穷到都成为贫血病的人种了。

当我成为此地的实业督办时，我极想我县有一日达到上头所说的希望。故在得到匪乡罚款三万余元之后，即设立大苗圃三处、林场七区。第一苗圃，本年已出三百万株树苗（多为按加利、极宜于本地者）。这样苗圃、林场，也照公路征工办法，与苗区内十里摊派壮丁做工，而给以每工二角之伙食费。故以第一苗圃说，虽仅上了万余元实银，而合人工计算则得了三四万元实数，所以凡能利用人力者，用少者而可得大效果。在我国现时经济支绌之时，这个利用人力，即于农隙强迫人民为公家做工，乃极急切与重要的良善方法。

说到此时，就算此文之结束了。我原意想将农业改良及其副产品业及鱼盐之利，以至卫生事宜、教育制度，与夫人民军事组织与训练等等均为逐项陈列。详细讨论，作为复兴乡村的基本论调。不意我在最近又要到广东琼崖的农村实行工作，再去试验一番了。所以此时对本题不能继续延长叙述，极望问者多多加以原谅。

二十三年六月二十五夜，完稿于上海

救中国的两种经济特殊政策——征工与民库证券[1]

先说征工这件重要而常被人忽略的事情吧。怎样征工就能救中国？那是极显明的事实，说起来谁都能了解的。

今日我国这样穷苦，当然须靠振兴实业，始能把这个垂死的国民救活。可是振兴实业只有两个基本路径：一是资本，而一是人力。资本吗？我们这样穷光蛋，出不来什么大财力。借外资又不是容易得到。有时条件太苛刻，还不如勿借为佳。所以我国今日复兴经济之途径，最切实而最靠得住的只有利用人力。

因为我国百无新有，有的只有剩余的人力，四万万多的人口，日日无事做，但日日要食，要穿，要住，要行路，要娱乐。人既多而无事，以致无食，无穿，无屋可住，无路可行，无娱乐的场所。故人口愈来多，而无事做，势必致于愈贫困苦。这是人人在大家庭组织上已经觉到的。推而至一省一国的道理也是一样。

然则，当前事情是我国人多事少以致贫穷，这是无法否认的事了。反之，如果我们能够利用人力，则人多而可多做事，纵不能立时的富裕，最少也可不至于赤贫，这是一种自明的推理吧。

故利用人力，即行有系统的征工，乃救中国眼前过剩的人力与求富之一种重要的方法。政府与人民也当视此为一种重要的政策。我今

---

[1] 本文分两期刊于1937年《广东经济建设月刊》，征工部分刊于创刊号，民库证券刊于第2期。

天就逐渐来较为详细的讨论。

征工——就是由官厅将地方与国防厅所办事件强迫人民做工而受官厅的工程师所指导之一种政策。此项工程，当照地方的情形去设计施行，不能处处皆同的。然而也有一定的大纲可以笼统举出来。

第一，为国防工作征工

就眼前最切要的国防工作说，若不征工，不能于近期内完成消极及积极之二种国防工作。先就消极而论，今就拿广州市来作例子：我们市民已达到一百二十余万，而且是南中国的重镇，就政治、军事、经济种种情形，皆占极重要的位置，一朝与外国有战事，广州市定必受敌机之轰炸。若平时毫无准备，使一百余万人民坐而待毙。天下最愚蠢与残忍之事无过于此了！故为今日国防说，应当向全市人民普遍的征工。其重要工程，则在各区域掘开大地窖，以能收容全市人民为限度。此项地窖在平时也有大用处，就在可以做个区民的市场。现在广州市说得上规模宏大的市场，尚未有一个。满街市随处撒塞菜蔬、鱼虾、肉类，臭气腥气，扑鼻梗喉，于卫生上不相宜，于美观上有妨碍，于交通管理上大不便当。若行征工制，用民生开辟地窖为市场，不但免却地皮价，而且这样地窖，冬温夏凉，极宜于住居及场所之用。在官厅方面，由此可以收店租场租，所收入的必能补偿所失之代价。说及战时，这样地窖更是急需的地方了。试想百余万人之窖居，而毫无准备。试想现在战斗机之炸弹有大至一千公斤者，一行掷下，可以连穿十几层的坚固建筑物，我们的屋宇既无这样高，这样坚固，安能抵拒这样炸击物。尚有各种毒弹，一行破裂散布，可以立毙数万平方里内的人民，我们更无方法可以对付了。若有这些大地窖，地皮一层，则使它坚固可以抵抗怎样的炸弹。地窖内则照科学的消毒方法。凡窗户及储藏、气室均有完善的设备。那么，窖外总有怎样毒气，而窖内可以安全无虞。这是怎样的健全舒服的避难所呢。记得作者于前次欧洲大战时，当德国大长炮攻击巴黎时，我们一班大中小学生约有数千人，同避入巴黎大学地窖内，足足避了一大白天，但因人多,且有歌唱以作气与消遣者,那日在地窖内虽时不时听及外间大炮弹的凶恶声音,但在地窖内的人极为安静快乐。若使几人或单独困在室内,或避入自家窖中,在此情景之下,不知烦闷到何种地步了。

假由政府命令各居民于其屋下做地窖(外人建屋同时多挖地窖,于建筑费及应用上本极合算,可惜我人不肯做此也),总能做到,于费用及设备上极多费而且难做好。因为抵抗飞机之炸袭及散布毒气,势必地窖上之地皮一层极坚厚着实,而于窖内之窗户及预备抗毒种种机件物料,为费实属过昂。所以凡城市上当由政府机关建筑大规模及好设备之地窖,乃为最善的办法。

此项地窖建筑法,以广州市说,应由市政府负责。而省政府及当地军队可以加入帮助。若由市政府实行征工以挖地窖,其事本极易做。现假定全市人民能出工者一百二十万(以十八岁至五十岁的男女为限)(本市虽只有一百廿余万人,但居市者频多壮丁,故暂估计以上数),每人做工五日至十日,则可得两百万至四百万工程单位,以之为挖地窖数十处,假定为四十处吧,则每处可分得十万工程。凡挖地窖,只是去土之工作为多。利用铲土的大机器与轻便车的检土方法,则十万工程可以做成了一个大地窖足以容纳三万人了。当然所有一切的工程行政、铁料、灰料,及一切设备,应由市府筹备。如上所说,市府可以利用地窖为市场,将来收入不但不会失本而且可以得利。这样,市府不怕一时举巨债,而为人民安全及实利上计较,不容推诿与延缓其工程而不为啊!

但愚尚有一种极大之企图,即以广州市说,假定挖地窖四十处,而在此工程中同时应做远大的计划,即以此种地窖路线在后来可以延长为"地下车道"。虽则广州市此时交通尚谈不到这个"地下车"之需要,但安知十年廿年后,国民经济复兴,地面的交通道即感不足,而须于地下觅交通路径呢?因为此远大之企图,与市场系统上之整齐起见,故所挖地窖,当以"环绕式"为佳。今定为上图以做概例。

我所望的广州市如此经营,我也希望中国各大城市都如此做去,而尤以南京,最应从这样的征工方法而建筑了大地窖的避难所(即平时的市场亦将来的地下车道）。以广东说，所有汕头、江门、海口、北海等重要城市，应都要这样办法。我又进一步而希望不但要由民力而筑避难所。更应筑起各地所需的战壕、炮垒，以及一切可以阻止敌人上陆之防御工作，这是积极的国防工作比筑地窖之关系更大。

以愚之见，说及我国国防应有第一道线与第二道线不相同。所谓第一道线，乃指沿海与沿大江凡敌舰可以直至与敌飞机便利攻击的地方。在此线上，因我国无战舰可以抵抗，唯有自己预备了破坏的国防工作，即于海口放鱼雷与设备活动的炮台，及在重要市邑如广州市、汕头、海口、北海之类，平时应当先事于安置地雷之工作，使敌上陆时与之巷战，巷战不克则满地放雷，以期与敌同归于尽。使敌得我一城市，只是一片瓦砾，毫无所得，这即是古时坚壁清野之战法。又在敌舰不能到与敌机不能久停的地方，建立我所谓之第二道线。在此线内之人民，应于最短时间受军队之指挥，出了多量之工役，为一切国防上之工作，例如筑壕垒，建碉楼，办理军事上需要之交通线，协助军械厂、军需厂、飞机厂之工作。务使这第二道线成为一条如古时坚固之万里长城。不但敌人不能攻入，而且于平时组织成为主要军队的大本营。在战时有随时待机冲出第一道线把敌人打退之能力。故于最近期间，应尽量利用人力、财力、物力，于此第二道线上。这样线上也便是内地的农村，这样的组战，同时是消减土匪复兴农村之切实办法。所以沿海城邑，实行征工，从事于国防工作，仍然是消极的。而内地为国防工作才是积极的工作。因为沿海城市，我们极难守，必要时须预备放弃。至于内地之军事设备，不但能守，而且能反攻的。

由是可见不论消极的或积极的施行征工政策，以从事于国防工作都属重要。因为这是我们的生死关头。今日而不讲求国防，只有静待敌人来侵占我土地，奴隶我人民。则我们纵然努力于生利事业，努力于复兴经济，结果，不过为敌人生利，为敌人造产，为敌人振兴经济而已。故必先求国防有办法，然后一切之努力始有意义，始有着落。所以我们之征工政策，最当先着手的，应从事于国防建设。

由是又可见军队对于工役一事应当怎样努力，然后军队之力量始能厚大，国防之基础始能确立。我所为军队之于工役有两种意义：一是指挥人民为国防与为生利事业而工作的，而一是自身应有系统的施行兵工政策。兵工政策有时固为人民生利事业而努力，但最要的当为国防而工作。待到国防工作办好了，然后始用全力于生利事业，以军权之伟大，如肯出而指挥人民切实服役，与自己实行兵工政策，则经济复兴与国防工作二者，均可得到极大的成效。理由是驻防军队乃深入民间者，如能协同行政官厅督促与领导人民服役，谁也不敢违拗迟延。先前许多公路由军队监督建筑者，成功格外迅速，便是此理。至于自己实行兵工政策与协同人民致力于国防工作，则其效用尤大。因于工作之中，同时可用军法调动工人，使人民做工者养成纪律整齐之好习惯，则于必要时即可成为好士兵。这样，全民皆成为军国民，国力自比只靠军队者为雄厚。一面，使劳动者与兵士成为一气合作，打成一片。兵士便是劳动者，劳动者便是兵士。这样兵士于退伍之后始可成为劳动之好人民。

由此可见征工，不单是对于普通百姓应办的。即军队自身也当加入，以实现了兵工的政策。

第二，为实业而征工——提倡集团工作

就广义说，实业便是国防的工作。提倡实业便是巩固国防。今日之战争，不只军队与军队斗争，而是整个国民，尤其是操纵整个国力之经济的战争。现舍此不提，单就实业而论，则近日我国要振兴实业，非从征工政策入手不可。这个理由，我在上面已经说及了。且我国为小农制，在乡间极难得到集团工作组织之可能。若用征工政策则可于下开各项事业都从集团方法做去，于费用上极少而于效率上极大，并且可以养成合群共作之德行。

征工以复兴经济，此中工作中最重要为筑路、造林、水利、养殖、开矿、手工业与轻工业，及电气化工之工业，等等。

（甲）先说筑路。征工以筑公路，已经得到极大效果。以广东省说，所谓"公路网"差不多完成。今后只去整理就好了。然有一事应注意者，就是养路的工程。凡筑一路固然难，但筑好后养路之工程更是十分难。愚意于每路上应就左近居民，组织保路工队。此项工队一面修路，而一面可以防御匪徒之破坏路线。例如，自汕头到省城之"东区公路"，从去年来建设厅便计划于当于之内可以从汕头到樟木头接乘广九快车班而抵达省城。假设此事如能做到，则我东区人民每日可有数千百客人搭乘此车，可免借道去香港。既免旅费外溢，而且免受港关之多方留难。公家收入既大，可以养活几百至几千之护路工人，于集团工作及挽回主权与利权不少。可惜办理不得其法，此路车辆缺乏，不能按时程功。况一路上匪徒时有毁桥烧路与掳掠旅客之举动。以是旅客裹足，宁可海行而受波涛、关差，及多费之困苦。若由一路上的本地人担任修路及护路工作，可以养路与减少匪徒之放肆。这虽是长期的工作，应当给予工资。然以之容纳地方游余工人，比征工又是一种利民与振兴地方经济之方法。

纵然公路可以够用，而筑乡道、村道的工作以我省说，尚极需要。此项小公路，有八尺而宽，就足以行车了。有时连行车也不必打算，只把乡间弯曲崎岖者修为直线与平整，便足利便行人，及腾出好些之田地。其次，就是修理桥梁，这也不必多费财力，只出些工力，用些地方材木与大竹器，便足以搭成一条行人可以通过之小桥。如财力充足时，自然以建筑坚固之工程为佳。又其次，凡电话报之工程，地方上也可利用民工以修理其破旧，或扩张此项之交通线，再其次为水路之交通事件，如整理港岸之类，一面为水利，而一面为联络彼此被水所隔开的乡村。

又如以今日最关重要之敷设铁路说，若行征工，每每可以省费至四分之一工程费。我曾一次加入建设"广汕铁路"之规划，就当时工程所计算，全线费用三千余万元。但若行征工筑路，则可省下七八百万元。所节省的当然极大，于帮助经费上，确不是一件小事。

（乙）造林。除一二例外，我国造林的成绩毫无。固然由于官厅之敷衍，但人民对此事不发生兴趣，也是此中失败之一缘由。故行普遍的征工制以造林，造成社会之一种空气，当值得提倡的。而就我个人经验,则以造普通林收成之期限过久,穷苦的人民只顾眼前利益,对这样久的事业,自然不免于漠视。故今后提倡造林,有数事应当留意的:(一)先造水果林,尤以易收成之果林,如香蕉、桃、李、柑、橘、菠萝等,不过种后二三年久,就足收利。但如荔枝、龙眼之缓熟果林,因人民于种后极有厚利之希望,也自乐于栽培。(二)造油质之林类,如枇杷树,不过数月即可摘实造油。又如桐油树等获利更大。又每家门前或庭院,也当提倡或强迫种上一二株果树或风景树。从这样简便入手,先引入人民对于林业的兴趣,然后于高山峻岭造就巨大的树林,其事自易成功。又凡造果林不妨由个人去做,至于造大林,则须由一族房或一乡一姓合作。学校也须有"校林",以为社会模范。

造林是一件较容易的事,而护林则极须吃力。我以为护林也当如护路一样,应有完密的组织法,如设长久之管理机关,与负责之工队及林警,使林木不至于被虫害与遭火灾,及有系统之培植保护,然后林木始能日长而月大。

林木一经长成之后,收利当然极大。以愚所知之我县饶平而言,若能实力去做,则每年可收水果及油类、茶叶共千余万元。于水边种竹,每年可收数百万元。所有山谷造普通林,则每年可收三四千万元。合此三项可得五六千万元。以视今日群山濯濯,不但无利可取,而且不美观,不卫生,又多生水患,相去真是太远了。这个县份数十万人,若有了这样林业之数千万元,即此一端,已稍优裕。况有其他种生利事业,足以增加其富力。那么,在今日的贫县一变成为富区了。在西南及东南各县,与我县同此景况者随地皆是。我们固不怕穷,只怕不肯努力而已。

(丙)水利。整理水利乃是一种极大的富源。既可免除了水患,也可免了旱灾。既可于河流旁边整理之后,得了先前浸蚀之空地,又可以流通船只。然此项工作更当有规模之征工,始能成事。因一流域所经之地方甚多,而其水流多是数千年来未曾疏浚,所用工力当极巨大,故非合起若干地方,分开地段,同时集合多数的人力以从事不可。今聊举我潮之韩江为例。从发源起点,即有修理之必要。而从潮安城以至汕头海之末段，更当下死功夫，闻诸工程师说，此段河若求一劳永逸，则需款二千余万元。这样巨款从何而出？中央山高皇帝远！省政府又无余款可以应付。责之本地方，潮人近年来南洋的富源已见枯竭，也苦于心有余而力不足。然则韩江治河之计划，终久成为画饼充饥了！即近年来只有一小段之"北堤工程"，需款不过数十万元，已觉无法筹足。安能谈及此二千余万元之大计划。可是，若行征工政策，则此大工程可以按期竣事。今假定为三年完成吧。则以沿韩江之潮安、隆都及澄海三处之密集人口，每年分摊出数百万工，每人不过数天工作。于一年中可以得千万工左右，三年共得千余万工，所有浚河、做堤，均由人工为之。只有工程师费、石灰、铁料，与一二只浚河机，为费仅二三百万元就足。由有关系的地方人民及政府按年分摊，每年不过百万之间，凑集自不觉为难。然由这样整理之结果，河边两岸所出空地甚多。且在中流分汊之处，可以截绝一汊。这一汊到海之空地更为长广。就此两项空地之价值，足有二三千万元，已足抵除所费之工价了。而从此永灭水患，此中代价更大。所以整理水利，难处在于发始。成功之后，所得定过所失。总理前于提倡于整理扬子江时，已当提及之了。以我省说，如能将西江、珠江及东江、北江，做有系统的整理，所得地价定足所失。而永远无穷之水利，比所费之工价，则定有千万倍大。

此外，水利，尤当注意于海利。建立渔港，请求渔业，我粤海岸线甚长，海利甚大，不可不特别组织。此外，内地之池塘也是应以人力普遍挖开或加工浚深，既可以蓄水御旱，又可以养鱼，且年终可以出其土为肥料之用。而平时居民得其多量之水蒸气，于热地之卫生也极有益，这种种利益，乡民已知，故对于池塘极能爱护。独惜尚无大规划与普遍之建设耳。

（丁）垦牧。我在上文已说及造林，那是指半山以上无耕织而言，若半山以下，均可垦荒，以种五谷与杂粮，及烟草、豆、麻、甘蔗等等。苟有肥料应付，无不百谷丰收。对我们粮食缺乏的国土，这种垦荒的工作极有补偿的。我曾漫游山野见前时之蔗园果园，累累变成荒丘。闻人说其荒废之原因，或因政治不良，治安不好，或因苦力多往南洋，致于无工种植，或因肥料太贵，出产价值不值所失。而今则政治渐上轨道了。南洋生意以绝，苦力困死家乡。肥料问题，政府已正在进行解决之中，实在，我们已到利用人力以行垦荒之时候了。

说及畜牧，如牛羊之类，极宜于山野之区，也当从事于大规模之组织。至于养鸡饲猪，已成为我国农村之重要副业，今后更当利用人力。最好是成立"人力生产合作社"，无妨，引用征工方法，每人各出若干苦力以从事于生产。前时有大实业家向我说，想在澄海县以外砂乡组织这样的饲猪及生产方法。外砂乡出番薯极多的，每日盛时可出数百担，若全予收买为薯粉，在市上极为通用，不怕卖不出的。在乡周围租下数十亩以种香蕉，蕉叶则养猪羊，凡猪数头成为一圈，引其屎尿到周围蕉地中。那么，蕉得猪屎尿的肥养以长大。香蕉出卖之后，蕉身已成废物，而可利用为猪之养料。凡番薯粉制后之薯汁及渣，又可为养猪料之大宗。这样，既可得粉利，可得蕉利，尤其是可得大宗之猪利。这岂不是一举三利吗？若由人力做工，只须租地，买猪种，及制粉机之费，余则种薯、制粉、种蕉、养猪、建猪寮、建屋，等等，均可用人力而为之。外砂乡人乎，你们何不照这样去办呢？在此猪圈、蕉园、粉厂中，同时也极宜于养鸡、养鸽。一举而五利备，只要有少本钱便可以得大利了。

（戊）开矿。开矿的利益甚大，谈起来谁不神飞色舞？在贫穷中国，因为不能购开矿机，只有用人工去开采。即近来我省最大之钨矿，也由人工挖出的。我省内地那样多山，必定有很多种矿深深埋在地下，向来是无人过问的。今后若行开采，定有极大的出产。当然，有款时，则有用机器，以省人力而又可得最大的效率。我以为各地请探矿专家（现有瑞典探矿公司代表住在北平，能用四种科学方法探测准确各种矿藏）从事测验。如得矿苗有利于开发者，则当组织开矿工程队。此项工人，纯为合作之征工制。以其所出工作多少，即准入为股份，这样，纵无资本，可以全用人力开矿，如得厚利之后，才买机器以加强人力之效用。这样办法，本地人有工可做，得利平分，不致被资本家所独占,这又是一种集团工作之效用啊。

（己）手工业与轻工业及电气化之工作。手工业乃农村之副业,在先本极占重要位置的。可惜自机器工厂盛倡以来,与外省倾销之后,遂致一落千丈,无形中已归消减。现在能够支持者,只有美术化之物件,如烟台、上海,及汕头方面之抽纱一类而已。查汕头抽纱业盛时,可以出售千数百万元,养活妇女辈不下数十万人。只因外国市场被外人所操纵,以致不能尽量发展。此事如能从大处着手,即与各国大都市自开销货店,于汕头及内地设工厂,做大规模之制造,则前途极可乐观。

至于轻工业,在本国及本省各地均应着意经营。以生产合作社之方法办理,可以大获利益,而也可以消纳很多游民。计今日最重要者为肥料厂之设立。本省濒海之区甚多,利用咸水及海藻等物以制肥料,小规模之工厂随处可以做到。肥料有着,则农业、林业就可振兴了。其次如衣服厂、建筑料厂,都应在各地成立的。

说到电气化的工业,尤关重要。农人副业当使之尽量电气化。只要一电线之牵连,虽僻壤荒村,可以用大量之工作,即时便成为近代化之乡村。这是一种极迅速改变工业之方法。中国能不能迅速入于现代化,能不能将中世纪之乡村一变而为近代之生活,就决于能不能以电气来统治一切。

以煤力的电厂之花费,固然难望一时之电力普遍化。但用水电,则电费极省,我省各处水力甚多。只要筹备机器费,其余一切可以用人力——用征工方法以处理,其用费则极便宜。

我曾于数年前在法国梦想将我乡近旁之大瀑布建设一大水电厂。则近旁若干里内的乡民,可以有电灯、电车、电气工厂,甚且有电炉可以煮饭。这不是全然属于梦想的,只要有数百万元或只需数十万元的开办费,余事都可做到了。暹罗友人拥有资本者尝为此事而向我表示注意,或者距离实现之期不远吧。各处如能以人力经营水力,如西江,如北江,如东江,如韩江,如各处的瀑布,只要有省营之瀹江水电兴办费十分之一,则我省不怕不立时入于近代工业状态,及近代生活方法了。

我在此项内——为实业而征工一项上，不烦稍为详细论列，为的在使人看此事规模虽大，然大部分的工作，可用征工政策以实现。那么，我人虽穷，而小部分之资本也不难分期凑集。如此做去，各项事业振兴，则我省虽有三千余万人，人人都有工可做，有饭可食了。

但我意在此项征工方法中，要使生出极大之效率与工人起了极大的兴趣，当用"集团工作制"，即于每地方相其工作所需要，为之编成各种做工之队伍。大约如军队编制法，以十余人为一"工棚"，有工棚长领率。三十余人为"工排"，设工排长。百余人为"工连"，设工连长。三百余人为"工营"，设工营长。推而有"工旅""工师""工军"与"工军集团"。哪一处的工队专为某工厂做工的。哪一队专任运输，哪一队专任种种。或则专为巡查，或则专为经理。务使所有工队各有专任的事业（临时与永久都好），这项计划的真意：不但临时征工，随时解散，而毫无系统如今日各处之征工政策。而应有永久的征工政策，有征工队之首领与有专业之工役。以此，而养成一班技术的工人。以此，而养成劳动之德性，与集团之生活。以此，而有系统的与有目标的工作。以此，而可改变今日游惰的社会，及不振作的生活。以此，而可以致富，而也可以图强。

第三，为公共建筑而征工

为公共建筑而征工，此项政策，似乎为今日政府所未注意。实则此项也占振兴新政最重要位置之一。例如今日之乡村学校，甚且城市的学校，大都因陋而简，大部分仍为旧时之祠堂寺院，光线不好，位置不对，于美观、卫生及教授上种种妨碍。如能征集其乡民，从新建筑新校舍。公家不过出材料费，为数尚少。（凡土、砂、石等尚可由人工取得。）而由此可以得由一间合于教育设备之学校了。本人尝征集数百乡人，只在二三日之内，把山丘辟成一个极大的操场，将校前挖开一大池塘，满植莲花。每当夏花盛开，全池离披之美况与微风相徜徉，而顾视学生在操场中施出其好身手，壮美与优美比耀于咫尺之间。彼乡人到此，也知前此之工作不是徒劳无功了。

推之，凡乡公所、区公所，均可用民工从新建筑，使成为地方上一个美的代表机关。

推之，凡县衙门，尤其是监狱、救济所、工厂等等，都可由民工经营。

推之，凡一乡里太肮脏的民居，可由众人力量帮助从新整理。凡城市之住居铺店，甚至于全个乡村、全条街户、整个市场，遇必要时都应由民工拆去，从新去建立有规模的场所。

推之，凡公园、运动体育场、游泳池、公共便所（在城市中以在地下为宜）、博物院、藏书楼、民众教育馆、各种娱乐之公共场所，都可由民众之力量，以义务性质共同去建筑。

总之，以民众力量，去做民众的建筑事业，群众无不欢喜奔赴的。公家只出工程师及材料费，其余全由人力足成。那么，纵若何穷困的地方，自可成立多少合于近代化、美术化、卫生化的公共场所。不致如今日之衙门、公共机关及民居，仍然如野蛮一样之破坏、简陋、肮脏、危险，种种不堪居住之怪现状。我曾参观某县之监狱，那一种地狱式之监房，令人不知发生怎样的恶感。试到乡村一行，所见到的是人畜不分的简陋民居，所触到的是大小便与杂种臭味。所以为卫生上，为美观上，为工作上，各方面去观察，所有衙门、局所、监狱、市场、民居，都应从新改造，但试问公家哪里出得起这样巨费。

只有一法，就从征工入手，又不觉得怎样困难了。

第四，为卫生而征工

这项工作，在现在的人看来或许为新奇。然其实极有真理，让我缓缓道来。

一国或一家，一人之贫富，固然由于生产之是否充足。但与卫生一方面所关系也极大，譬如以个人说，假使其身体强健，当然易于谋事易于成业。若他百病丛生，不但不能工作，而且需要医药费。且人如多病，自然不乐于作事，与缺乏创造及经营之精神。个人如是，推而至于一家之经济，如家人疾病交缠，家务自然废弛，医药费不能不出，且由疾病而多死亡，则治丧费不能不出，以是至于人财俱空，一家自然不成家道。推而至于一国，即是如今我国的真实情状了！我国这样多病，多早夭，多死亡，不论男女，都尚不能避免"东亚病夫"之称谓。全国人民虽多生，但也多死。多生，损害母体，伤害妇人之健康，损失父母家庭之财产。多疾病，多死亡，更是一家一国的经济之致命伤。今日我国就是一个衰病死亡之大集团，怎样能使国家富强？

所以今日我国如想富强，实行卫生政策，也算一件极重要的事。日本维新，首重卫生，实有远大之见解。我国今日城市上的卫生行政，已经有名无实。然一到乡村，全国人民十分之八以上的乡村人民完全过了一种野蛮人不合卫生的生活。但谁也不肯留意去管他。以致人民病的病，死的死，不病不死的，也是面青体瘦，不能做出什么大工作，提起了什么大兴趣与大精神。故全国的乡村等于一个死的丘墟，等于一个活地狱。

怎样救治？怎样救治我们可怜的小孩？培养我们的青年？保护我们的老者、弱者、病者？这也不必全靠什么医院，什么药品。最紧要的，还是从清道路、通沟渠、治宅屋、节饮食，各方面做起。

我曾住汕头市那条所谓阔人的住户街。可是蚊蝇们不认识你是资本官僚，一味只知打针吮血，以致日间坐不安宁，入夜更不能清谈。我曾一晚做了几百字文章，两只脚腿便被那班蚊爷咬到肿痛麻木了。追求原因，就在垃圾堆不清理，屋前小沟积秽水。于是乎告诉了警伯，命清道夫把垃圾挑去，苍蝇几至绝迹。又把沟身做好，秽水流通，蚊子也是灭种了。本来费不出多少气力，便把那两件毒害人类的怪物肃清了。

虽则要在乡间剿灭这些毒虫，不如市上那样手续简单，但若责乡中壮丁每年不过出一二日工力，将道路清理，把沟渠疏通。又每日，男妇若干人轮流扫除公共场所。包管蚊蝇可减少了十分之八九。又如每家于一月间大扫除一次；牲畜粪便，当规定一种清洁的办法，则不但人少病，而家畜也可得康宁。

今日乡村尚有二件重要卫生应行办理的：一是厕所，而一是井水。厕所，为农民肥料大本营，乡民甚为重视。以致每每设在居民之中心点，臭气沸腾，蚊蝇丛生。是当限制设在乡外而靠近其田边，以便于挑担出田。又在厕的周围应满种香蕉、蓖麻、石榴、花果，既可除臭气，又得青青悦目雅观。兼之树木得近粪气，定必长大雄盛，美果好实，大有利益可收。说到乡村本可得到佳好的饮料。可惜食井常近厕所，底里水源未免暗通，于卫生上有碍。又井常近田边，易入田水，也不清洁。是宜于高地开井，并应深滤以得良泉。凡此移厕、挖井，以及治路、清沟，与夫扫除积秽等事，均可由人力担承，本免多费，而于饮食美趣，俱可得到高尚的结果。而瘟疫疾病比今日自可减少若干倍以上。再由征工方法，于一区中建立医院、药房，而尤注力于产妇、婴孩之治疗，瘟疫时症之预防。一区之中只要有一个正式西医生，二三个看护生，便足以调治几万人民了。

我曾在往欧邮船中，与友人论及在这只船中有医生，有看护妇，有病房。遇有疫病，即有打针之准备，遇有盲肠急症，即行开腹。试问我国有若干县中，全县数十万人有无这样设备？说来真惭愧，鄙县饶平还不算是穷县，全县五六十万人，面积比欧洲小国几乎一样大，而无一正式西医生，无一真正医院病房，尚谈不上比一比外人的一只邮船上卫生之设备！说起来只有汗流面红。我们中国人的生命真贱！真残酷！

所以今日我人不必要求怎样高贵的卫生设备，我们只求一种适合于自然的生活——清洁的空气、清洁的地面、清洁的水源、清洁的屋宇，与夫清洁的心灵。这是由人力做得到的，实行征工政策以执行此清洁运动，无论何人与无论何地，都可做得到的。

第五，普遍的利用征工政策与其行政组织法

本篇所提倡的征工制，乃是普遍的。即凡一切生利，消费的事业，衣、食、住、行、娱乐的工作，都应由人力去做，组成一团一团的工队去做的。这与今日行政院所规定之三日至五日之民役法，当然更进一步的要求。我们理由是以我国今日之贫穷，零零星星去做工，终是不能救济的。须要咬起牙龈，辛辛苦苦、痛痛快快地拼命做起数年间之系统工作，然后我国的经济始有复兴之希望。且人类心理，愈拼命工作，愈发生兴趣。零零星星东作西辍，终于不能起劲，不免于颓唐放下了。我国造林的事业所以失败，便是只靠阔人们于造林节拿一枝树苗放落地面，再由一些公子小姐们执起锄来连地皮还未凿开，于是就种树礼成，一哄如鸟兽散了。总之，这是一种不起劲的工作，连那班提倡的阔人公子小姐们也不起劲，至于人民向来未曾加入过，自然无法子起劲。终于把种树新政软软下去了。

我意今后的征工，第一应使人民起得劲，使之愈做工愈起劲，愈感得兴趣有利益，那么，这事就算成功了，又应把征工视为"中心工作"。一切事都由征工制去办理。使人民集中手力、眼力、听力，于此中心工作，这也是帮助他们起劲之方法。

可是，要有征工之效果，先当有征工之行政好机关。不必说，要如我上诸项所说的近乎理想化的征工法，非有良善之组织不能实现。即如今日零星不彻底之征工法，也非有严密的组织不可。

大家都知道，我省公路比较各项新政办得有成绩了。但其所以有这样成绩，得力于公路的行政组织之力量甚大。这是建设厅专管的。然建设厅内则为之特别设公路处，东区方面尚设有公路分处，各县长则令其兼任该县之公路局长。遇一公路建筑时，分为几段，由该段内之区乡长兼任某段公路职务。由此层层着切办理，始能收得相当之成绩。

现在行政院所三令五申之征工政策，本是全民服务的，当然比之建筑公路其事更为重要。其工作也较为普遍。若不严密组织，其事极难于推行。因为官吏与人民视此为创始而又与他们无切近的利益，所以大都视为具文，故不管行政院怎样屡次催办，其公文行到各省政府，最多不过等因奉此，代为转令各县市政府，而县市政府有时对此项官样文章，连半眼也不去看一眼。这是无聊的纸上谈兵，于事实毫无补益。

当去年行政院对此事推行时，本人曾主张于院内设"劳工部"，最少也当特别设什么"征工署"之类，以极郑重的事件去管理它。至于省当设征工委员会或局所之类，直属于省政府。县市也当设特别机关，或由县市长兼任。

而此中最重要的应以工程师及其工程队为主任工作。因人民服役，除国防外，全属于工作范围。于理应以工程部为做事主体，使其任设计、指导及监督之责。以工程为主位，庶几不入流于官僚机关。至于征工行政首脑部不过对于行政上及财政上综其成而已。

所谓委员会，在执行机关上有时不但无利而且有害。因为人多，事权不统一。又我国人意见甚深，每有二三人以上，便至不能集合一体。故委员会只宜于设计、咨询，及讨论研究之机关。我意政工行政机关办事人，应授以专任职称较好。不过在重要地方，同时则设顾问，或讨论委员会，以供给主任者之计划。

至于财务，当由行政部严予监视撙节，免致如前时那些借筑公路美名之土劣以大发横财。若以公路先前为例，一地方征工之工程费用，当由本地方筹出。如属于省份者，则由省政府出。属于各地方合办者，则由各地方分派。然今日人民甚穷，若能由省政府筹一笔款，甚且借一笔债，以供给各地方，尤其是穷地方之用，于事较为妥善。

征工委员会（或为主任制下设咨询讨论之机关）	财务组	购料股	依工程组所需求购买工具给予工人或为公家之用并负责修理保管之责
		收支股	承行政组及工程组之决定支给工程费及收取不肯做工者之代工金及各种收入
	行政组	宣传股	以文字、图画、电影、播音、演说等方法宣传征工的政策
		文书股	管理印信文件及监督官吏人民履行征工的政令
	工程组	筹划股	会同工程组调查与策划各地工程实施之方法
		测量股	会同筹划股决定工程之步骤及从事于测量功夫
		监督股	请上级机关派出工程师（每县市最少一人）常驻各县市监督工程而将实情报告于行政组

今作一表于下，以明征工行政部之统系：

第六，漫谈当结论

关于征工的一切事件，在上文也算有相当交代。于此收场上，尚有说及此中历史及精神的意义之必要。

这是民国二十年间之事吧。当我从欧洲回到广州，就把征工政策上了当时所谓之西南执行委员会。在写稿时，被一位有思想的朋友碰见。他说：征工，或是民役，就是古时的"徭役制度"，根本是要不得的。他就向我背念了历史中一批之徭役事实。我的答复是那完全为两件事。

我说：所谓征工，乃是以工作所得归于做工者为原则。不错，这也是强迫工作，乃与徭役制相似。但徭役是一班专制君主或诸侯王强迫人民为自己产业或娱乐而工作。这是牺牲人民的血汗，专为一人享福的。至于今日之征工，乃是为地方人民谋生业与幸福，事虽出于强迫，也如父兄强迫子弟耕田播种一样，将来收获，不是归诸他人，而乃归诸一家，便是子弟自己得此食饭的事业。纵然怎样困苦，然非做不可。而子弟受强迫耕地也不埋怨，他知这是他自己生活之来源。尚有一事，古时徭役，不管三七二十一，专制魔王想做就做，不论人民怎样失业，怎样离乡别家，到远处的地方去当工，专制魔王是不管的。至于征工，当就人民闲暇时，例如乡民在农隙时，出去做些工程，本来是不妨碍的。且所做工的地方，都是自己家乡，并不至于怎样远离自己家人。所以征工制与徭役制全不相同：一是利民，而一是害民；一是为人民自己谋幸福，一是为个人寻快乐；一是公，而一是私的。

即如古时徭役，若是出于为公，也未可不赞成。例如大禹之治水凿山，当然是用民工的。那时不知他用了多少人力，死了多少工人，然而大禹之功，至今仍然不朽。又如万里长城，纵然是几个皇帝为他自己地位起见而创筑的。然我国受了这个大工程之恩赐实在不浅。我们在三代已受了西北夷狄攻击欺侮。若无万里长城，断不能容我汉族在黄河流域生聚教训，渐渐发展势力到扬子、珠江流域。恐怕我们当时也如黎苗一样,只好被人驱入深山,苟延残喘,谈不到高等文化,也谈不到大种族。故长城之筑成,虽然行了徭役制,虽然为他们王家个人的安全,但其结果也值得牺牲许多任务力和人命!说及那条沟通了我国南北的大运河,也是出于徭役制的。初时或者不过为皇帝逛逛艇,抱了多少宫女唱唱后庭花之小调。然人民得了这个水运之利益也不少。

当然这些举例,不能概括古时徭役的事业,也不能遮盖其他许多徭役的罪恶。例如阿房宫、迷宫、许多皇陵之大工程,地下凿了大隧道,起了宫殿,花费了千万工人金钱,只为了一副臭骨头。又如一个皇帝养了好几千万宫女、太监、大奴才小奴才去服侍,这些都是大大不经济的事,这些也是徭役的一种,这是造孽积恶,当然为我人所最反对的。

只求为公,为大家的利益,纵然过于强迫苛刻,有时纵然近乎残暴,苟为时势所要求,大家也应服从应命的。我们虽牺牲了许多人命工力,但得了九河的水利,得了万里长城与大运河。假设当时不去做,那些人命也是死的,可惜是死的太无用。他们死在疏河凿山筑城之徭役,岂不死得更值吗?

就今日我国贫弱到这样地步而论,我们不但要征工,尚须大大的征工。就我经验,有些乡民每年可使作半年工役。为的,他们每人只耕一二亩田,每年收两次谷,不过费了三二日割禾,统共不过一把月去犁田、播种、下肥、除草。除此,一年时日就白白丢了。这不是他们惰,实在要做事也无事可做。乡下人的妇女能种菜蔬,割取刍,治家事。男子做些出力工作,小事可由女人去办,由此,这班小农夫愈觉无事可做了。

我曾为限时筑成一条公路所强迫,一气责成我族人千余壮丁连续做了百余日工,而事实上并未妨碍他们的农业。这也可见我所主张多多强迫人民做工之理由了。我想于数年内使人民多做工,快快生产,不过苦了几年,以后便可安乐了。到时不做事也可以。但今日不做事就要饿死了,就要被敌人侵吞了。饿死不如做工死,况且多做工并不死,反是生存呢。

我实在从经验上，见到我人除做工外，别无他样生存之道。而实行有系统的征工政策，乃是复兴我国今日垂死的经济之独一有效方法。所以去年头就把有系统的征工计划在报上发表了。不敢自夸，我是中国人最先倡行征工者之一，而又是第一人主张有系统的征工政策者。我且进一步，主张将征工、军训与广播音之教育法，联合一气，以求于短促期内，使国人变成富，变成强，变成有知识之人民。

这虽然理想，虽然是纸上谈兵，画里大饼，但也不少有从事实响应者。我不知，蒋委员长怎样起此意念，但他的第一次通电提倡征工政策，确在我在报纸发表此问题之后。当然，他比我力量有千万倍大。征工政策由蒋委员长通令后，及他为行政院长时继续催办后，已由我人的理想，而入于实行之时期了。

以上所说，不过是征工的一段史迹。然我对于今后征工的实行方法，则起了大大的怀疑。我也知各省正在努力进行，成绩定有可观。然我怀疑处，就是这也不过如别项新政的一样有名无实吧？借此美名而欺民吧？或真是做得有声有色呢？这要看今后施行者之如何样子，然后再来判断了。故我今后对此事不是哲学者，而是历史家，持此秃笔，将随时搜罗事实以为史料了。

然我现在敢断言者，无严密的组织，征工政策是不能有什么大出息的。不延长了做工日期，仅就行政院所定每一壮丁每年服工役三日至五日，是不能做出什么大效果的。例如造林政策，提倡许久。出了许多政治力量，定了造林节，究竟造不出什么林，只造出了一些牌额及一些借造林名目食饭之官僚。征工如要行得有效，最少当如我省前时对于建筑公路之组织方法。不然的话，我恐征工政策恐怕连比造林政策尚不如！

其次，我希望执行征工之人，不但要看作是生利事业，并须看为精神上之利益，这一层的利益更为雄厚。我想使人民服役，于人民精神上之利益甚大。在这层上，尚有许多人未尝注意，故我不免来说一说。

征工政策，如能照我在上有系统的计划做去，可得精神上之利益有数点：

（一）习勤劳。我国农民虽然以勤苦著称于世界。然此为往南洋一班被强迫做工而言。若言内地之农民，则极怠惰。这也不是一种怪说，实情是如此的。因为农民纵要勤劳，而也无事可勤劳。每人通共不满一二亩田，又有妇女同工作，只有在犁田、播种、收获时期，不免三二日忙碌，余时就无事可做了。乡间又无工业，又无商业，农副产业也无，于是一日只好袖手看天，困困觉，伸伸腰，谈些无腔无意义的街巷粗陋言论，也就过了一年半载了。若今有系统的强迫他做工，他在势力之下不敢不做，缓缓就可养成勤劳之性质了。当我在本地督工时，我常觉得这班农民真正怠惰，一不留意，他们连一下锄头也瞒骗你。及后渐渐觉得他们平时的生活就是这样敷衍过日子的，只有在强迫之下才能养成他们勤劳的习惯。

（二）重劳动。我国人素来看做工是一件无可奈何而又不名誉的事情。宁可坐在茅寮草屋谈谈天，表示其清闲高尚的生活。除非是在农作时间，他们农民连面前臭沟只要几下锹也不肯去清理。他们的睡床蚊帐，黑到如墨水一样，臭虫满床爬，连举手去赶走也不肯为。他们无可奈何于农作时做工，心里总以为是极卑贱的。今若以征工政策激励他们，又使他们有了继续性与尊重性的工作，使他们了解工作乃人生至有意义的事情，劳动乃神圣的事业，从此改变人生观，于心理上的改造之关系甚大。

（三）养成合群的德性。现在乡间除他的房族及乡里外，俨然各视为敌国。一口角，一车水，一至小的争执，便足以闹成极凶恶的械斗。若提倡征工，许多工作乃是非与邻村近区及别县合作不可的。在工作时，大家一气生活，不知不觉间便生亲爱的情谊，革除先前老死不相往来的恶俗。这样内地的关系，便是强国的基础，不但个人由此可养成合群的性格而已。

（四）锻炼强健的体魄。因为我国不是小农制，农工极少事可做，于是不免困守在恶劣之居室内，过了猪牛栏的生活。故我国农民类多面青体弱，此中当然由于食料不充足。但无正当的日常工作也是一大原因。我曾观察与我工作之乡民，多是比在乡下暇居时身体较好，面色较怡快。因在科学工程指导之下，所做工作断不会超过其力量与不合于健康。因此当然愈工作愈好体魄。又因工作时常有数百人合一气，呼应，竞争，于说话谈笑之中，自然得到精神之满畅。

由于四种德性之外，我尚有二种希望，一是女子加入工作的。乡间女子本来做工不会比男子输得几多。且有许多地方都是女子任外工，而男子反在家内抱小孩。故提倡壮年女子加入征工乃是理势所允许的。不过对于女子应特别优待保护，尤其于产前产后更应特予优容。由男女工作平等，而求男女一切平等，这是一件大希望。第二种希望，就望在全民工作之下，生产与消费求得平均与普遍的发展，可免我国入于资本主义的危险时期，而即跳入于社会主义之幸福时代。

故征工政策，不但是救中国今日垂亡的经济，并且是扶助人民精神上的振兴，这是惠而不费，从无资本中做出大事业，从怠惰的社会，而使变成尊重劳动的好风俗之一种最有效力的政策。

（本节完，全篇未完）

附说：照行政院所规定之三日至五日工役，当日为公家服务的。但我想强迫人民为"公役"之外，并应强迫他们为自己事业而工作，这比强迫为公役，当更能引起他们的兴奋，故虽延长工期至若干久也不怕的。

救中国的两种经济特殊政策——征工与民库证券（续）

一、民库证券的意义

在上期所论的征工与现在的民库证券同是一种经济的特殊政策，专为适用我国特殊的环境而组织的。翻开欧美经济史，可说寻不到这个民库证券的组织。各国各有其环境之需要，自然不能走上同一的路径。因我国这样穷苦，断不能仿效欧美的经济政策。他们为资本国，所患在不能利用资本。但我们是无资本的，最要在创造资本。创造资本的方法甚多，而最简便与实利的，莫过于发行民库证券了。

民库证券与征工一样，奇妙在能于无中生出有，于极少资本或全免资本中而能有极多数的"代币"以推动各种事业，成就各种建设。只靠政治力量与严密组织法，就能使困苦的乡村，破产的城市立时变为蓬勃振兴的经济气象。

最初使我想起这个民库证券之政策，乃因我住汕头时眼见了这个市所发之一千万元"商库证券"在市面上互见通行。平时商民所储藏者，不是银行纸币，而是这项之商库证券。当前次广东政变时，每千元银行纸币要换取千元的商库证券，须贴水数十以至一百元，这个现象使我大起感触，怎样商库证券比呱呱叫的银行纸币尚来得有价值呢？这不能不推求此中理由之所在了。

按汕头商库证券之发起缘由，乃因钱庄乱发纸票，致受市场不景气影响而生种种纷乱破产之险象。为谋救济计，遂由汕市商会举办"商库证券委员会"内有执委，由商界分任。又有监察委员则由官厅与银行界担任。证券数额定为一千万元，期限二年（但现已延长一年），利息二厘。凡商民有不动产如地皮、店屋等，可向此商库证券委员会登记。由此会派员审核所登记之物价若干，而给以六成证券，就把所登记之物为会之抵押品。例如有一屋在当时价值一千元者，则许其以六百元抵押，期限二年，年息二厘。如于此二年期不能赎还者，则其抵押物归商库证券委员会管理。所得证券，在汕头市上如普通货币一样使用。我们在上已说及此项证券比银行纸币更具价值了。因为人民相信此项证券之抵押品比票面数额尚超过底价四成。纵使一日不通行自有抵押物可以取偿，非如银行一朝倒闭清厘，纸币不知做何种结果之比，所以普通都视商库证券比银行纸币为有价值。

可是汕头之商库证券委员会中有种种毛病。例如估价不确实。凡与此委员会有特殊关系者，则抵押物原只一万元价值者可虚揑为数万元而由此可得取多数之证券。且名有一千万元之多，而得此实惠者，并不普遍，大都以与商库证券委员会切近者始能取得。又如委员会所收年息二厘，以一千万元计算，年可得二十万元，也都囫囵不清。总之，凡我国机关上一切舞弊之恶习，在此会中也不免于应有尽有。然而于其所发之证券信用价值并不损失，这其中之缘故，只因所发证券之背后有相当的抵押物，凡领受者恃此得有相当之保障，其余舞弊及意外多少损失，也就不去管及了。

所谓"饥者易为食"，处于这个混乱、无法纪无保障的社会，人民所求者并不苛刻而且极为宽容了。因此我想把此法推行于各地而加以严密的组织，总使比汕头商库证券之弊害上尽力减少，而于利益上尽力加多。那么，纵使利害比汕头一样，然已可推行尽利了。何况，我们是参酌国外最好的成规，准以经济的原理，辅以官民的合作，助以银行、合作社等等之推动，故我万分相信，所拟的民库证券，当比汕头的商库证券更有价值，而使社会更喜欢于通用。

救中国的两种经济特殊政策——征工与民库证券（续）

因为汕头证券之原意，是便利商人，所以名为"商库证券"，而我们是便利普遍的人民，所以名为"民库证券"。

所谓民库证券之第一意义就是在使社会不用现款不用资金，而只靠人民之信用与政治之力量，发行地方上所需要之有抵押品民库证券数额，准为在地方上流通之金融筹码，以加强金融之力量，与促进各种事业之建设。使我国这样穷苦的乡村，与破产的城市，一旦得到这些金融的筹码，枯竭的变成为润泽了，破产的得以复兴了。

因为现在乡村的穷苦，一半由于不能利用人力，而一半由于资本缺乏，遂至生产不丰，以致入超日增。而城市之所以破产者，一半由于金融枯竭，而一半由于乡间的出产极少。今有这些证券流通，金融筹码得以充裕，而又能使生产日渐增多，自然可以把这个垂死的社会经济逐日恢复振作起来了。

例如我省近年来种蔗事业本来大可获利。然因农民缺乏肥料的资本，以致先前极好的蔗园，不免永久变成为荒丘。我曾亲眼见过这样荒园不知有多少。今若使农民有肥料可用，则可以多出若干的糖利。推而苟社会金融充裕，则凡有利益的生产事业都可经营创设了。怎样使农民有充足的肥料与种种必需之款项？首先要着当使社会的金融筹码充足。则于银行贷款之外，当想别种方法之补救。民库证券，便是此中最重要与最利益之一法。

至于既名银行，当应遵守银行的规则。银行所发纸币之多少，应以准备金之多少为比例。普通有准备金四成以上即算完备。但在政治力之下如我国今日强制纸币不兑换现金之政策说，当然可以越出此例之外，但也不能跳过相当之程度。因为我们需与外国交易，在本国内有时尚可用政治力量，但对外汇则不能不遵守经济的定则。故我国银行如太多发行纸币，纸币价格势必低落。例如我广东省立银行现在发行毫券三万四千余万元，因有准备金一万二千余万元，遂能信用昭著。假使如我们民库证券之计划，此银行于全省再发行四万万元，或再超过此数额，则因准备金太不充足，纸币价值势必低落到极低点。若准

97

备金太少而纸币发行过多，有时低落到毫无一点价值，例如先前德国马克及俄国卢布一样。今若由县市相其时势所需求，各各发行民库证券，而省立银行，与中央银行及各种银行予以助力，则我省虽多发数万万元证券，虽无一点准备金，但因此项证券有极着实之担保物为后盾，则于银行纸币价值上当然毫无损害，而于证券信用上毫无损失。

故民库证券乃一种民间之信用纸币，以助银行之力量所不及，而由其流通及信用之效力，可以有银行纸币之利益而无其弊害之一种信用券。这就是它的第二种之意义。

至于民库证券之办法，若就大都市如广州、汕头之类说，可以发行数千万元之数额。大县五六百万元，中县四五百万元，小县二三百万元，总合我省计可得四万万元，若全国计则可发行数十万万以至于一百多万万元。

其法照汕头商库证券一样办理，但求其普遍，与全注力于生产方面。即每一市或每一县中之人民有不动产（主要为田园与铺户），则可向本市县所组织之民库证券委员会登记，要求取得证券。由委员会派员就地查核该不动产之真实时价若干，如实价值一千元者，则准折为七成或八成之类，就照此成数发给要求人七百或八百元之证券。此项证券以政治力量强迫在本市或本县内十足使用，如违逆者以紊乱金融之罪处罚。

我在此项办法上，主张五点与汕头市商库证券不同者：（一）成数比例应较高，如为七成或八成之类，至于汕头市仅为六成。为的，凡抵押者类多穷困之人，多给成数便含有体恤贫民之意。（二）凡领户应求普遍，故对于抵押价目宜少不宜多，大概最多者不能过数百元，少至数元也可发给。（三）领户应以生产为目的，如以之买种子、肥料、器具之类，故最好应由区乡之委员会或各种合作社，就领户所需要者照价发给物件，而少予发给证券，以免被用为消费。（四）每元年息以四厘为限。（五）当为长期的借款（四五十年间）。但此项息金由市或县政府收用，计大市如发二千万元者则年可得利息八十万元，以极少数为此项证券委员会之用，大约不过三数万元便足。其余七十余万元可充为市中各种建设之用。大县发六百万元者年可得二十四万元利息。中县四百万元者可得十六万元。而小县也可得年息十几万元。以视今日市县政府之行政费以极枯竭，自然谈不上什么建设。若每县添上此项溢利，而又须规定为建设之用，则各种建设自可蒸蒸日上了。

我曾向汕头官厅献策，将商库证券之年息增加至四厘或五厘，则年可得四五十万元。以之为汕头市各种建设岂不两全其美。因为照汕头所收商库证券之年息二厘而论。凡领有此项抵押证券者未免得了太多的便宜。现时汕头普通年息为一分以上。今领此券者只出二厘，是一元中便多得了八厘以上之余利。假如一人将屋店抵押得一万元，则一年可得八百元以上之溢利。况且其屋店又得由自己租出，计每年也可得千数百元。那么，两项计合起来，不啻多取于社会一二千元溢利了。今若使他们多出四五厘年息，即每领有万元证券者不过多出四五百元，而尚可得千数百元，在彼等尚极有利益可取。然在公家则每年可得四五十万元为建设费。公家固然多得裨益，而私人也不至于亏损呵。

故由民库证券的发行使人民得到长期与低利率的贷款，以免受高利贷的压迫，而公家可取得巨大之利息以为地方之建设费，这是它第三种的真意义。

二、此中之严密组织法

此项民库证券发行数既然这样多，而地方又是那样广。故须有严密的组织法，始能推行尽利而少意外之弊病。

鄙见若能由中央整个上成立一个民库证券管理局，当然最好不过的。退一步说，至少由各省自设这样的局所。至于单一县或一市则极难做到，除非为独立的县市，如上海市中山县之类。

今姑以一省为单位而行组织说，于省城设立"民库证券"之最高机关。其中应注意的有三层：

第一，会同一县市之当地人士，审度该县市应发民库证券若干万，并有监督其执行与保管之权；

第二，联合银行界及合作委员会等等机关，对此事取一致协调帮助之步骤；

第三，此为最重要的，就是每一县市之证券应分对内与对外两种流通法。凡对内流通者，当属无限制与强迫性。即是由政府规定凡在某县市所发之民库证券必要在该区域内尽量使用。如敢不承受者，定从扰乱金融之条例处罚。这一层当然极易做到的。但对外一层，实有从长处理之必要。我所谓对外者，例如某县肥料商人向外购买肥料，势非用现金或所往购料区之纸币不可。但彼等在本县市所卖肥料，如全数接受民库证券，而此项证券又只能在本区域内行使。如此，则其所受证券不能再行向外购料，势必无货周转了。岂不是商民两受其害呢。故在此项上，政府应规定贷款，或准许该地发行公价之办法。贷款之事，在今日已成为一种通行的政策，不过尚未达到系统与普遍之推行罢了。若能达到有系统与普遍之推行，则民库证券当可通行无阻碍。例如我省约为一百个县市，如能由省政府于每县市平均以无利息与长期贷予二十万元为肥料之用，合了百个县市，其数也不过二千万元。而社会得此款与其原来固有肥料商人之资本组合起来，尽足以充分周转了。这期间当然应就每一县市中之情势为之规划，限定每年间应行向外购料若干，不能超出此数，以示限制。一经规定之后，凡向外购料商人虽则尽量接受本地之民库证券，但可向政府所指定之贷款机关兑换通币，以便向外购货。以岭东区说，此项贷款总机关应设在汕头。以全省说，应就九个行政区公署所在地设有此项贷款机关，以便商人照数兑换。此外尚有别项向外购料之必要者，假如货贷过多，恐有碍于金融基础。则省政府应划定一个相关的数额，由各县市政府自行募集公债。此项公债当然全为向外周转之用，其作用与上所说的贷款相同。不过此项之负责全归本地方政府，而贷款一项则归诸中央或省政府负责。公债则由人民富户者承认，贷款则由银行负担。此中央与省政府及地方政府各负责任，而富户与银行又各各互相出力，使一地方于初期因生产所需要之肥料器具及消费之须向外购买者，均得有着落。则在内地民库证券之周转，当然不成问题了。

故由中央或省政府说，最吃力的在利用政治力量及政府金库并与银行合作。由县市政府说，则利用政治力量与人民合作。故于每一县或市，应设"民库证券委员分会"，由县市长兼会长，其委员则以本地殷实人士及教育界充任。（会长或由省政府派出，而受县市长之监督。）每区则设"民库证券委员会支会"，支会长由区民公举富户与诚实者充任，而由县市政府加委。

至于县市"民库证券委员会"应办事件约略如下（我人应以此项为中心基础的组织，故当特别注重）：

（一）核定本地方应发若干证券之数额。（其证券之类别大概为十元、五元、一元，与辅币五角、二角及一角。）

（二）实核各区之会之行政是否称职。所估抵押品之价格，是否属实。

（三）规定证券借贷长期的年限（其年息为四厘）。并规定分期及提前还债之办法。

（四）规定一年中向外购料之数额，与严格统制外汇。

（五）统计及统制本地出产物及向外销售法。

（六）令各区组织各种合作社（县市中心能附设银行更佳）。

（七）发行与保管证券，及管理由证券所换得之现金与通币。

（八）规定国营与省营事业之兑换民库证券办法（如对关税、盐税、电报、交通各项事业兑汇法）。

（九）规定以少数贷予为标准，以便裨益大多数之人民。

（十）规定所贷予者以生产事业为大纲。

（十一）向上级机关贷款与发行公债。

（十二）初时抵押品以不动产为主，及后应推行到动产及团体与个人之信用借贷。

要之，县立民库证券委员会最应注意者在以贷款及发行公债为对付向外购料之需，而又在运用合作社之助力以加强民库证券流通之效率。其委员应以本地之富人而肯认买公债者为主。其公债利息应极低微，即以证券为其担保品。至于贷款应由中央或省政府以无利息与长期贷予为宗旨。

至于民库证券之区支会应办事件大约如下：

（一）登记抵押物品。

（二）审定所抵押品之真价格。

（三）呈报上两项办理经过与县委会。

（四）领取与照发证券。

（五）按期收取抵押利息缴交县会。

（六）将到期不还息之抵押物充公，或将充公物拍卖各情事，呈报县会办理。

（七）设立各种合作社。

我曾与经济家谈及此事，最难解决的有三点。第一为向外购物料而不能行使区域性的证券。这一层上，我们说可由公债与贷款二方法而解决了。第二项为外汇。如属于购物料者当然由上项之办法而解决。但此外尚有许多种外汇。如属于购物料者当然由上项之办法而解决。但此外尚有许多种外汇。则本地方政府当对外汇有一个统制法。或就一地方每年所汇入者之数目为外汇的标准，或限制汇出者之种类。如确实为子弟读书费或一时在外的旅费等项，以示其数目之限制，而使不致向外国银行储蓄为条件。今各国整个国度尚能做到管理外汇。故我人于单独一省或一县市当然更易做到了。说及第三项之困难，则在于分配生产之工具与肥料种子等，及管理人民（最少与证券有关系的农民）一切之出产品，此项应由区的民库证券支会设立各种合作社，以普遍的设立与完密的组织为主。因为此项证券政策能否成功,靠仗于合作社之助力甚大。如合作社办理得好,常与民证库券之政策相得益彰了。

许多经济家多说民库证券是可行的,但有无成绩,则视人选及组织法之是否完善。我想这项的困难,也如各项新政一样。一件事无论大纲上如何好,但执行不善与组织不好,常常会闹出许多弊病。故我人对此民库证券问题先当讨求是否可行。如以为可,当应解脱一切的困难而使它推行尽利,断不能以其人选之难求而致退却。推此畏怯心理,则无论何项新政策均不能办了。这当然不是我辈正在推行一切新政应抱勇往之决心所准许的。

至于一些人则谓这项规模太大,根本就不能与现时的中国人谈得入做得出的。最好是缩小范围,如切切实实办一农民银行之类。但我在此篇内竭力把银行不能救济我国农村金融之理由充分写出了。我也不能一概说所有农民银行都似顺德与番禺二县之农民银行那样有名无实,或者将来有一些农民银行办得极好的成绩也未可定。然我总认为银行的力量有限制,总不能救济今日普遍的农村,故我终认为银行是辅助机关,而主要力量则在民库证券。

因为民库证券的利益处太多了,我们不能不特别提出来兴奋一班的读者。

三、此中利益之估计

劈头来说,一个穷县不用一文现金能够有数百万元之金融筹码周转流通,这是何等神奇!何等裨益!全省中不用一文现金,而可立时得到数万万元之使用,这又是何等神秘!何等福利!使我国全国能够照此法以推动,则数十万万元,以至于一百多万万元可以使用流通,这又是何等伟大!何等经济!

我以为民库证券政策,乃我国经济史上一种大发现!

就以事实作例吧。敝县饶平乃中等县；有南洋大富商；有大海鱼盐之利；有高山大泽材木之出产。我乡有数千人，也并非穷乡。然而我近接到我族侄来信说："我近贴一字条于本乡通衢上，说明我因往外读书需款之故，现以至好的田地，愿向人典借一百元，年息三分。终于贴了好久而无一人答应……"以这样三分年息之高利贷，又以至好的田地为抵押，为的又是读书之正经费，所求于人的又是自己的家族，然而久久无一人答应此请求，这可见乡间金融之枯竭了。我常由乡人得到消息，说要立时生借得一二百元，常常寻了十几乡里，数万人中间，终于寻不出来。为的近来南洋生理不好。虽则有多少人尚存下些少款项（例如数百万元），但因预备在别项用途，或者有些人看所请求者不合意不愿出银。因此种种缘故，在农村向人周转一些钱银，其难有如吞下三尺剑了。

我曾筑好了一条极好的公路[1]，但因桥梁车辆无着落，遂以至便宜之条约招集了全县人合成一公司，费了若干时日，与出了九牛二虎之力，及一身的臭汗，仅仅得到二三万元之股金，这也可见我国今日在公共合作上之集款，也不比较个人的生借为容易了。

总之，今日乡村现金已多数流到城市，城市现金大多数流到外国银行。全国均呈了一种金融枯竭的死状，我想谁也不能否认的。我今想出民库证券的方法，就是一种回魂乐、救命丹，能把这个死的金融境况救活起来，它的迅速复兴的效力，任何种救济方法都比不上的。

其次，因金融之枯竭，全国尤其是乡间，遂发生了高利贷。在我县有一个地方，如农民向肥料商人挑了数元之货物。不到十年，这个农民把他的屋子妻儿全行卖却，尚不能偿还这数元之复利息。这个复利息之苛刻奇怪计算法，任凭个大算学家也是计算不出来的。即如今日已算文明之广州市，在大街上高揭"当店"招牌内之高利贷，也极惊人。他不止每元年利息二三分，而此中最苛刻处，是在把所当物之真价仅仅估为

---

[1] 指张竞生在饶平修建的"饶钱公路"。

救中国的两种经济特殊政策——征工与民库证券（续）

数十分之一成，又限以极短的时间须赎回。过期则没收。假若一件五十元新衣服，去当店当不上二元。再过半年一载，就常理说，其利息不过数角余，但过此期不能赎回，便被没收，是则当店所出之二元本钱，其高利贷率一年中值超过其资本二三十倍。这种吸人血髓之鬼灵精，在今日之中国，满地皆是！今若各地方有极多的证券，我们又说规定每元年息只为四厘，凡有不动产者，不但随时可以抵押得此等通行证券，而且利息又极低微。不但个人的需要得以满足，而社会上一切的商业与生产事业，都得此低利息之恩费，而得以经营获利了。

又其次，虽是这样薄薄的利息，但公家所得的已极巨大。我在上说假设中县发出此项证券四百万元，若由县政府收其年息四厘，则每年共得十六万元，这于行政及建设上极有巨大之裨益。例如我县说，本是中等县份，但每月行政费收入不过二千余元，而实支须四千元，每月不足千余元，就由县长从行政罚款或其他项目自由移支，这当然其流弊甚大。一县行政费尚且不足，当然不能顾及一切之建设。当我在本县时，看见衙门旁边那间监狱之黑暗卑陋，曾请县长从新改造，而当时之县长也极有心于建设者，时常对我愁叹，不能筹出数千元把这个地狱改为新式的宅所。于此可见今日地方政府之穷苦了。今假有十六万元之多余，拨给县之民库证券委员会及各区支会之办事费约一二万元尽够了。余下的划出一二成为行政费，所剩的全数规定为地方之建设费。那么行政与建设两方面都得利益了。大市如广州、汕头之类，如发行二三千万元，则可得百余万元之利息，全省合算不下二千万元，全国不下四五万万元。于此可见公家对此事所得利益之大了。

现在政府或银行贷款于农民或商人之事，时有举行，然嫌其资力不大，贷予不普及，而且利息过高（每年利息一分以上），就今日穷困的乡间所需求之殷，而比之所贷出款之少，无异等于杯水之救一车火。今若各地方有民库证券数百万元为基本。再加以贷款数十万元为向外埠购货之用。则贷款虽少，而可用以活动证券。别一方面民库证券也能帮助贷款以加大其效率。

近来合作社已渐露风头，但极难收得相当的效果。其毛病就在于人民太穷苦，合作社资金太薄弱，以致不能周转与应付。这与上项所说之贷款政策有同样之缺点。若地方上有充裕之民库证券为通用筹码。各种合作社当能格外表现其效能。故民库证券能帮助合作社之发达，这是它的另一种效用。

今日我国银行势力，尚不能深入农村。因地方金融十分枯竭，出产自然甚少，对外交易几等于零，一切社会事业也不能举办，故对于银行汇兑、储蓄、押运等事，当然毫无需要。至乡间仍然有行使其本地素来之银币，不肯信用银行纸币者。今若使各地有民库证券之活动，当然生产与交易等事日见繁多，对于银行之生理，自然有许多交易，银行纸币同时也能深入民间使用。故民库证券能助银行业之发达，这又是它的一种效能。

全国通用法币已久。我省也行了些时日，但内地之现银仍然照旧流通，僻壤人民看见了法币，不免认为一张不值钱之草纸。今若使用民库证券，则彼本地人民知此项纸币背后有极着实的田地为担保品，人民自然乐于利用，现金可以流出，故使用民库证券，一可以使人民认识纸币之真价值，一可使现金流出，这是它的第七点利益处。

若由此项证券政策之推进，则地方货币自然膨胀，不过这样膨胀是极好的现象。因由此可得利息低落，现金流出，农工商业发达。尤其是农业之物价可以提高，农民可以得到利益。这是民库证券利益处之第八点。

假使一地方偶然逢天灾人祸，不免于民库证券周转不灵，甚至于全部停滞，不能使动。在这样惨败之下，尚可得到消极的利益。乃因它是有地方性之限制。一个地方之证券周转不灵，充其量不过这个地方失败罢了，势必不至于牵动别地方。非如全国或一省之银行，一行倒闭，势必牵动全国或全省之金融。又假使周转不灵，则证券后头有担保品，自然不怕无偿还之物。至于地方政府所用之费，不过出些证券之印刷费，计数百万元券之印刷费，不过数千元即足了。是则政府所损失的甚少，这又是何等省约之事。况且政府手里头终有多少万元的利息可以取得，是则结果民库证券委员会终久是有利无损的。这是民库证券在失败时尚不失败之第九点利益。

以上九点，乃就平时之经济情况而言。现在我国可说已入"准战时的经济状态"了。应付这个非常的时期，当然非用积极的经济政策不可。民库证券即是积极的经济政策。它的积极在金融的充分流通上，它的积极在发展农工商及各种实业上，这些都可以帮助国防经济之积极政策。它的积极尚有一极大的地方，就在能充分帮助国内各种经济力之活跃，使一旦战事发生，国家只发挥其政治力量，就可利用地方上一切之民库证券——即是立时可使全国有百余万万元为军事费之用，而留其中央及各省银行之实力为对外汇之需，这是何等巨大的利用，而能于立时利用此百余万万元为战时军需之救济费呵。

总而言之，民库证券的利益处就在能于无款中筹出款，无钱中做出事，使社会得此而能振兴各种实业，失业人数当然减少，这是从积极上打出今日垂死的经济之一条生路。从积极上，于战事一开时可以得到内地金融之大助力。然则此中毫无弊害吗？那有不然。凡无论何种社会事业，总有利害两方面。现容我再将它的害处写出来。

四、此中弊害之所在！

有些聪明人以为此举不免生出货币膨胀之弊病。然此不免过虑，因货币膨胀者乃是多出纸币而缺乏准备金之谓。至于民库证券既有抵押品，虽则多发额数，当然不至于所发之证券价格降落。

我初极忧虑此项证券既属有地方性质，对于外汇之汇兑，未免无法周转，及后想到有贷款、公债及统制外汇三种办法，则此最大难关也得安稳度过了。然则此中最当注意是组织要完备，这也可设法达到目的。而此中弊害最大是人选极难得当，机关这样多，人选极难于一律合格。且我国今日的政治尚是"人存政举人亡政息"的时代，故人选不合格，虽是极好的事情，往往会酿出极坏的结果。这里却是值得注意的。例如估价委员极难得人。我已在上文说及汕头之商库证券委员会有多少私情关系，将实价一二万元者高估为四五万元了。而因有嫌怨或有企图者则故意低削其真价值。是当与县会中或在省政府里设立一个完善的监察机关，随时监察办事人之是否正直。今日要求我国多数人都好，这是极难做到的。但求少数好人以任指挥及监督之责，以之监督及指挥多数坏蛋或者一些可善可恶之人，则又极易得到的。故对人选问题，我辈极抱乐观。至对监察问题，我则主张用秘密的监察法，已在别处有系统地发表过了。

但此中有一种弊端，就是发给人民证券之目的在求生产。然农人之生产与消费每每混在一气不易于分别，故要办事人时时刻刻监视所发给的证券是否为生产之用，然后不至于为消费所移用而使此项政策失败。实则，这种弊端不但为民库证券所用。凡无论何种贷款于人民，都可有同样的危险。故对这些补救法，我在上已说及应组织合作社直接购买生产的物品以给予需要者，自然由此得以避免借款者不至于用途不正常了。

然则就上所说，民库证券虽有弊端，并非无法可以救济。故就其理论说，大概是有利无害或利多而害少的。而就其事实上说，此中利弊最大关键就在于能不能严格选任人才与能不能用严密的监察法。这两项的要求，并非专指民库证券的政策。凡要办一件好新政，甚至要办一件旧政，都必须十分注意于此的。我人处兹危机存亡之秋，今后能不能生存，就在于一切大政治及社会大事业能不能认真的用人与监察，如能的话，一切事皆可办好，民库证券政策当然也能办好。如不能的话，民库证券当然办不到，推之，其余一切事业也都不能办好。那么只有一途，就是等待死灭。可是，我们一班人是不愿意于坐待死灭的。故凡不愿意坐待死灭的，都应该起来干，无论怎样困难的事，若是大家有益的，就应起来干。有系统的征工与民库证券之两种政策，便是给予一班要认真干事者的好机会呵!

五、我国农村金融今后的三种趋势——以证券式为最好

（甲）证券式

鄙见以为证券式是最好的趋势，而当提倡使之迅速与普遍的推行，我在上已论及汕头商库证券之成功了。虽则其中有种种毛病，然苟能采其善而去其恶，以之推广到普及的农村，如我所拟的民库证券之类，则当可得其极大之利益。

次于此者山西阎主席所提倡之"山西产销合作商行"。

此行设立之大旨，则在废止现金，完全使用信用。他在二十四年演说言及："可假使置大洋于生产关系之外，专供人储蓄汇兑借贷之用，另组物产产销合作机关发行物产证券，以做货物交换之媒介，价值之尺度，生产机关如虑所产之物产不能尽数销售时，可加入此产销合作机关。所产之物产尽数销售于此机关，兑取物产证券，以此证券即向此机关转换其他制造原料，既工作等用品并工作人员之生活用品……工厂所需之原料与工作用品，合作机关不能尽以物产证券换得者，应有政府筹给相当之现金，由外购得以备各工厂以物产证券兑购原料与物备之需。……"

这项计划，乃是外国所谓"合作社"之办法。本来可办得通的。闻阎主席已在忻县、五台等处试办，至其成绩如何，我人知者甚少。但能以外国合作社之精神办去，自然有相当之成效。不过这样"以物易物"的办法，于手续上极形繁杂。而交通上又须有极完全之组织，然后"产销合作商行"所得于某地之物能够迅速运到所需求之另一个地方。以今日我国之交通系统说，仍然极难做到。在二十四年，阎主席曾亲身到南京出席提倡推行此制度于全国，可惜听者藐藐。实则如

能全国一致组织起来，自易于有无相通，不致单独有山西一省自办，以陷于孤立，遂致此项"以物易物"之制度更难于推行。

要之，这个"山西产销合作商行"之方法是极难走得通的。或缩小其营业范围，如单做一项货物之交易，如山西富有的是煤，专门经营煤的生产与煤工之消费合作社。或者较易收效。推之，我以为今日我国社会暂时不能做普遍产销合作社之经营（除非用民库证券之方法）最好，则在单独经营一地方上著名之土产合作社。总比贪多务得为易办与较易成功。

就上所举的我国两项最近于民库证券之制度，当然以汕头商库证券为便利。而其成绩也较显著。因"以物易物"乃极难做到好处。至于以证券当货币，后头有坚实的抵押品，只求于外汇上有相当统制，则无论何地都可畅行无碍。这也是废止现金之制度。但证券乃代替现金的地位，故能使用得通的，大凡社会事，只有求一进步物以代替先前之原有品，始能走得通。若突然全行废去，而另寻路径，常常办不到。要办得到，需要大力量。这一层道理，山西主政者尚缺少深虑，而汕头商人竟能于不知不觉中得了社会经济之原理了。

远观外国农村金融，早已如于证券式之程途。而此中最与民库证券相似者则应算德国在农村金融最大势力之"土地抵押信用协会"。

说及这个协会的起源是与我们所提倡之民库证券极有关系的，因为它远在一七六九年成立，在这十八世纪之德国农村金融情状，似与我人现在的农村差不多。所以德人有这协会的需求，也因此而能得到成功。时到今日这制度不但尚能保存而且发荣光大。又加以"新派"的组织，使小地主也能加入此等协会。这又可见此项制度，确有永久存在之价值了。

此会目的为合并各人所有地产为担保品，发行债券，筹集资金以供给各会员的需要，这是一种借款人的团体，而不是营利之机关。它不征收股本，也不吸收存款。

政府方面对此会有辅助之义务，各邦都派有专员监督，并为修改组织大纲、营业细则及估价等方法。

在上面有德国之"中央土地抵押信用协会",在下面,则有各区"土地抵押信用协会分会"。但各区协会加入中央范围与否,听其充分自由。

协会所发行的债款数额,不能超过全体抵押放款金额。平时不准发行债款,只在放款时发行。普通为"无期债券"。收执者不能要求还本。年息为三厘至四厘。大约协会每半年或一年举行部分的还本一次。或用抽钱办法,或将所得公债摊还。

协会担保品是地产或公积金(多有会员额外捐款或入会费等)及分年所摊还之本金。

放款方法——凡会员要以土地为抵押品而取得通融资金者,向协会申请后,由协会请专家评定其土地的价值以为放款多少之标准。其评价法有三种:(一)依收益价格,即就该土地之纯收益多少为标准;(二)依价值多少为标准;(三)依政府所收该土地之租税若干为标准。所得实价之后,只给以一半或三分之二以至于六分之五放款金额。

放款用途限于生产方面,期限极延长。普通在五十年以内。协会付款多以抵押债务的额面价格交付债款于借款人,但有时也交付现金。如果债务的市场价格高于额面价格,协会不用债券交付,而用相当于其额面价格的现金交付,则其间的利益作为协会的基金。借款者领取债券以后,如该协会附设有银行者则可委托代售而取得资金。否则,由领券者自任其责。

还款手续,多采用分期(每半年或一年),或部分行之。如未满期前也可以还清。但协会除因押产价值中途下跌或借款人不履行义务外,不得追还未满期之借款。

协会有兼营附属银行。这种银行的主要目的,在谋会员的便利及债券的流通。其业务如代理会员售卖土地债务,支付债券利息,对会员及非会员办理不动产以外的放款,及收管存款、票据贴现等,但绝对禁止一切投机的营业，有时也兼营火灾保险及人寿保险等。

看到此项协会之组织与我所拟的民库证券，虽然因为国情及历史背景的不同，未免于办法上有些差异，然其精神上则完全相似。这也可见我的民库证券政策，并非完全属于理想，乃属于的的确确可以实行之事实了。我想在十八世纪的德国可以做得到，而在二十世纪的我国，似乎更能办得成。

此外，外国银行之专事投资于农村者，也是大部分采用证券制度。

此中最著者在德国有：

这银行的主要任务为土地改良的放款，如灌溉，排水，水塘，道路、耕地整理，改良森林，保护堤防，等等。凡请求借款者，必缴呈其改良计划书，由银行派专员考核。如认为可行，然后贷款。凡属于地方团体或公共组合者，则无须抵押品，若贷于个人，则须将改良的地产为抵押品。其标准以押产价值二分之一，或其净收益之二十五倍为限。年息为四厘半。每半年用抽签方法还本一次。额面自十马克至百马克不等，发行的债款由省政府担保。

又有"土地信用银行"。与上说银行性质相似。现在德国这样银行颇为发达，其放款金额约在四五亿马克。其放款利率通常为厘半至四厘。其债款利率则为三厘二至三厘半，此中相差所收之溢利，便作为银行的经费。所放之款均付现金，不用债券。

又有"地租银行"，这是一种农地购买介绍机关。凡要购田地而乏钱者，可向之借到买价四分之三以下之资金，而将所买地为抵押品，每年分四季偿还本利息。

此外，又有"德国农业中央银行"。此行以输入外资改善土地为大目的。所以陆续从美国借款四次，共计一万万三千一百万美金。其放款以不动产抵押为最多，对人信用次之，农业土著信用又次之。

其在法国，对于农业不动产金融中办理有成绩的为"土地信用银行"，稍逊的则有"农业证券法"，失败的则有"农业动产银行"。但此中最有成效的应该算农业合作信用制度，如"中央农业合作银行"，与"县农业合作银行",与"地方农业合作银行"。

但此中与我所提之民库证券较为相似者则只有"土地信用银行"。这是股份公司,以营利为目的,与德国的土地抵押信用协会之互助宗旨不相同。

它所发行的债券的种类有五:(一)以不动产抵押为担保;(二)以公共团体的债权为担保;(三)为三年或五年的短期信用而发行的债券;(四)为排水事业的目的依政府的保证而发行的债券;(五)有奖债券。

其在美国则有"联邦土地银行"。

这个银行分全美为十二个管理区,每区设立一个联邦土地银行。每个银行其资本定为七十五万元美金,分为十五万股,每股五元。初由政府拨付开办金,不收利息。后由借户在每次贷款时须认购贷款金额百分之五的股票。所以到一九三一年底止,中有十家已成为人民自己的银行了。

联邦土地银行之资金,除其本身资本及准备金以外则全靠所发行之债券。放款数额都以农地估值百分之五十,或农地改良估值百分之二十为限,其期限最短为五年,最长为四十年,年息为百分之五。还债方法,则采分期制。至于放款用途,则以购入农地,整理旧债,或改良农业为限。

这样银行是长期放款的。又有中期的如:

联邦中期信用银行。这样银行发行债券乃以农民票据为基础,年息六厘以下,还期五年以内。

此外,尚有日本之农工银行、北海道拓殖银行、劝业银行等也都有足够的参考价值。其他重要国度,如英国,如意国,如丹麦等,都有许多善良的制度。

我抄出这些农村金融制度后,而起了多少感想。彼欧美以及日本等国已入于金融充实时代,但他们尚不免于发行各种债券,又需政府的力量帮助。那么,我所主张的民库证券,在我们这样穷乏的社会,当然非得政府力量之帮助不可。他们金融力量既算充实，但又不免发行债券以辅助金融力之不足，且其数额甚多。那么，民库证券，不过也是债券的一种，且其数额并不多，自然也可推行，而且有急切实行之必要了。又此中最与民库证券相同的，则有德国之"土地抵押信用协会"。其成立已远在一百多年以前，而乃得有悠长显著的成绩。故我想如能照德国的政府实行其帮助与监督之权，包管我们的民库证券制度，当能推行盈利了。

今来抄《农业金融论》（商务印书馆廿五年版）作者侯君之话来做根据。"发行债款是募集农业长期抵押资金的最有效方法。所以世界各国，农业金融机关都视为主要资本来源，例如德国土地抵押信用协会、美国联邦农地债券、日本劝业银行的劝业债券都是属于此类的。这种办法，是以农业金融机关所受抵押品为担保，而发行实收资本若干倍以内的债券，在市场售得现金贷与借款者，或者直接以债券贷放，由贷款者自己售得现金。有时为增加债券的信用起见，农业金融机关全部资产也可以付人担保，或并由国家作最后的担保。这种农业债券在各国很是流行。可是我国独付阙如。在现在利息很厚的公债风行时代，农业债券利息较低，其推销当然不无困难。不过农业债券确实安全，价值稳定，较之有投机性的公债，各有短长，如果能好好推销，也是大有办法的。"

我所以不惮其烦地把外国的农村金融抄来，其意乃在证明这些经济先进国在农村所走的路径大足为我们后进国所遵循。由此看来，我国农村金融将来优良的趋势就在盛用证券制度。那么，我所说之民库证券便是最好的农村金融证券制的一种，这是极适宜于普通的人民所需要的。

这个证券制度，如不能在我国农村占了优胜的地位，必盛行银行的贷款制度，这一层是极不好的。我们应当防御它的盛行呵！

（乙）贷款式

在我国这个贷款式虽则有时由政府举办，但大部分则由银行办理。此中最著的有"中国农民银行"。据其放款章程的规定则有七项：

（一）购办种子肥料及各种农业原料，期限在一年以内。

（二）购办畜种及饲料，期限在一年以内。

（三）购办或修理农具，期限至长不得过五年。

（四）农业产品之精致，运销及囤积。这种放款总数不得超过其设办估计总额百分之五十，期限在一年以内。

（五）修造农业应用房屋及农场设备期限以五年为限。

（六）关于水利、开垦、造林、渔育、果木、蚕桑、纺织及农业改良上需要的费用，放款期限最长在五年以内。

（七）偿还因从事生产所负的旧债，期限在五年以内。

至其利率，是按照当地借款最低利率为标准。此外，则有上海商业储蓄银行农业部、浙江农民银行、江苏农民银行、江西裕民银行，近则中央、中国、交通等银行，也趋向于农村投资。

然则我国银行今后投资的趋势必逐渐趋向于农村，似为时势所必然的。可是这样银行贷款于农民，其利益处自然极多。但弊害处，更为不少。例如数额太少，可说是点缀于一时的经济，并非对于整个农村及长久之办法有着落。其次，利率未免过高。即如中国农民银行的规定以"当地借款最低利率为标准"而言，此谓"最低"但以我国普遍是高利贷，在高利贷中之"最低"无异于实际上之"最高"了。例如我县现时社会通行最低利率为二分呵！又其次，贷款期限太短，就中国农民银行说，最长不过五年，以视我们在上所说之外国土地协会与银行，每每延至数十年，不免相去太远。因为农业之利益甚缓，贷款农村之期限愈长，愈于人民有利益，至于愈短则愈无效果。末了，使银行垄断城市及农村一切之金融，将来势必成为银行资本世界，于我国民生前途之关系更为重大。

若使照我们之民库证券去组织，则可以避免银行贷款中之种种弊害了！

至于第三种趋势则为：

（丙）合作式

合作社本是极好的制度，在我国也算办得有相当历史与努力了。可是我国今后合作社如要达到它的本来目标，则当排除如现时之多数靠住向银行贷款的寄生虫生活，而当由会员自己合资以求独立的建树。因为向银行贷款，其弊害已如上所说过，而使合作社失了原有的意义。然而要使合作社，尤其是生产的合作社，不靠银行的助力，在我国今日农村穷苦之下，于势又不能做出什么大组织之事业。所以须经各地盛行民库证券之后，则合作社始能利用这个充裕普遍的金融力量而办得有声有色了。

由上三种趋势而论，最好是使证券式得势力，而可免银行界的操纵农村金融的危险，又可以帮助银行及合作社之发达。我人所提倡的民库证券政策，即是最好的证券政策，这与德国的"土地抵押信用协会"同一样根本的方法，可以不用现金而只发行土地所抵押之证券便足，这与我国现时金融枯竭的社会极相投合的。至于法国"土地信用银行"之组织，须有巨大的资本，于我国是不能采用了。以我个人的测度，我人如不利用政治力量以推行农村金融证券式的制度，则大势所趋，恐必为银行贷款式所独占，而合作社也不过为银行之寄生虫，那么，我国农村金融与全社会金融必定生出极大的危险了。

所以为防御银行资本主义的膨胀，我人非迅速成立证券式的民库证券政策不可。为使农村金融充裕畅达，我人也非迅速实行民库证券政策不可。为引导银行资本入于正轨，与扶助合作社之发展，我人更非迅速与普遍施行民库证券政策不为功。

六、余　波

说者必谓征工与民库证券，既然能那样白日升天，那样从无中生出有，那样救济人民失业，与那样复兴农村，那么，外国经济学那样高明，社会那样好组织，政治那样上轨道，怎样不晓得不实行呢？

这其中自有种种缘故：

第一，须知外国有外国货的社会背景，例如征工，即劳动服务，德意等国也曾举办。但他们不能有系统与长久的服役，为的，他们人人有事做。无事做的，常常占极少数。政府当然不能施行其普遍的与永久的征工政策。至于我国的情形，则大为不同。我们是小农制，又未入于工业时代，故乡村与城市人民终年大部分是闲暇的日子，今强迫他们多做工，有系统的服务，不但不会阻碍人民工作的时间反而可以生出许多建设事业。且我们政府是极有力量而人民又毫无抵抗性的。一县中只要有数十或数百军警，无论何事都可强迫执行。可惜是这些政府力量常常用于不正常的程途。若使用以强迫人民做好事，纵然初时人民不习惯，至多不过出些怨言，但不久就能知政府好意之所在，自然不至于顽抗了。这些情形，前政府强迫人民修筑公路，已经充分证明过，证明我们政府的大力量与人民之极端服从性了。故在我国执行有系统的公役或私役，比在外国于事势较顺，于人民较易服从，于政府较易执行。所以外国不能行或不敢行的长期民役，在我国则极为可能。

且以外国人民做工之数目及工作之期间与我国一比，则知我们虽强迫人人每年做工一二个月，而实比不上外国做工的总数。他们成年男女，除一部分无事可做外，日日是要做工的。这当然为生活线而做工，但底里不只是一种强迫的工作。东方人（当然日本在外，仅指印度、亚拉伯[1]与中国人等）初到欧美看到他们那样天一光成群成阵争先抢前往工厂，往市场，万头攒进，未有不惊心骇目的。返视我们人民的悠游，吸吸烟，爬爬路，恍然是两种世界，故外国不行有永久与系统的征工，一面是出于事势不可能，而一面无需要。因为他们自有强迫做工的方法。但在我国非行强迫工作，势必永久无事可做，而社

---

[1] 今称阿拉伯。

会一切建设势必不能完成，或极迟缓的完成，而不能逃出敌人迅速即来袭击的危险与救民族之危亡！

又如以"民库证券"来说：除了一种历史的背景之外（如德国之土地抵押信用协会），今日欧美诸强国之经济力甚觉充足，银行力量足以贯及全国，当然不须争辩如我所争议的民库证券，自然农村与市邑之经济可以充足，金融筹码可以敷用。然而一观我国的情形则大大不同，我们在上面已说及我国农村怎样贫苦与金融筹码之如何枯竭了。那么，我国有特殊的经济情形，当然非采用特殊的经济政策不可。况且外国银行纸币已经那样多，经济力量那样充足，对于农村救济尚且发行了许多债券。此项债券究其实与我辈所争议之民库证券性质大纲上也极相似的。故就一方面说，我国有特殊的经济情形，当应有特殊的经济政策然后始能对付。民库证券便是对付这种特殊社会之最好方法。而就别一方面说，若引欧美办有成绩之农村债券的成案为例，则我人也必须有民库证券之类，始能供给我国农村之要求与经济之发展。

然而无论有系统的征工政策也好，民库证券政策也好，如要做得成功，不但主持者需要出了一番极大的气力，即对全国民也要责以大义，晓以事理，而使一气合作，勿惮劳苦繁难，一心一意以吃苦受劳为主旨。故我想这也不是人选问题，也不是组织法问题，而是我国人的心理问题。如能改革先前敷衍的气习，而充分振作努力起来，这两个政策之实行本是极易的。否则，仍然如前时的官僚习气，岂但这两件政策办不通，即任何新政旧政都是办不好了。

可惜近来国人尚有一个极坏的成见，就是抱了"与民休息"的观念。我曾与一些聪明及有经验的友人谈，他们不少说："一切建设都是有名无实，还不如一切罢免，更免使人民受了敲剥的痛苦吧！"有一位友人则极聪明者且说："一切委员会都是挂招牌，说起这个名字令我头就痛。"前时曾看及《独立评论》主持者乃新派胡适先生一流人，更反对现在一切的建设。他们也说的有理。因为无计划不着实际的糊涂建设,实在是无益而有害的。至于他们并且反对现在的测量土地之新政,说是一省测地办起来动需数千万元,徒使人民负担,究于实际有何用呢?说到此处,他们未免太过于守旧与太怕于做事了。

"与民休息",是一种消极无可奈何的事。居今日,人民总要休息而也无可休息了。休息便等于死亡,等于奴隶之受制,等于破落户之甘于颓唐!今日我人生存之道,只有干!苦干!快快干!不但个人干,并要全国民一致苦干。当然要有系统的干,有计划的干。我们对于一切无意义的建设,要立时放弃而代寻有意义的去做。对于有害的建设,要迅速放弃而去寻有益的去做。那便是积极的人生观。故今日为政者当使民劳苦,不是与民休息。然后国家不至于衰亡。至于眼看今日一班冒牌的建设,无聊的委员会之毛病而至于反对一切的建设,与有意义的委员会,遂喊叫"与民休息"的好标语,那未免太过于消极,太过于甘自毁灭了!

总之,在此篇上所论的有系统的征工与民库证券两政策,以平常眼光看去似难做到。实则极易做成的。因为这两件事,在我国零零碎碎已经做得极好,只是缺乏系统与整个罢了。若能给予一些具有此项才能者以充分权力,而又助之以系统的组织法,又加之以乐于任事的心理,包管见日成功。全国纵不敢冒险试验,一省中,尤是如我广东省份,自可单独如试行,决然不会失败的。

末了,有问这两种征工与民库证券政策,须一气并行呢?或有轻重缓急之别?与可以单独进行一项即足济事?若依鄙意,最好是两者同时推行。以金融之活动力而助工役之进行,则征工效力更为显著。以工役之推动,而足成金融之充实,则民库证券更可大表其效能。这两件事是相得益彰的。

必不得已,则宁可先推行有系统的征工政策。因为一县如能令民做工,则金融纵然枯竭,而也可以免费做出许多建设及生利事业。且征工之事在我国已经实行许多,使之进而为有系统的工作,比较容易。不是民库证券政策,乃属于完全新创的事业,除非用人力量,难

免于推行上生出种种之阻碍力呢。（完）

二十五年度稿，二十六年再成

附注：在上文内我已经说及发行民库证券，应由中央或一省之政府主持。这当视其经济力量如何。如能由全国或全省发行一致之民库证券当比由县市各自为政为佳。然全国或全省既发行这样多的债券，对于外汇之统制更为吃力。故本文为省行政上困难起见，主张由县市各自举办非是不知由全国或全省举办其利益更为巨大呢。

《广东经济建设月刊》创刊号编者之话[1]

本期乃为创刊号，对于本月刊所负使命之国民经济问题，尽量介绍，借使社会明白国民经济建设运动会之宗旨。本册乃定于元旦日出版，后因广告事故而稍为迟延，以后每月定在十五号按时出书。

原来杂志与日报不同处有数点：(一)在汇集有系统的文章；(二)在介绍专家之所得；(三)在发挥个人的主张。本刊于此三项上希望尽力做到；而尤注重于"专家之所得"一项。例如，本期内邓植仪先生所说，对调整我省农田水利之方法是极可宝贵的。下期有丁颖先生所论"广东农业建设之实际问题"，其中论及稻种之优良者，我国与外国各有百余种并未发现有单独一种可以遍植全省而全得优良成绩者，这是一种专门家极可重视的经验，给了许多抄书公专门曾做蠹虫的生活之一当头棒。又如陈信明先生在复兴东莞农村意见书中，计划设置二十二匹马力榨蔗机，只须小毫洋一万元，每天可榨蔗四万四千斤。这个榨蔗机，每年约四个月可以榨到六七百亩蔗。综计比我国现时所用的土机，一年内可多得二万九千余元。这个榨机又可利用为榨花生豆油与榨谷米及可以泵水灌田之用。这又是一种极宝贵的意见。我常想以我省交通不便当与社会经济之薄弱，大榨蔗机是极少通用的。最好就在各区域利用小榨机。就我所知如饶平县有许多乡里种蔗几百几千亩，自可利用这样机器。如乡民无钱，可用县政府或

---

[1] 本文原刊1937年《广东经济建设月刊》创刊号。

各乡合购一机。此事当然非借力于乡村合作社之组织不可。

总之，主义是可谈的，但不如谈本地的实际问题为较少危险性极有利益。实际的事件不怕小。一件有益的小草料之发明其功劳比转动一时之大皇帝、大专制魔王、大军阀为有益。为的，一件小草之裨益于人类是无穷尽的。至于烘热熟之君王、军阀，其影响于社会不过一极短之时间性。故万万个拿破仑当然敌不上一个伏书案之巴士德[1]。我们所望在经济上发挥的，不是那些"缢死"主义，而是那些小小的实际问题，也是此意。可是我们也并完全不讲什么什么的"缢死"呵。

本期稿件甚形拥挤。本想以十万字为限；而竟超出此限之一倍了。付印后尚收到许多文件，只好待在下期付引。在此特为鸣谢投稿诸位之盛意。

本刊虽为国民经济建设会广东分会与广东省建设厅合办，但经费规定甚少。编辑者只好极力撙节，计本期一切开销六百余元。而与邓君所定之广告及销售合约内最少可得五百元之赔补。是则公家仅出百余元，而又可白得本刊五百本，在编者个人自问对公家是万分对得起了。以后每期月刊内就把上期一切本社内费用列出，以资财政公开而明无私。

可是我们虽然一切十分节俭，但对于稿费当充分优待。所望投稿诸君专从具体的经济问题如征工、农林、工业、垦牧、节约、货运、金融、矿业等等立论较为欢迎。

又本月刊本想使之"美术化"。然因经济及印务关系，只求勿太丑化便罢了。

在此新年，本社同仁并祝社会各界人士一律幸福！

---

[1] 今译巴斯德，法国生物学家。

死的经济——裸葬！[1]

假如我能够立遗嘱而使人执行的话，我必这样写下："某也，赤裸裸地从自然而来，今也愿赤裸裸地而去。凡我孝子贤孙或亲爱友人当从我志愿，于我死后，勿用棺木，勿穿新服，将我死时所用衣服遮盖到地穴时即行抽去，洗洁后施给苦人，而我就这样赤条条地放下土而化散了……"

这个"裸葬"，当然不是如今人所诮笑的那个新奇的裸体运动，乃是我国古圣贤昔已主张过的。鄙意不过是生当此世，生人既怎样困苦，死人安敢那样阔绰。且我想死人身体那样冷冻，把他身体直接与土质接触，终比隔了许多衣服与棺木来得自然舒服——我说舒服，不过想当然的，究竟死人一无所知，把他喂狗，或奉为圣体，于他原是一样。唯其一样，怎样花费，于死者毫无益处。怎样刻薄，于死者也毫无害处。所以对死者愈俭愈好，留下余利以养生者，这是我赞成古贤人主张裸葬之意义。

最是眼看不过的，是那班人出丧，专把死人摆架子。似非不如是不足以表示他们的门户。近来又加多了一种风气，不论是什么人死后，治丧者就三拖四拖请了一班阔人题签。偏偏那班阔人生来就是那样多情子，连死者是黑是白也不知，就执其笔来或请他秘书照抄一些古来好文章，大多是四字的，如死者是女的，必是"懿德可风"，如

---

[1] 本文原刊1937年《广东经济建设月刊》创刊号。

男的，必是"典型犹在"，于是你写我印，成了一大册子，在死者的家庭，当然由此持以吓煞乡民，夸耀乡里。可惜是纸不经济，墨不经济，装订不经济，印刷愈不经济，邮寄更不经济，若连那不经济的请托与写者一连算起来，可有七种不经济。可恨哉死人累死生人！这也是一种"特殊经济作用"，就我所算的，每年费用于此等印刷者比印刷书多了好几倍。例如我们潮人一年中能出书的极少极少。（即我那本《食经》到现在尚无钱印出来。）可是印刷此项表册的不知有几多？极好的宣纸（常常是外洋货）、美术的刻模、好的墨、鲜红的假印章、极美的封面与极讲究的丝装，一印就有几千份，造钱孽哉，罪恶深重也，若将此费移作印刷有益的书画，岂不胜于"不自陨灭"者！

死人不经济尚有多端：就是停灵，开吊，做七，做百日，请和尚、尼姑、道士，鬼混一堂。最低限度，即那哭、泪、鼻涕、口水，也不经济。见灵就哭，看见人来拜灵，不能哭也要假哭，哭到鬼头鬼脑，或假得像那样杖而后起然后始尽礼的鬼样子。这些都是假的，不经济的泪呵。凡礼，尽乎情，止乎节，应哭就哭，哭不来的就不哭。哭当然有时极需要而极痛快的。家人朋友，生离死别，尤其是当死别时，人孰无情，况对可爱的家人，可敬的友朋，于其死时，谁不痛哭流涕，便是冷血动物。然如今日居丧者之照例举哀，实可不必，那样干号，徒费精神。至于那班口叫呵呵，眼看白猪肉的妇人们，又是一种例外。

但这些不经济的事，若比了"葬地"，还是小巫之于大巫。我国葬地真是糟蹋土地极了。葬在山上尚比较好，横竖到如今我国山地尚无出息。若葬在有用的田园，可惜我国这样葬法真不少，年年永久把这大片可耕种之地全行荒废。这样不是荒天下之大唐吗？诸位坐潮汕铁路者，就可见到许多好田，被了那些一堆一堆的灰坟霸占。人民耕地本已不够自己食粮，又被这些死人坟占去许多耕地，自然食粮更加恐慌。这件事乃死事中之最不经济者。因为大出丧，或买好棺木，或大请和尚尼姑，不过是一次一时之事。若由坟墓而坏田园，乃长久之损失。一时乱哭假号，不过一时肚饿口干。损坏田园，其结果成为长期的饥寒，这不是玩耍的！

故我国丧礼，应行改革之点极多。薄殓是一件事，不做斋是一件事，举行有限期的公墓制（每三十年即迁出骨头，让别人葬入），尤为最要之事。如能行俭约的火葬，更是最好不过的。数百斤柴便足收拾一副死尸了。有时连纪念的"灰盒子"也可不要，比裸葬尚须占一片地更为经济了。然则最经济的无过于"裸且火葬"了！

近来看到国民政府颁下之公务人员革除婚丧寿宴浪费暂行规程，觉得有许多丧事浪费尚未列入，所以写出此文。又遇有亲戚之丧事，故写出来大家看看吧。

人口与经济问题平议[1]

近阅《东方杂志》(第三十二卷二十号),知人口问题又引起了一番笔战,这又引起我回忆十余年前曾为此事打起一场文字官司。现在觉得尚有余兴,再来平议一下。

这次主战人为萧铮先生与翁文灏、陈长蘅二位及其余好多人加入呐喊。翁、陈二先生原文惜未过目。我现独对萧君之《中国土地与人口问题再检讨》一文,加以评论。

先说我素主张减少人口的。十余年前山格夫人到北平讲演时,我便是最赞成"节育"之一人。实则我在汕头主张此事乃山格夫人来华之前已有二年。到今日时隔十余载,我尚保持原说。为的中国人口太重量而不在质,只求千子万孙而不讲怎样养,如何教,以致多生多死,徒糜费了母亲体力与家人精神。幸而养得成人的也非健全——不健全的体格与不健全的教育及人格。若把人口节减了,使父母得有余力去教养子女,人数虽少,但质料优好,纵少些也无妨,而且比多生而无教育为较好。

我国人口现在已超过四万万人之数(从许多间接法证明过,如从食盐数量去推测之类)。若行节育政策,此数总不会怎样低落。证诸法国节育风气正在社会极见流行之结果,而人口还不低落,尚有些微的进步。因人类本喜欢小孩的,所谓节育,不过少生些,并不是"绝

---

[1] 本文原刊1937年《广东经济建设月刊》创刊号。

育"，此点世人，尤其我国人极多误会。且少生，而社会富裕之后，公私卫生均好，人人可得长命，结局虽少生育而人口不致减少。

退一步说，我国从人口减少至三万万也无妨碍于国势。一国强盛，并不系于人口之多少。例如日本不过数千万人，我们这样多反受其欺负。英国比印度人数少，但只靠一个英国在印度之公司，便把全印度三万万人灭掉了。况且人数多，如不讲求生业，则愈多愈穷。人多食多，出产不多，自然贫穷，这是我国与印度之现象。方今为机器世界，利用机器，一人可抵千数百人。人数少，食少，而利用机器，出息极多，自然是富裕了。

可知人多未必强，人少未必弱，人多未必富，人少未必贫。而在我国今日积弱与贫苦之下，人多必定贫，贫则必定衰弱。人少可以易于变富，富即可以致强。故我们主张节育，不但为母亲，为家庭，为子女着想，并且为国家打算也。

至于萧铮君所出四个题目，本极易答复的。他说：

第一题："愚意以为人类根本有创造生活资料之能力，改良土地利用程度之可能性尚甚大。"

他在此题目下附说三条：

"如反对此说，请证明下列数点：

"（1）人类创造生活资料之能力系属有限，或科学已无可进步。

"（2）世界生活资料之供给已至最高程度。

"（3）土地已无可改良或利用臻至最高之集约。"

我对这第一题之答案是："这与人口问题并无直接关系的，人类创造生活资料之能力确实伟大，土地确实尚有许多改良，科学确实尚在进步，但人类之数目已经不少。使这样人数人人得到最高之生活，确实需要许多创造生活资料之能力，与科学之改进，及土地海洋之改良。因为现在地球上大多数人类尚在过了非人生活呵。且人类之生活欲望无穷无尽。一间房可以住下几十人，一个人也望住在几十间房。粗食果腹本已满足，但精治烹调，日食可以万金也嫌不好。这些提高生活费，极是好的。将来果如萧君所说一切生活资料俱进步，则我们人人可享先前王侯将相所不能享之幸福，不但物质上，连精神上（如美术品、娱乐等件）也都能极端的满足。人人都是大学毕业，都入特别学院研究，这些享用教养，岂不比今日人类所过的畜牲生活为好吗？"要达到此目的，不但要如萧君所说的提高生活资料，并要如我们所说的节育方法。否则生活资料提高一尺，人口超过一丈，岂不是科学愈进步，土地愈改良，人类愈穷苦吗？故萧君这个考题，只是为养畜牲者尚可说得过。彼养畜家，有多少资料便可养多少头畜。可是人类的生活，并非如此简单，生活资料愈多，人数反当愈少，以便于享受"人"的，或"超人"的生活呵。

萧君第二题是这样：

"愚以为中国地方估计已以事实证明，不似翁、陈二先生之低，人口状态亦不似陈先生之悲观。"

在此题上，他也附上三项副件：

他说："如反对此说，请证明下列数点：

"（1）我国地方之估计，确仅如翁、陈二先生之低，即中国所能养之人口，已臻极限，嗣后必无法增加其密度。

"（2）所有社会乱象之主因，确均系人口过剩而起，一切帝国主义者之经济侵略及本身经济衰落诸现象，均不过副原因。

"（3）中国人口状态系世界各国中之最恶化者，如再不节育，即人满为患，无法容纳。"

对此题之答案，大略可如上题。在此，既牵入中国人口特别问题，故应以中国特殊情形去解决，方能称合。

第一，我国地力纵然不如翁、陈二先生所说之低，然相差极有限。这当然是指"现在"之时候而论。若待后日不知经过多少年后，科学确实进步，土地确实改善之后，地力自然可以大大的增加，但，现在生存的人类日日是要生存的。不能说再待几年几十年后，地力大大加进之时。那时或许我国人口不但不嫌过多，而且嫌过少呢。以现在的国力,确实不能生存这四百兆人,这是事实不容否认的。在国力增进之前,主张节育当然是极合于事实所要求了。

至萧君在此附说第二项所诘问,我们可以这样答,所有社会乱象之主因甚多,人口过剩是此中最重要的一种,一切帝国主义者之侵略,及本身经济衰落诸现象,人口过剩也占其中大部分之主因。

至说及眼前中国人口状态,确系世界各国中之最恶化者,与我同类的,不过印度及许多野蛮民族,萧君诘问:如再不节育,是否即人满为患无法容纳?我说:人满,已经好久满了。不过不节育也未觉得比先前更加人满。因为马萨斯[1]已说过:多生者必多死,死于早夭,死于饿,死于瘟疫疾病、战争抢夺。故请萧君不必着急,大家不节育,大家大量去制造国民,人数总不会超过天然所限制之数目。可是我们主张节育者是要以人力胜天公啊。

请再看萧君第三题:

"愚谓人类生活标准之高下,根本不依耕地分配多寡之数,如反对此说,请证明:

"(1)人类生活标准之高下,确纯粹依照每人平均摊得耕地之多少。各国每人摊得耕地少者,其生活确实低下。

"(2)我国人民生活低下,确系因平均摊得耕地太少,并无其他原因。"

这个设题,可说如几何学之"自明",毫无意义,与人口问题也无多大关系。若在文化国家,生活标准极为复杂,当然不单系于耕地之多少。然在我国(他国也可依此例),许多纯粹农业的地方,其生活标准高低确系于每个人平均摊得耕地之多少。(此项答案,请注意"纯粹农业"四个字。)

再来说及他的第四题:

"愚谓国力之增强,根本不系于人民生育率之减少。如反对此说

---

[1] 今译马尔萨斯,英国人口学家与经济学家。

请证明：

"（1）国力强弱系于人民生育率之增减。"

"（2）各国国力强者，确在企图减少人民之生育率。"

这是一种驳倒一方而留下一方被人驳倒的设题。国力之增强，固然不系于生育率之减少，但也不系于生育率之加多。只系于如何教养与训练人民之方法，这是尽人知道的。可是一国如一家，当残破之余，同样努力，同样富源，人少的总比人多较易于复兴。例如一家有十亩田园待治，只须二个壮丁便可整理，故最好这家只有二人口，然今竟有十余人，纵然把这十亩田园加倍整理，而苦于出息有限，势不能好好养活这十余人了。今日我国情势大都如是。我们都是小农的，万万不能养活这么多人口。若你说何不到边地去，何不研究科学，增加出产？这是一种无谓之假设，生人见日要生活的，待到将来生产增加后，生者已不能生存了。况到边地去要有余资，研究科学的要有学费，以今日人口这样紧凑，连见日生活费尚无着落，安有余资去研究学问与远图？

总之，国力强弱，因不系于生育率之增减，但生育率过多，确足妨碍于国力之增大。各国国力强者，别有一种野心，固然在提倡生育。但在彼不过数千万人民之国度，由其政治家之恶意，纵在提倡生育，尚有话说，然我们已有数万万的群众，与生产方法之落后，万万不能跟他们的后尘。各国各有其政策，我国今日最重要的人口政策，如军队一样，须行一番严格的淘汰，不贵多而贵精。徒要多而靡费，把精者也拖累了。唯求精，势必淘汰或节少一部分之数目，然后易于整理与上进。

可是，我们也并非主张无条件的节育。我想以个人说，各人当就其力量而定生育之多少，有财者与有能力生活教养者，不妨多生。反之，则应少生。以国家说，当定在某项某地情状之下当提倡生育。反之，则行节育。节育固然是临时消极的政策。然而节省多少人力与财力，以便为积极之进取，这样消极是消得好的。

虽然，节制生育，终是消极的方法，积极的在利用人力，即是行有系统的征工方法，我们在本期内也并论及之了。

附注： 写此文后，始得到陈长蘅先生之论文，遂不厌其详地转登入本刊了。人口问题，实为我国眼前极重要问题之一，尚望社会上予以深切之讨论。

与行政督察专员某学兄论征工书[1]

径启者,前在报上已见,兄台努力征工修园,下风遫听,敢不拜嘉,现国经分会某调查专员回说,阁下热诚毅力,更为倾倒。据报上说谓:"发起之初,反对者颇不乏人,后经兄台亲往各乡召集乡民,反复劝导,并严密计划,至今已获顺利进行云云。"足见人民可以乐成而不可以与谋始,然忝为公仆者肯为反复劝导,终能得其谅解也。以弟往时经验,向民征工,得力于官长者不过十之一二,而获助于区乡里长者则得十之七八。弟前能于二三月内而得征工数十万毫无阻力者,缘弟纯以乡长资格为之导率也。当其时有由官力勒令某乡出工筑公路,至于出军警数次莅其乡,而人民宁可逃避深山,不肯应命。是可知官力有时而穷,而人民于无可奈何时虽不能积极反抗,而亦能以消极抵制也。故弟所贡献于兄长者不必时常亲往各乡召集乡民,只需召集各区乡里长,先之以劝导,继责以义务,苟复不听,则迫以威力。如此而征工未有不成也。凡事又当务求公道,而使民则求其能行。所谓公道,当以大公无私之心出之,如分派工作于各乡里,当以极公平为比率之类是也。而使民在求其能行,则当相其力量所能为,不能过事于苛求。弟以为欲求征工之顺利,宜应齐用四种方法:以工程师为设计与监工,以区乡里长为工头,以官长为随时临场考核人,而用暗探为密查工作。因征

---

[1] 本文原刊 1937 年《广东经济建设月刊》第 2 期。

工事属工程为多，必以工程师为主干人员，且须就何种工作而用此项之专门工程师，然后计划密而事能成功。否则，听命于不识工程之徒，胡行乱为，多费而无补于事实，用力多而成效少，徒靡人力与金钱，适启人民之怀疑与讪笑也。今且以事实为例证，前有钦防沿海筑围数次，而每逢大潮来袭，其围未有不崩溃者。其后有推派弟往监工者。弟要求须由水利工程师同往指导，若照先前旧法，弟不敢往，彼主持者不听弟言，而弟亦终不愿往矣。诚以遵照旧法，由所谓有经验之本地人权为工程师，则靠此等有经验而缺学理之土法，循致至于崩围数次而终于不悟，不肯用新法，是则天下至愚蠢之人矣。闻高雷之堤围修理极好，则因当时主持者为公卓兄，由彼命其工程师为负责人也。又须以区乡里长为工头者，缘其熟悉地方人情，深知其人民多寡，可得工数正确之比率，不至如官厅照不确切之户口册怨派也。且彼等平时为绅衿，便是一方之领袖，对其地方人有如父兄之于子弟。其父兄为工头，其子弟未有不乐于做工者矣。又必官长随时到场考核工事者，乃防工程师部之偷怠，与提起做工者之兴奋。如官长能随时加入工作，手持锄头，肩挑沙石，使做工者知官长亦能做工，且愿与人民一起做工，则人民更乐于做工者矣。然而工程师之勤惰不一致也，工程师之设计是否周密？区乡里长之善歹不一律也，人数与经费摊派之比例是否公道？人民之做工是否便利？有无土豪、劣绅、奸吏、蠹胥，从中作梗舞弊？凡此情事，官长一人之耳目不能周及，聪明有所偏蔽，是当寄耳目于暗探，察真伪于密查。使地方人情，如在眼前；工程进行，了如指掌。故暗探密查之为用甚大，对付此黑暗社会，与不负之办事人员，其效用更为显著也。诚能利用上四法，而又能因时应付，则无论若何困难之工程，未有不能办与未有不迅速成功者矣。弟曾为中国现时之官，力仍然极大，今又为征工之事，官长为力不过十之一二，而区乡里长则为十之七八，此非前后矛盾也。区乡里长之调度，其权全在官长，故乡里长之权力便为官长之权力。然则官长之权力在征工一事仍然十足之十足也。今兄为一区行政督察专员，对此一区亦可为有权力矣，尚望善用此权力与便利人民之一切工作，不拘拘于堤围一事为满足也。前曾寄上《广东经济建设月刊》创刊号一册，其中有关于弟之征工论文，如蒙予以参照施行，尤为幸甚。……

与友人论征工书[1]

承阁下不弃，遗书（书附后）讨论征工问题，所示二个范图，似是而非，是不可不辨也。先言工作范围，当以农民之切身利益为主，我无闻言，我且进而主张当以人民"自己的事业"为主。凡"公共事业"与"自己事业"在征工时当严行分别。我近来常想行政院所规定人民每年三日至五日服务工役，当然指为"公役"而言。然而在此农村凋敝之秋，只为公役而不事私役，则其成绩比较迟缓。且为公役三日至五日有时极嫌不足。当因时因事而定其执役之期间，不可一概而论也。以常情论，凡为公役，无论筑路好，造林好，浚河筑堤亦好，人民视之都与自己事业无关也。必也，凡所造路归诸人民管理，凡所造林划定为人民之财产，凡所浚河筑堤均由出工者直接受其利益，然后始合征工者乃以工作所得归于做工者为原则之宗旨。然就大体说，此事极难做到。因许多筑路浚河等工程，其区域甚大，工作甚多，当由公家管理，不能由一区一乡单独经营。故就外面观之，人民都以为此等公役与自己利益毫无关系，势必出于漠视与怠工等阻碍也。故愚以为与征工之推行顺便，必须公役与私役并行，而尤注重私役。此所谓私役者，即强迫其人民为自己之山地造林、垦殖，为自己之乡村筑路，为自己实行卫生之事业、公共之建筑，为自己之水利而努力。凡此所做工程，当全归做工者所享用，政府仅立于催促监视之地位。有

---

[1] 本文原刊1937年《广东经济建设月刊》第2期。

此私役之实施，使做工者受其利益，则使彼分其余力为公役服务，自然较乐于服务也。又我所谓"公役"，亦不过就眼前不能由做工者直接管理而言。但当间接使做工者受其利益。例如一条数十里长或数百里长之公路，如由人民出工，则当将其工准充为股份，使人民知道此条公路于他出工者有权管理，与有利益可以均分。他如浚河筑堤等巨大工程，亦当以此为原则。如此，虽属公役而亦能引起人民之兴趣与关心矣。

至于阁下所说工作时日不可过多云云，是当分为公役与私役而言。公役不可多，而私役，便是使民为自己做事，虽多无害而有益也。我国为小农制，农民暇隙甚多，此中实情，凡稍涉乡间生活者类能知之。故对农民，愈强迫其多做工，愈是好事，所当顾及者，所做之工是否合理与有利益可收，而又是否归诸做工者。苟其如是，纵使其多做工，而人民必乐于承受也。至于市民及工厂区之人民，当不能使其多做工以妨碍其自己事业，在此项上，行政院所规定三日至五日斯可矣。且城市人民在现在商业凋零之秋，每每一间小店中，本来一人即足，乃有用至数人者，只为乡间无事可做，乡民遂来城市寻工，或学习商业。故虽使此等人多做工役，亦无妨害也。故当就地相时而定其工作之时间。然就大体说，我国人不论农与商，大都是暇时过多而非工作过多。"时间即金钱"之宝贵光阴，完全非我国人之金言也。

阁下又提及征工时须预防土劣，此为必要之图，但患在组织不善耳。粤省前时办理公路，每每被土劣所舞弊，就在无完善之公路行政机关以为之策划监督。我人今求征工行政完善起见，主张有严密之组织法即在预防其弊害。否则，其流弊所及，或不让于前时之公路行政也。又征工必须调查户口，亦属当然之事，然调查户口，前已举行矣。纵不精确，然由区乡长为征工督率人，大概所呈报不至大差误。以地方人办地方事，则地方之人口多少，不能逃人之耳目，当比官场之一纸报告文章为千万倍之准确也。

在本刊第一期，本人已稍详尽论及征工之计划，望予参考指导是幸，余恕不白。

附录来书于下：

竞生先生：

征工建设，原为建设的最好与最经济方法，唯有限度，逾此则百弊丛生，此限度有二：1. 工作范围，2. 工作时日。分析如下：

1. 征工范围，不可太广，任何建设，皆征工为之，则民疲于奔命，影响民生。疏浚河道、筑堤，与植树，此三者与农民切身利益有关，征之无怨，可以征工，若建筑公路，或类此之事，则在未与他国发生战争时，万万不可，盖建设公路，便利交通，人民不能即刻觉得利益，且招商承办为可，奚必征役人民，扰民生计，自明实行一条鞭法后，钱粮中已包含徭役，若又征工，人民岂非受二重负担，故征工范围宜稍狭小。

2. 工作时日，不可过多，多则影响人民生计，失却建设的美意。

上面二者，为征工之极限，且有应注意的几件：

1. 鱼肉人民——现在乡村，皆为土豪劣绅把持一切，鱼肉人民。所以征工应注意及此，不比昔日，先生在家乡，地方狭小，各事皆能躬自主持，现在则及广东全省，稍不留心，被土豪把持征工，则最好的方法，亦变为斫伤人民的陷阱，蹈王安石变法的覆辙了。

2. 征工的方法——征工必先调查人口清楚，始能开始，若户口不清，壮丁不知有多少，如何去征。

上面所述，不过略举一二，若真正的要复兴广东经济，则谈何容易，且不仅是由经济一方面进行，而要全体发动。

编后话：但求无愧我心[1]

"岂能尽如人意，但求无愧我心"，这是极无聊的，也是极负责的话。本刊第一期出版后，得了两种批评。一是中有诙谐文字，一是转载太多。后头这个批评，早已听到的。但诙谐云云，好似突如其来。大约是指"裸葬"那篇吧。可是我对此文全用"哭丧脸"垂涕而道的态度，岂敢存下一丝诙谐？这个世界，这样标题，又安容我辈有打笑余地。未开口先哈哈，世俗人过此旧历新年容许笑逐颜开。其在我半生潦倒一肚皮牢骚抑郁不平之气，怎样诙谐得出来。

然而此中误会或许有些因由。本人原意以为本刊乃研究经济文章又是机关所办，若不以美趣点缀于其间，势必使人误会为"政府公报"，不能掏出买者荷包，引起读者兴趣，转与本分会负普遍的宣传国民经济之宗旨不符。于是我想：立意当求庄重，题目无妨挑拨；无论如何不失国民经济本宗，但措辞不妨轻倩妩媚。于是标题为"裸葬"，本旨在提倡丧事之节约运动。有些女士投稿用了"也是""景气"之笔名，既避免攻击的箭靶，又带上一点甜味。在创刊号所能取巧的只此一点儿，在我正嫌这点甜味不浓厚，殊不知有点消化力不好者已经抵受不住了！

说及转载文字太多，也是编者一段苦衷。以这样大机关所办之大

---

[1] 本编后语，接排在前两篇文章《与行政督察专员某学兄论征工书》《与友人论征工书》之后。

编后话：但求无愧我心

杂志，我想每期至少以十万字为限，才是一本可以见得人的月刊。而在创刊号则多至十八九万字。试问这样多文字怎样榨得出。向诸本分会委员专员讨求呢，有些固然乐意作文，但终嫌所作不多，不足篇幅。别方面说，要在广东社会求好文字，凡稍涉出版界者都知其难，闻说此地作文可分三类人：一、有其团体组织的出版会社，专为自家作文的；二、能作文，但不以千字数元稿费为重，宁可搁笔不写；三、一班只求千字数毫之作家，每每又不能合用。于是如我们这样的"经济月刊"，若等外间来稿，不但稀微而且极难得好。

实则，此中关键仍然在经费。假使每期有千数百元稿费，则我当征求国内及国外大经济文章家而以隆重的稿费为报酬，则每期或可兜得数万好文字。

然而此为本刊的经费所不许。我承办此刊，主办机关说每月不能赔本至于一二百元之外，这真叫我巧妇难为无米之炊了。

所以我就于无法中想出一个办法来。自己至少每期写了二万余义务的文字加入呐喊，而就各方有价值的文字多予转入月刊，居然免费，而也能厚厚成一本月刊，这也是巧妇于无米中炊出一点稀薄之味道了！

况且转载自有转载之价值。以中央实业部月刊之经费雄厚与其人才济济，而也有许多之转载文字。处在广州，做文章之人才既如上所说那样难求，又我们之经费那样限制，转载乃不能免之事。又我进一步大胆说，在上那两个情势之下，唯有借力于转载始能办成好月刊。且月刊有一种责任，就在汇集于此月刊相关有系统的文字。善予转载，便是达到这项之目的。故转载如以搪塞篇幅，当然是白费纸张。转载而是各方的好文章汇集于眼前，使看者得一有系统之心得，这样转载，不嫌多而正嫌其不能多呢。

可是我也学些乖了。本期标题不写为转载，而改为"经济史料"，读者将笑我为狙公之术而向我胡卢耶？

又，上期本月刊所费数目公布如下：

（一）职员三位共支薪金一百八十五元。

（二）培英一单三百四十七元。

（三）稿费及图案费共四十五元。

（四）办公室一切设置及邮费共支二十五元又八角三分。

以上四柱共支六百零二元又八角三分。

受到邓君广告及卖书费共五百元整——两相抵除后，只费去公币一百零二元八角三分。

但本月刊社在此用费中，实得本刊五百本，以之分发本分会委员专员、省各机关、本省各县市政府与支会之用，又寄交国内各定期出版物请相交换，计本月刊五百本实价值一百多元，是本月刊创刊号之收支可以相抵，毫未损失公币一文了。

救荒方法[1]

近来我粤粮荒，几乎压迫大多数人民到死亡线上，于是各界都焦急起来，共谋救济的方法。综计各方所讨论要点有三：

一、向政府要求免征洋米税。到今日止得一半照旧纳税一半记账的结果。这当然不足以平止这个尖锐的荒灾。然政府也有其苦衷，恐怕无条件的免税，使洋米充量入口，只给米商找钱的机会而反以伤害本国米的销路。故对此层上，最好方法还是国经分会专员刘耀燊君等的提案，就是以一定的时间性如以半年为期，而就调查所得之在此期限内粤人所需要米的数额为免税的标准，而由本省政府严格管理，这于税收的损失有一定之限制，而米商不能因免税而作弊。可惜此法于手续上稍嫌繁难，不能为政府所采用！

二、讲求运销以达平粜之目的。这层已经在实行。所怕是来货不多，又不便宜，而平粜之法又不善。例如现在芜湖，江西及湘省、桂省之米纵有许多储积，但因居奇及运输不便，不能源源运来，而运来的又不便宜，于救济上也不见有怎样大效力。而此中最难解决的就是平粜的方法。因为最需要平粜的是一班普通人民，而这班人最易被狡狯的商人所欺骗。故监察平粜的米店，于"明监"外，并应多行"暗监"。"明监"就是如现在民食会于每间承商店派出一员监督卖价之类。然此人不能时时在店监督，偶或晚到早归，或有事故不能到时，

---

[1] 本文原刊1937年《广东经济建设月刊》第2期。

便恐店商就对于卖米者上下其手了。所谓"暗监",就是暗行侦探之方法。这个人可用种种装扒舞弄的伎俩,以侦查商人是否诚实。务使商人防不胜防,时时刻刻不敢不认真从事。又平粜贵乎普遍。不但在城市要多多设立这样米店,而且于乡间市场,也须多多成立。故民食会于大城市注意之外,应当顾及内地之市场。

三、民食会之组织要完密。这回省之调节民食委员会未免太偏重于银行界。计全会委员十五人而银行界竟占七人。虽则是银行界出了四百万元占了五分之四资本,但章程第十二条既规定"其经费及营业盈亏均属省库损益",则银行界应当放心,不用过度参加了。若谓这件事,银行界比别界较为"内行",又属未免过于期许。故我于正月间国建分会召集各界讨论米荒问题时,曾行提案主张改组民食会,由银行界腾出五人让别界担任,如由国建分会、广东省党部、广州市党部、广东教育会,与农村合作委员会分任之类。诚以救荒乃华众公益之事,必须以华众力量共同合作,切切不可任一界操纵,转失慈善之义务性质。在本人提案之明日,广东省党部召集各界举行救济米荒大会时,也曾议决组织"广东民食救济委员会",以省党部、市党部、省商联会、市商会、米业公会、杂粮公会、银行公会、银业工会、机器总公会、航业公会、海员工会、民船工会、粤汉路局广州办事处、粤汉路特别党部、省教育会、市教育会、新闻记者公会、日报公会、市妇女会等十九机关为委员,这样组织当然比较为完善。但无政治力量,恐怕也做不出什么事。

我于上三项所列出事件之外,尚有一些意见应补足者:(一)与其免征洋米税,则不如以中央及各省的政治力量禁止本国米之故意抬价,与扩充运输方法,使本国米得以尽量供给本省之需要。这样,利权不至外溢,而本国米市场得以畅旺;(二)与其泛泛的平粜,不如由警局会同地方团体调查穷苦之家,每日应需米多少,给予凭据,以便照单给米。免至如今日之捷足先登。且恐近水楼台者,本极富裕,而反多买便宜米,致使困苦者不能沾受平准之恩惠,实有背乎救济之原意。又当国建分会"座谈"时，有丁颖委员提出利用杂粮以代米食。这也是一种缓和饥荒之善法。但我尚有一个好方法，就是提倡晚间用稀粥。于夜间安睡时少食本极卫生，而由此可以省出许多米饭。此事极望新生活委员枵腹提倡，而由学生少爷们及各机关老爷们实行吧！"谷贱伤农"，可以对下"粮荒富商"。"何不食肉糜？"这对联教我又如何对得下呢！

建设的建设[1]

"创业难,守成更不容易。"这是深知世道者都承认的。"建设易,组织甚难。"这是调查我国许多新设事业后又不能不承认的。

例如以招商局为证吧。当建设时何等堂皇伟大,但一年不如一年,亏负到几乎不能维持。在前次欧战时期,日本各邮船社无不利市百倍,独招商局仍然萎缩不振。幸到近来,从新组织,始能恢复不少的原气。

又如以电政、铁路、公路等等为证吧,都是虎头蛇尾。在建设时,出了九牛之力,时过境迁,愈久愈收缩困顿,极少能够继续发展比前更好的。例如我省之公路而论,开辟了好几万里长,然至今日几乎无一系统的路线网,无一条路找得钱,无一条路内政整理得好,外面修整得齐备光滑。

故我人今后不但要建设,而且要"建设的建设"。怎样说呢?譬如我省有了二三万里公路,这是一种极美的建设。但要使这些公路,修理得好,组织得完备,完成各区与各省之公路网,那才是建设中的建设了。邮政局办了这么久,又有许多的局所,又是专营事业,寄费又是那样贵,怎么常常会丢钱!?到处你看见了极堂皇的邮局新建筑。为何建筑呢?为建设吧,别有作用呢?办邮政者,尤其是那些外国局员,薪金那样高,我在法国时有一法友极力运动到我国为邮局

---

[1] 本文原刊1937年《广东经济建设月刊》第2期。

费。他说其差使之美非在外国任何机关所得梦及也!一座一座新新的邮局,还不过是"建筑式的建设"吧。而到最近廿三、廿四二年度始有赢利可收,这总是"建设的建设"之成效。

我于前期政府来广东时,听了社会上流行一句谚语,"建设即建筑"。真的,你看许多工厂、衙门、局所都是奂然美乎,为的"建筑式的建设"比较易出色。一座大大的建筑物,摆在你门前,写上什么什么的公营事业,你还敢不点头称善吗?建筑最好是在有折扣,公私两得其便,善哉善哉,建筑之为物也,我曾亲眼看见了一间中等学校建了一座科学馆,花了不少钱,无法开支,就把教职员薪金拿来抵塞,这位校长不愧是我国的"经济大家",既得了建设科学馆的美名,又得了折扣的实利。

所以建设有许多种类,有纸上的建设,下属对于上官所报告的文书是也。有招牌式的建设。如某县并无一文股金,居然把县立银行金字招牌挂上去。我见多少苗圃林场,外面满钉了招牌,到里头去,连一株苗也不见到。又有所谓购料式的建设,如某某委员会等,由办事人买了些文房四宝,多少家具、图书,一切用物应有尽有。来宾到来参观,见了公事房应具的形式尽数齐备,当然满口同声赞赏这样委员会办得好了。至于有无委员,委员好不好,有无办事,办事对不对,那是另一件事了。建设稍为高层式的,就是"机器建设",如购买一副大糖机,动需数百万元,十分之二扣头吧,就足使当事者三代子孙享用不完了。于是就不管机器好不好与需要不需要,一支水笔权在手,拿起来就签买了。再高一层的建设,就是上文所说的建筑式。

这些建设,都是要不得的。我们要的是真正的建设,事实的建设,有规划的建设,继长增高日新月异的建设。继而言之,就是"建设的建设"。

例如以我省糖业建设来说吧。建筑了几座糖厂,买上了每日榨蔗五百吨或一千吨之机器,如能管理得好,种蔗够用,这也算是好的建设了。但以此一二千万元之费用,若购上二十四匹马力之榨糖机,每副不过一万元,是则可以得到一二千副这样小榨糖厂。那么,全省糖利可以全量达到新式的收益。政府居其中为之指挥、监察、调度与运用,这样,公私两利。计我省每年可出二三万万元之蔗利。这样才算得上"建设的建设"。

在本刊内转载了实业吴部长《一年中实业建设之回顾》,与俞、彭二先生之《一年来之交通行政》,以及我近来参看了各省建设的种种报告,不免使我一则以喜,喜的是在我国确有许多真正的建设;但也使我一则以惧,惧的是此中不免有多少只是纸上的文章!尚谈不到那些招牌式购料式建筑式机器式的建设呢!

日本断不能灭中国[1]

前些时伦敦《泰晤士报》有条社论说日本断不能灭亡我国。我人看后高兴极了，于是你译我抄，几乎全国报纸，都转载过。

实则，这条社论所根据的三项理由都甚薄弱。第一项：他说中国为日本最好的市场，他们不愿意打破自己饭碗，这点完全与事实相差太远。东三省也是日本最好的市场，怎样日本非灭掉它不可？今日我国乃一切外国人最好的市场，彼此竞争激烈，日本如果能灭中国，如灭东三省一样，岂不成为独占的利益。"个个中国人买日货一条裤，大阪便变成为世界最富的市了。"假设日本灭中国，个个中国人强迫地必要买它一包"白面"，或一粒"红丸"，那么，日本全国岂不变成为黄金世界吗？故这一项短裤交易生理，不能为日本不愿意灭中国的理由。

第二项："中国已有相当抵抗的力量了！"这层不大错：我们确有相当准备了，但这可说日本要灭中国有点为难，并不能说这点为难便足阻止日本的野心家。当东三省未灭前，我在法国听及一位日本通的中国人向我说日本现在要灭东三省确实为难了，东三省已经有相当准备了，但今日的事实又如何！

第三项："中国因地理与社会的组织，各成为许多经济独立区。

---

[1] 本文原刊1937年《广东经济建设月刊》第3期。在本期"短评"专栏，张竞生连续刊登了《日本断不能灭中国》《广东精神是什么》《一日间的建设》三篇短文。

日本纵能占上海，占南京，占华北以至于占福州、广州，但终不能完全断绝整个中国的生命线。"这项理由也属似是而非。我国确有许多的独立经济区域，但因无组织与系统的开展之缘故，所谓内地生命线甚形贫乏。假如沿海及长江与珠江等流域，被日本抢去了，内地不免于日就凋残死灭！

所以我们不能以这条论说为欣幸，反而应以此为警惕。除第一项太幼稚不必讨论外，我们应于相当的准备之上再加准备，准备到实力极充足，不但日本不敢来打，我们还且遇到它可恶时能去反攻。又在第三项所提论的确有大理由。我于二三年前已经看及我国今后最足抵抗敌人的，不是沿海沿大江的流域，而是内地，在敌人战舰不能到，战机不能久停的内地，好好地把军事及经济各方面组织起来，足以防守也足以进攻了。

可是，这不仅是用为自己警惕即足，应当即时起而实行，应当于短促期间把实力充足，把内地经济力发展起来。空套的警惕性是无用的。自己关门贺喜，更不济事的。

当民国初年，有一位老革命党向我说："中国以后不会灭亡了！"我问他有何根据？他说："因为人人皆知灭亡怎么一回事了！"这是头脑极简单的话。人人皆知灭亡，并不能阻止灭亡。也如一班街上叫花子，口口声声叫饥寒，叫"救济救济"，并不能免于饥寒，便得救济！

要免灭亡，不但要知，而且要行救亡之道。我们不要如叫花子了，要如农夫一样去耕田，要如士兵一样去执枪！

广东精神是什么[1]

从各种蔑视口调之后，日人近来对我们又有一种"外交客套"，说什么是"广东精神"；又什么"中国如日的初升；日本如日的没落"。这些腔调，又引起了中国人一番高兴。记得法国童话有一段是狐狸精骗乌鸦口咬一片牛奶饼的故事。狐向它说："黑老师，你近来美丽极了！"乌鸦喜不自禁，正想开口，那嘴内奶饼，已落到地上了！我人切勿做鸦佬上了狐狸兄的大当。

可是，若说有广东精神一回事，大概不离了二件：一是广东人好打，且打得好，十九路军在沪战一役已经证明了。这种好打的精神据广州《中山日报》副刊记者所考据，也是"丢那妈"精神。这样考据比新式的许多考据家好得多了，尚有一种精神，就是长于经济。沪地几个大百货公司都是粤人经营的。上海北四川路与日人平分天下的只是广东人。南洋与美国的华侨经济力，素极著名了。无论地球何处都有粤人足迹，可说粤人与英旗同具"无日落"之光荣。

我们粤人既长于经济，又善于打仗，足食足兵，如能同时做到，确足使日人惊叹。但如不能好好做去，到日本来灭亡的时候，我们会打的好汉只有自家械斗，或上山当土匪。又一班会做生理的财主佬，只好变成犹太籍的大腹贾！

---

[1] 本文原刊 1937 年《广东经济建设月刊》第 3 期。

一日间的建设[1]

近来最时髦的就是东一个计划，西也一个计划！且所计划的不是三年，便是十载。当然愈长愈好，愈久愈难兑现；纸上的计划愈能扩大，愈可博得世人的好评，愈久愈可缓缓做，位置愈拉长，荷包也愈饱满！

计划，若因一事不能在眼前与一时间做得到，于是乎而定为若干久的时日始能完成，这本是无可奈何的事，并不是一件事可以立时做得到而故意拖长以为佳的。欧洲有一故事乃说一个农夫今天本可犁田的，但他想这也可待到明日，终于明日又明日，田不能犁，而成荒了！

故我想一极好的新对策，就是不主张什么什么的十年计划，而主张"一日建设"。一日建设云者就是见得到便做，做得多少便做得多少，不待明日与明年。

我前在汕头与人说，如我在汕头只要有一日权力，我就召集了商库证券委员会，请其于所发千万元证券中之年息再添四五厘拨为汕市建设费。只一举手之劳，汕市每年可得了四五十万元之建设事业了。

并且，说来极奇趣！有些事在一日中更建设得来，若计划愈久，愈不能成功。例如对付汕头商库证券，最好就在于一日中见得到就做。假之时日就不敢做不肯做与不能做了。

---

[1] 本文原刊1937年《广东经济建设月刊》第3期。

我常想如我为教育厅长，只要上任三点钟久，我就下了三二条厅令，一规定校长什么资格，什么保障，任何官吏不能随意改换的。一规定教员什么资格，什么保障，任何校长不能随意辞退的。一规定教育费之如何独立。那么只要二三点钟，并不需要一日呵，便可把教育界安定了，把教育界脱离政潮之漩涡了！其他的厅长，或县长，或驻防军之长官，都有许多事可于短时间解决的，毫无需要于缓缓想，与缓缓计划了呵！

一条铁路定在若干年内筑成，乃是因财力与工程不能一时做好，须在相当的时日始能解决的。但既经决定这路要办，立即可筹备开工了，并不是要在若干年后始去建筑。若要几年的计划，就是等于永久不能建筑。前期粤政府所定三年建筑我省的铁路计划，终于连一段也无举办，便是犯了空头计划的毛病。

就现在政府说，最痛快的禁赌政令，立时实行，所以能办得好。至于禁烟则限几年，遥遥的年期，谁也不敢担保有什么变换。苟禁烟也如禁赌一样，立时举行，只限那些烟鬼一个短促的时间戒绝，当然不需要多少年限了。

今日救亡图存之道，唯有对于与利除弊等事见得到的。即时就做起，做一点就算一点，若限定若干年的计划，乃是从实行日算起以至于完成之年限，并非空悬一个目标做幌子骗骗人！

前时在日本遇一日本商人说："贵国也有进步的，不过如臭虫一样缓缓爬。我们有如跳蚤，跳得极猛极远的。"这个譬喻常常使我惊觉。每在报上有了什么什么几年计划，便想及这是臭虫式缓缓爬的建设吧。我们需要的是跳蚤式的进步，应把几年几年的计划时间打倒了，而缩短为几日几日的建设！

向岭东区各县市之国民经济建设运动委员会支会进言[1]

我省自国建运会分会成立以后,即由省主席兼分会会长黄先生通令各县市一律照章成立支会。到现时止,已报成立者达五十余处。岭东区已成立者也不少。这是极好的现象。但此种新机关之头绪及其作用,尚有实行详细讨论之必要。鄙人不揣苟陋,敢以在省分会委员资格及经验所得,聊贡所知,以与诸君子共同商榷。

说者有以为本会之组织上,尚嫌不健全,而此中最缺点为经费无着落。这当然是极确切的批评。鄙意各支会应如各分会总会一样,当分为若干组,分别研究,此事章程上也会言及的。不过分组研究,最少对"组长"当有薪给。而于组员则相其事之繁简,有时也有津贴之必要,或以其所报告之研究论文,定其津贴之数目。虽则是委员专员,既然是当地著名人士,生活或不生问题,义务尽职,比靠薪给从公者,或更为纯正与努力。然今日满地贫苦,委员专员中富裕者固然极多,但穷乏者亦复不少,且富裕者未必有余暇以从事于研究。而穷乏者虽要勉力从公,而每苦于枵腹枯肠。故能相地方财力,以定每组研究员之薪贴,较之茫茫然不分组研究为好,而虽分组,因无薪给而致毫无实际办事者也较优。

况且会中虽无确切经费之规定,然第十条章则中也极注意到此点。甚且说及如县市建设机关不能开销者,可请支会会长筹拨。故各

---

[1] 本文原刊 1937 年《广东经济建设月刊》第 3 期。

县市支会会长如肯郑重其事，则在其政府中月筹千数百元，并非绝对做不到者。每县市月有千数百元经费，如能实心做事，聘请当地人士对于经济有学识经验者分组研究，当然得到相当之效果了。

说及分组事项就总纲原则有八项：（一）征工；（二）农业；（三）畜牧；（四）矿产；（五）工业；（六）节约；（七）货运；（八）金融。除重要地方外，当然应就其本地情形缩少组数。假如征工为一组，或与农工矿畜牧合同研究；节约运动为一组，或与货运金融合为一起。今以汕市说似应着重于金融、货运、节约等项之研究，合起工业及征工分为五组，或合成为三二组就足。若在内地县份则着重于征工、农学或矿产与垦牧，分为四组或为二组尽足了。

汕头为岭东海口，也为我国重要商埠，关系本区民生甚大，理应于分组内特别注重于商业金融及手工业之研究。而此中最重要的为金融，例如商库证券之特别组织，更当特予注意。我前在汕头曾主张此项证券可予以无限期的延长。但应由公家对于领户者再课以数厘利息，如添收四厘说，则此千万元中，公家年可收四十万元以为汕头市各种建设费。在领户说，分所应出且出得来，而地方由此得益甚大。他如这个商库证券委员会，每年所收二十万元利息，除正当开销外，也应使其点滴归公。这样，汕市每年所得数十万元，可整理公园，扩大图书馆，建设博物馆、体育场、民众教育馆，津助医院与学校及各种慈善事业了。如有余力，也可以为国防至建设费。

汕市，尚有一事应予注意者，则为抽纱生理。这件事，我先前曾在巴黎一时间经理过，极知如能整理得法，于能自己直接经营不受外商在汕头与在外国操纵，每年潮汕可以多得几百万或至一二千万元之利息。对付此法只有两项：（一）是由汕商自己联合，组织一个抽纱生产公司，大约有资本一百万元即可成功。在汕头开设抽纱制造公司，而在巴黎、伦敦、纽约、柏林各大都市，设立抽纱批发与门售的商店。由各国商店将该处通用花样由航空寄来汕头依样制造，按时寄发，自然可以利市万倍了。（二）若因汕商不能有这样能力，应予详细调查此中的情形，与详细的办法，呈请南京总会设法，可以得到多少好结果的。

现在本会总会常务委员会实业部长吴鼎昌先生极是努力做事，已经成立国货联合营业公司及国窑公司。去年总会曾令本省分会调查各地特别手工业，如说需总会帮助发展之处，总会当不惜以人力与财力帮助。那么，我汕，又如上海、烟台的抽纱事业，确是我国一种极著成效的手工业，可惜被予外商所操纵，以致盈亏无定，若总会能知此中利弊，自愿竭力帮助振兴。他如我潮的柑与瓷器业，也应做有系统的研究，条陈总会与支会，设法推进。梅属各种矿业及潮惠沿海渔业及盐，都是本地特产，也应有系统的研究与发展的。

要之，我岭东之国建运会各处支会所负的使命与其责任甚为重大，诸委员专员如愿做事，不怕无事可做。至于视此不过为一种官样，其他不必多说。

别开生面之国民经济[1]
——为广东名胜委员会而作

标语

（甲）人尽其才，地尽其利，物尽其用，货畅其流——生极其趣！

（乙）最大多数的最大幸福——与最大的生趣！

我先提出这两项大标语，或许不免于画蛇添足。我也知在我国这样穷乏的社会，应当先行达到：人尽其才，地尽其利，物尽其用，货畅其流，以建立根本的国民经济。但当这些达到之后，或在进行达到之时，尚有一件也属国民经济之最大基础，即是生极其趣！现在世界关于达到国民经济之最大目的，即是"最大多数之最大幸福"。可是我尚嫌不足，而来添上"最大生趣"一项为人生最后之企求。或许最大幸福中便包含了生趣一件事在内，但为提醒与注意起见，应该将"生趣"问题特别加入提倡，以为人生最大之目的。

此中理由是：凡言经济，未免属于物质一方面的。而于物质之中别求精神的生活，至少要把物质的使之升华为精神作用，那么，莫过于提倡"生趣"之一道了。

所谓生趣，就在于物质外，或即在物质中，求得一种艺术的人生，美趣的生活，有益的玩耍，正当的消遣法，于枯燥无聊的日常工作中，有登临、活动、鉴赏、凭眺、与夫身心静养之种种高尚生活。

---

[1] 本文原刊1937年《广东经济建设月刊》第4期。

使疲困的身体，得以休息复原；厌倦无聊的精神得以恢复成为活泼兴趣。而同时为群的生活：唯有群的生活，始能使个人的生活提起兴趣的。同时又为社会经济的生活：使个人以最少的消费而得到最大的乐趣；而社会于供给个人最大之乐趣中，又可得到聚合之巨大经费。尤要的，这是美的，艺术化的，大自然化的生活。

以上所说，乃我所望于"广东名胜委员会"之大纲。又我以为此最大之目的有四：（一）使人民有正当的消遣法；（二）群众的与有生趣的生活；（三）社会可以得到极多的经济利益；（四）使人类卑小的生活，提高与大自然相合为一。

现先将创立此会提议人建设厅长刘维炽先生所提案抄下：

> 为提议事：粤省为南服名区，虽开化较迟，然自秦汉以来，中原人物流越此土，其间胜地古迹，先民所留遗有深厚光荣之历史，足以表现民族之精神文化之伟大者，志乘所传，更仆难数。通商而后，交通便利，商务殷繁，中西裙屐梯航来游，发思古之幽情，遣登临之雅兴，踵趾相接，寒暑靡休，由来久矣。名胜为一国文化之代表，外人一入国门，观风景之优劣，即可判文化之高下。况迩者厉行新生活运动，不正常之娱乐相继禁革，则正常之娱乐宜予提倡，使人民寄托精神，游息有所。且吾粤地属南疆，气候炎热，每当盛夏，殷富之家迁地避暑，络绎于途。但附近省会名胜之区，姑无论未经开发，如从化之鸡冠山、狮象岩、钟鼓岩，曲江之猺山等，近人游迹所至，称其风景优美，绝胜匡庐者，固有待于经营。即罗浮、鼎湖、西樵、丹霞等，名传古今，誉遍中外，亦无近代之设备，且乏适当之交通。是以港澳人士避暑旅行，多远赴庐山、青岛、莫干山各地。是则整理名胜，筹设多数避暑区，诚不可忽视之事也。现查各省名胜如皖之黄山、鄂之鸡公山、浙之天台雁岩、赣之庐山，莫不由各省政府力任经营，渐臻繁盛。则粤省不宜独后。远稽欧亚，瑞士，则以

游资立国。法国输入美国游资岁计一万五千余万元。德英诸国输入游资岁计四五千万元。日本区区三岛，游资输入岁达七千余万元。是名胜之区，果能设备适宜，管理得当，可以吸收外资，繁荣商业，辅助农村，发展国民经济，所关匪细，是又不独资助游观，阐扬文化已也。唯是造端宏大，经营规划，宜有专司，拟请设立广东名胜委员会，以董其事，并胪举办法如下……

在这条短短公事中，可以见到现代的公家娱乐显然在精神与经济俱极占重要的位置。以广州市说，百余万人民无正当消遣之所在。在先时则流入于赌、嫖、吸大烟、大食、狂饮。时到今日，鸦片与赌博已严厉禁绝了，市民更无法子可以消遣了，故组织种种正当的娱乐，在精神安慰上，实在刻不容缓。

说及经济，更为重要，提案中已论及瑞士立国资源，全靠外国旅资之收入了。即富如法国，也获得旅客之恩惠不少。现在外国之名胜机关，多是直属于国务院的。他在每年仅宣传费一项已足惊人。然因此而吸收外人之旅行及住居之收入，比所设备等费已超过几多倍了。故此项名胜设备及宣传等费，不是消费而是生利的，这与发展国民经济及农村复兴息息相关。今我省政府因刘厅长之请，毅然设立名胜委员会，实在能见及其大虑远虑。今就此中较为详细的计划写出来，以为名胜委员会之参考，并使国民知此中利益之所在，也不是徒劳无功了。

【白云在望】

现就广州附近先设有系统的名胜区一说吧。我人主张应将白云山辟为广州市近郊之野外花园。因白云山靠近广州市，位置广阔，极宜于多方面之布置。论及广州市内公园太少，有的也嫌不大。且公园有二种，一是斯文式的，可以为市民散散步，听听音乐，看看花。但一是野外式的，具有田园之野味，使市民能够于其间席地而坐，躺石而卧，拈草斗花，做种种野外游戏，朝出而暮始归，午间聚为野餐，尽一日之光阴，把数日来的闷气全行消失,吸收好空气好日光。眼中所见的不是人群而是花、云、山光、水色。耳中所闻的不是刺激的汽车声,而是鸟鸣、虫音,与潺潺的水声。以一日休假玩耍的储能,归来可以为几日提起精神兴奋做事。这些益处,当然不能求诸市内之公园的。因为公园如中央、永汉、观音山等面积极小,况且在市内不能不顾及礼貌,断然不能席地而坐,躺草而卧。但在野外花园这些都可应许的。在外国严讲礼貌不过的市民,在野外花园之周围林木荫蔚之地,便可这样做了。故白云山最适宜为此等野花园之场所,这是一种最佳妙适合的位置了。

白云山,又有一种大用处,极宜于组织成为"夜花园"。使游客能于深夜或全夜徜徉山中,以得夜景的乐趣。我常主张,而且自己曾经验过,人生乐趣,每月应饿一二顿,每月又应全夜不眠一二遭而用力于读写或外出游玩。夜景显然与日间不同:在迷离夜色中,景象表现得格外深沉伟大。气候也格外宜人,尤其是在亚热带的盛夏时候,几点钟受露霰洗礼胜过于神圣的杨柳枝水。夜景不论黑暗与月光都是美丽无比的,黑暗时,若峰峦,若湍谷,若平地,都与天和云混合成为一片。又辨别不清我与自然,好似小我为大自然所吞并同化于伟大之中了。时遇月色清莹,又是一番景况,所有山影投射,水色苍茫,树枝遇了微风稍微摇动以应池塘的蛙鸣虫声,静静的山谷万籁和谐,独自游玩的似乎大自然全注入我身中。与伴侣同游更加乐趣了。

夜游时到了鸡声催晓,眼皮沉重似睁开不能睁开,朝岚袭人,那其间更有一种特别奇感。人生真笨!生命不过数十年,便把一半费在长夜深睡中。古人秉烛夜游,便望捞回一半生命。有极美丽的夜花园,香且严重的咖啡、酒、花味、露气、土味,一切夜的味、舞蹈、歌唱、行、坐、深思、谈笑、哭泣,分用起来本极容易把一夜光阴消磨了,这也便是捞回一夜的生命,享受多一夜的乐趣!

所以名胜委员会对于白云山应当就这两个目的去布置——野外花园与夜的花园。

第一,交通上务求便利。有公路以绕全山与到半山腰。又成日整夜，自市中心区应备有多数大汽车。收费又极廉，一毫几分吧。要使市民到白云山如往市内的花园一样便捷。如于星期日或节日，使广州市民成千成万到白云山去。"到白云山去"，无形中成为每个市民之心中标语，那就算成功了。不但要个人去，而且合起全家人，或全学校去，那更算成功了。

我以为交通一途，对于旅客宁可赔本。譬如每星期日或节日人数众多时，每人只取半毫车费，约一日中纵然赔了数十以至一二百元，也勿顾惜。但此山上一切饮食玩耍之场所，全由委员会经营，则可由此中获利以为补偿车费之损失。

然要使市民多到此山，于旅行便利之外，其次，应把全山中美术化。整个山容水道，以至于所有寺院，都应修葺点缀。把原有美点及古迹充分保存，而又当增加其新奇美趣。凡树木花卉旧有者加意保护。又须相其他地位，添种各类奇花奇树。譬如这边为桃苑，那处为李园，第三处为桂圃，这是松林，那是柏林，那是美丽的红枫，这又是迷人的翠柳，一处一处都能引人入胜，使游客无论何时都有登临凭眺之乐趣。又于路旁培植种种之盆栽，加以美鸟奇兽，务使白云全山在今日枯燥情状之下一变而成为各种的美景。或许不止八景吧，我人可以创造为数十种景致。例如濂泉寺周围应满植这地方上历史盛名之石菖蒲，而就名为"濂泉菖蒲"之一景吧。弥勒寺有红棉，就名为"绯衣仙子"吧。彼处为李园桃苑，我们就名为"桃李争耀"，又是一景了。"柳堤春晓"，也占一胜。冬到了，又可凭览"松柏晚节"之另一景象。他如有狮子所在，就名为"狮子吼"吧。一班怕老婆者就可到此缓缓领略此中滋味了。夜里时，"草池鸣蛙"，不失为自然的音乐场所。若遇明月于山头晃耀，从暗谷中隐隐约约见梅丛中之月影飘荡，这也可叫为"梅谷飘香"了。要之，何处无景，景由人造。白云山有高有低，有起有伏，有岭有谷，当然可由人力就其地势，造成天上人间种种色相，以为我人凭眺鉴赏之乐了。

又其次，应使此山为艺术化。最少，每一月中应有一星期日举行艺术会。有一次乃为音乐会的,则凡西乐队、中乐队,西乐队中又分为各种类别,中乐队中又分为各地方色彩,使此会成为中西音乐集合之大观,以引起听者之乐趣。有一次则为古今中西新旧名画之展览会。又一次,则为各种古董奇玩之大集合。或一次,则聚集全省之妇人于其中为选美会,选出本年全省之"美女",由委员会赠以纪念品,加以珠冠,宠以美服,载以美车环游全市。或一次为"美孩会",办法如上一样。也许一次为"美男会",再有一次为"美果会",如当柑橙盛时,则聚集各地著名土产,如潮州各地之柑与广州各地之橙,为之判定谁为特别最美之生果,给以奖品,环游市上以资提倡,并定是日为"柑果会",鼓励人民于是日中多购多食此项生果。又有一次为"香蕉会",为"菜蔬会",为"豆会",等等,凡此会日,提倡之利益有三:(一)搜集各地之物品在漫山遍谷中摆列,引起人民对此物之注意与兴趣;(二)由专家判定甲乙,以资鼓励,使农民努力改善种植,以求优异之种类;(三)凡所提倡之物品,乃于卫生有益为限,故应同时使人民深知此中之利益与其多量之利用。

就此层说,我们已由艺术而入于经济之道了。在法国已经行过此事,法国葡萄极著名,但用为酿酒比生食者较多。法国政府为提倡人民多种生食之葡萄起见,于每年中遂定了"葡萄周",使人就出产地多食葡萄。故照此例说,我人不但要定"生果会",并应定出"生果周""蔬菜周",提倡人民在一周或二三周中,尽量利用本省特好的土产,这于农业之进步,农民之利益与食者之卫生,都有大大关系的。例如香蕉,所含碳水化的能力甚多,几与肉类相等,但有肉类之益而无其害,此外,它尚含有种种好质,故当特设一个会日提倡多食。

至于双十节呢?这个国庆节太被社会蔑视了。我们当提倡它为"狂欢节",纵然不能如法国人一样之重视他们的国庆节,那样普遍地狂欢,满街大饮大跳舞,最少,也当在白云山,开了一个无遮大会,满山漫谷,尽其所有的点缀起来,把本年所选的美女、美男、美小孩,与所有乐队、书画、古董,与所有的社会特色对象全行排列出来助兴。同时当予市民狂饮一番，如无酒料，就由委员会从从化运来极巨量的温泉给参加者大喝一场。同时又当准予人民满处跳舞，并组织大队的歌唱团，唱起国歌党歌以至于一切英雄慷慨的歌调，使一团民气民声震动山谷，响彻云霄。

又其次，应把白云山武术化起来。于山周围应组织骑马队，以极便宜租与人民。若能于左近辟一跑马场，更是好不过的。百余万市民确实需要一个跑马场。且粤人好赌习气尚未净除，在跑马时可以赌票，这也算是于公开与一时之赌博中提倡一种尚武的风气与郊外之游乐。于赛马外，凡女子骑驴与小孩乘象也极有兴趣。我每过永汉公园见了那三只象，便想及外国之乘象，这也可使象之运动与观者的兴感，也可收点利钱，岂不胜于听其终日困卧饱食而无所事事之为愈呢。再于弥勒寺旁开一极大的游泳池，不但可练习身体而且也是极卫生的事了。

他如白云山中也当有射圃、球场、实弹击射处。射圃以练习弓箭技艺。至于实弹射击，或长枪或手枪为用更大。推之凡击剑比拳也当竭力提倡，总使白云山变成为比武台。于各种优美之外，又再养成一种壮美的风格。

末了，我尚望使白云山成为科学化。可以于底谷中办一水族馆，于山顶设一气候台，于中腰成一科学馆，并设一简单的博物院、图书馆、阅报所与各种演说台，使人民到其中可以研究，可以揣摩各种科学常识与社会原理。最要是设一"美术馆"，并把市立美专迁到此地，以造成白云山为美术之中心。

总而言之，白云山席有社会历史之价值，拥有近郊名胜之特色。若能充分设备，于市民休息遨游与登临凭眺、陶冶性情、练习智慧种种都有极大的影响。这是一种广义的民众教育馆，使游客于玩乐中不知不觉而得身心之利益。尤可贵是平常市民居息于大城市，与自然的风光隔绝。今于数日中得有一次到白云山吸纳新鲜空气，领略大自然之四时风景，朝暮云霞，不但免却城市社会之烦闷枯燥，且于人生乐趣上增加了不少有益的新资料。

在名胜委员会方面，如能这样组织，其收入必极丰多。所有茶楼、酒馆，以及旅舍，及各种娱乐场所，仅照市价交易，但因其顾客众多，自可于薄利中而得极大的盈余了。

如能将白云山、从化温泉区、罗岗洞，尤要是罗浮山及惠州西湖，与水边名胜区如石门等处，将来由名胜委员会作有系统之布置后，只要做到外国名胜区所经营的十分之几，公家与人民每年便可得到旅客消费及各项出产物数百万以至一二千万元了。

【从化温泉】

再就从化说，此地离省不过点把钟头，其间有极好的温泉与美丽的风景。世人尚不知温泉之利益。在法国温泉都收归国营，因其所收利息甚大，列入国家收入之大宗。至于温泉利用极广：第一，就地沐浴，吸饮。温泉内含硫磺质及各种好矿素及镭气，沐浴与吸饮，可以疗治皮肤病、眼病、口鼻肿痛、胃病、肠病及膀胱与脏病，这是一种普遍与自然治疗法，费省而效力大，在医药上占了极大的效用。第二，只把温泉装入瓶内可以运输到各方去，今法国温泉瓶装已运到我国内，一瓶价至一二元，实则除瓶装及运费外，原物一文本钱也用不着的。第三，这些温泉在饮料上所占地位比啤酒及汽水更大。现欧美饮店及饭店所用都为温泉，汽水不过在极热时始有人吸饮。以温泉身为高等饮料，汽水不过附属品而已，可见其销路之大了。第四，将温泉焙干后，所剩矿质和以糖制，可为糖药料，其销路也极大。

现在的从化，已经由刘沛泉先生诸位组织有点头绪了。将来由名胜委员会管理，当更使其为群众化。交通应极便利，使广州市民能够常时享受温泉沐浴与饮用之利益。又当有极好设备的旅馆与娱乐场所，给一些人久居享用。远的不必说，如日本之各温泉区，已经收获极大的利益了。

至于温泉为市上饮料最有益之一事，尤当有规模的组织与宣传。

从化温泉，已经由医生检验过，确足为药品之用。于理应即在广州市设经理处，使酒楼茶馆之桌上，咸用从化温泉，其获利当不少，而于饮者之卫生尤大有裨益。

【罗浮仙境】

说及罗浮山的前途，极具无穷之希望。此地胜迹难以尽举。有好山泉可饮，有瀑布可观，有清流，有暗径，可渔可猎，宜嗔宜喜。这地真不愧是人间的仙境！

建设罗浮，不但要使成为我粤省之名胜区，而且为华南最佳之避暑地。近处，可以吸引港澳、闽南、汕头、广州等地游客，虽远至南洋群岛，也可广为招徕。如能修整得法，使人觉得宾至如归，万分满足，则可得到长久的住客甚多。假设有五万人来此作一二日之游，与数千百人来此有数十日久住者，平均每年山中即可得到数百万元以上之利益，而全省交通上及交易上因此而所得的利益也不少数。

此外，罗浮那样山灵水秀与那样大地方，如能有系统去造林，尤应造各种果子林油类树木及好材料等等，则不但可免如今日童山濯濯的丑怪，反而可得美观与卫生，综计所收利息年也可至数百万元。这层利益，比旅客费所收或许更多。又山中有些地方也可畜牧，有些地方可以养鱼、畜蜜蜂。合起一切收入，必定大有可观。故罗浮山之整顿当从交通入手。又当努力大造果林，如杏林、桃林、李林，使之满山漫谷，相其土宜与气候，而分为各种果林区域。其硗瘠与高山者，则多种松木与各种风景树，既可以获得林木巨利，又可以增高胜景，也可以得到卫生。例如多种松木，则于其中极宜于疗治肺痨之类。

罗浮既然有那样大地方，要使游客于短促时间能够尽其登临凭眺之乐趣，势须先使山中交通便利。凡一切胜迹均有极美的山道，可以通汽车，或极宜于步行。路旁当满植名花奇木，使行人逐步有趣而忘跋涉之苦。山外交通除公路汽车添多行班与舒适之外，从广州往或由香港来而从石龙往，都应有商业用之飞艇，则十几分钟便可到达了。

所有旅馆之建设，应分为欧式与中式。欧式则用欧食，中式则用中食。同一旅馆中，不必分为上中下之级别。但要有各种格式的旅馆，自日至数十元以至数元数毫，都有一种美备的布置。其余如道观寺院，都可听其自由住客，但须受委员会之统制。

以上所说的白云山、从化、罗浮，以至于黄婆洞、罗岗洞等等，是从山一方面组织的。山之清幽足以怡养性情。自来"仁者乐山"。人在山中居，便成"仙"字。世上并无神仙一回事，在山久住的便成为仙了。

【岭东风光】

可是，尚有水一方面，其关系于人生乐趣及国民经济也其巨大。名胜委员会不但注意于山，并应注意于水。例如惠州西湖，据人所说，不愧为华南名胜，可与杭州西湖并称。如能整理得法，可以吸收极多的游客，于地方入息上所关极大。从罗浮东南经博罗温泉而至惠州西湖，可以联络为同一名胜区。使居罗浮山者，得以同时兼收水游之兴趣。山与水联合一气，这更为委员会今后所应努力的一种组织法了。

西湖旁岸有丰湖，出息甚多。他如麦地马庄之平原利于畜牧，东南山峦宜于造林。又如鳄湖、南湖、菱湖以及多数山塘，都是利于渔业。故惠州西湖之经营，不独成为风景区，同时也可成为实业区，精神和物质两方利益都可得到的。

【石门返照】

在广州市附近之西北，有"石门返照"，乃广州许多胜景之一。本人近曾与名胜委员会同仁共往调查。这是在小北江之下流，有极美的沙滩与风景。附近山峦，及平阳与乡村也极可观。将来若能辟成游乐场所，自是极好的避暑区。在夕阳时，看他一幅返照红光，映入青绿潭中，与暮霭疏林同留奇趣。并且其间有"贪泉"，又是一个著名的古迹。

且此中又有一件事应大提倡者，即于荔枝湾旁之现有"西郊游泳场"起，到石门一带，约有二三十里水路，两岸平铺，水平浪静，极少船只来往，假在这条水路中，备了几百以至几千只艇，艇之形式各有不同，有用汽力，有用布帆，但大多数为用桨的新式艇仔，自一人以至十人之桨都有。一路两岸设立多少放艇处及办事处，料理游客租艇之责。这样从西郊以至于石门之水面，即时变成为极活动之所在了。

由此玩艇的乐趣而得以练习体力与水性。外国对于赛艇，都认为一件极重要的事。最著名的当为英国之牛津与剑桥两大学之豪举，于赛艇日使英国全国人民如疯狂一样之加入参观。

先前我国的端午节，也有民众共乐的兴趣，可惜把此事付诸村夫野子，高等阶级不愿加入，以致今日仅成为一种历史的遗迹罢了。我人今后若能作有系统的提倡，特别于端午节日成立大规模之赛艇活动。当能引起民众的同情。其余日子，因有种种的兴趣，自然也不怕无顾客。谁不愿卖弄其身手？谁不愿同朋友或同伴侣于水上一游，自执短桨，敲打浪头，仰视白云之悠悠与水中之长流。

总之，于广州附近，从石门起而至于罗浮山，应组织成为整个的名胜区，把所有的历史价值及风景优胜之地方，作一有系统的联络，务必使商业性之羊城，变成为艺术性的城区，不但每年因此可以得到数百万元以上之利益，而于人生观之精神利益，更不能以平常的经济数额所可统计呢。

申论"生极其趣"之作用[1]

现在我国固然人不能尽其才,地不能尽其利,物不能尽其用,货不能畅其流,但最惨是生不能极其趣,假使人尽其才,地尽其利,物尽其用,货畅其流,苟生不能极其趣,最多也不过享些物质的快乐罢了吧,究之于人生有什么好处。

今日的国民贫者固然衣食不足,不能寻求高尚的快乐,即使是富者,最多也不过住上洋楼,食多鱼肉,于高尚的生活也享不到。为的,他们脑满肠肥,不知高尚的幸福,而社会确实也无相当的组织使他们能得到高尚的娱乐。

实则社会如能有艺术性的组织,当能使贫富一样同受高尚的乐趣,现以"石门返照"一事来说吧。

"夕阳无限好",这是随处都能鉴赏得到的。不过在有些地方因山与水及环境的特别关系,遂使所返照的夕阳格外好看。又如山中观月,或深潭印月,比在平常的地方看月别有一番景象。实则这些日照月影,与夫山光水色,只要有点美术的修养,都可不用一文随处而得到领赏的。故人生要得乐趣,贫者比富者更当向大自然讨生活。因为富者尚可得点物质的享受。至于穷人如不能得点精神的乐趣,其困苦更多加一倍了。

凡有艺术教育者,都知道美术之修养有二点特质。一是凡对一种

---

[1] 本文原刊1937年《广东经济建设月刊》第4期。

美术的对象，例如同在一地方鉴赏夕阳，人数愈多，彼此愈觉有趣，这不是占有的，而是鉴赏，不是独占的，而可以瓜分。并且，愈与人一起鉴赏，愈觉比独自鉴赏为有趣。愈与人瓜分，愈觉比了自己独占更觉为有益。这与物质的享受完全不同的。一碗饭，只可给一人食，一人食了，别人就要叫饿了。如让别人食，自己也要空腹了。美术的对象，尚有第二特质，就是当我人鉴赏它时，鉴赏人便与鉴赏物化合为一了。例如我们鉴赏夕阳明月，或一名胜，或一花一草，鉴赏入神时，我人好似被了夕阳明月，或名胜，或一花一草引诱入去了。反之这些夕阳、明月、名胜、一花一草，好似融入我身中。这个"移入性"之影响甚大，故我人如能常去鉴赏大自然的美丽，则小我自能移入于大我，而大自然的大我也能移入于我个人之小我。所以要求生极其趣，最要是在常常去讨求自然的生活。因自然的美趣是极伟大的，它的乐趣又是极普遍的。以自然为生活，即是使我人的小我能够享受大自然的美趣。这是生极其趣的第一步骤。

其次，要求生极其趣的第二方法，当在组织美的有乐趣的社会。现在我国的社会太枯燥了。即以广州说，市民除了日常的无聊生活外，尚有别种娱乐吗？我以为一个社会，如要使人民有生趣，其一，应有社会的兴趣生活，如极便宜与众多的戏剧电影院，使人人得观。又如跳舞场之普遍设立，使成为群众的玩乐，自然不至如今日为特殊阶级的专有品，而成为发财冶淫的场所，转失了群众免费而得娱乐的本旨。其二，当使社会成为美术化，这其间最重要的有三件：第一为美的建筑物，凡一切公共场所当求极端的美丽。一切事都可节约的，但对于公众的美术物，则当力求繁华。因一间戏院，或一间博物院，图书馆或公共建筑物，纵然如何花费，但由长久时间与普遍民众的鉴赏，所得利益比所费的总有千万倍大。故用于美术物件，愈简约愈不好，愈繁华愈是经济。例如广州市之"中山纪念堂"，也可算为美丽了。可是，如能使它比现有的更雄大了好几多倍，在那建筑时候，以广东的财力若加用了千数百万元，也算不得一回事。现虽节下这些数目，也不过被了少数人装满腰包。但假使把现在的"中山纪念堂"再加了几倍高大，周围再加上一些伟大的建筑品，堂内又多多点缀了图画及雕刻品，则广州市民及外来游客所得的观感，当然比现在大大不同。不但于美感上得到了壮美与优美两长，并且才于中山先生伟大的人格与攻略始能相配，于外人印象上始能博得一点好批评。我曾一日到中山纪念堂凭眺，遇了几个洋友，即与他们谈论，有一个说：到广州来游历毫无所得，珠江桥，或者在中国人看来是极大河上工程，但在我们欧美地方这并不算是一件事，在我们小乡间的河上便有这样的大铁桥。若在我们的城市，便不会有这样的丑怪。你试从河中看去，好似一条空洞零落如船上的吊绳床。只要于桥旁加上几件美术品如铜雕的小天使，或铜花篮之类，顿时变成为一件艺术品了。又一个洋友向我说："即如这个纪念堂，诚如你所说，应当使其再加伟大，始能成为代表中国的艺术品，尤应把观音山顶那个纪念碑更加伟大与美术化起来。以广州说，只有"五层楼"为名胜区。至于那些新建筑，或许被了办事者所舞弊，不肯把全数公帑用为建筑费，以致一些公共建筑物，或则欠美术，或则不伟大，或不合用，或不坚固，总有些缺点，尤其是美术观念，在广州一切公共建筑物，都不能使人满足。……"

我特提这些洋友之话不过来证实我的批评而已。因为外人对于审美观念，比较我们来得深刻，故所见到的批评比我人为内行。实在的，广州一切建筑并不伟大与美丽，这是主持市政者今后所应努力改进，而名胜委员会也须竭力帮助的。

第二，要使人生得到社会的乐趣，社会上当布置极多与极美的雕刻品与图画。先前北平为京都时，典型人物如张继先生，尚说要改易风俗，当于朝阳门大道中竖起一尊裸体美女像。实则美女也好，美男也好，小孩老人都好，一个市区的重要路旁，公园里及公共场所，外面都应有极多与美好的雕刻；里头应有许多图画与各种点缀品，这于衬托风景及提起美感之关系甚大。

第三，最能给予人生乐趣的，音乐也算为一端。公园里每星期应有三二回免费的音乐会。食店，例如广州的茶楼与大酒店那样人多，应由政府责令必须请了几位音乐家临场奏乐。对于学校与私家也当竭力提倡美育。我人在外国无论到何处去，虽在乡村与在工人区，每有数十家地方便听到几架钢琴声音，这也是陶情养性与提高人生乐趣不可缺少之条件。

人生情感怎样养成与提高？在今日我国枯燥的家庭与社会，实在无法可以培植人类情感的根苗，但能从大自然的风光引起，从社会上的建筑物、雕刻美术品与音乐等等提倡起，渐渐自可养成人民热烈的感情。

故名胜委员会的责任，不但在保存古迹与名胜，而且使之增加其美丽。它经营方法与普通的商业不同，普通的商业只求得利，至于名胜委员会也渴望得利，不过在以乐趣中而求人利益。所以它时时应以美术与乐趣为中心，又以情感与德性相号召，不然的话，就失却了它的宗旨了。

例如以白云山为证。要是白云区成为名胜区，与成为别墅区，不但要有游泳池，而且游泳池要美丽，白石为阶，而绕以名花奇卉吧。不但绕山中要有公路，而且公路旁要有花园式的点缀，使人如游山阴道上，大有眼不暇接之概。不但山中要有花园果圃，而且花园中有音乐队吧。不但有旅店，而旅店的设备，格外要求美趣。务要使全山美化起来，把大自然一切的美趣，加以人力而增加其效率，由美术而提高人类的情感。以美术与情感为货物，那么，白云山不怕无众多的旅客，而委员会不怕收入不丰多了。

"美的贸易法"，就是把清风明月卖给人间享用，图画音乐给人玩赏，美中也能生利，这是一种别开生面的经济，从美中而求生利，这是一种特别的经营法。

凡属高等人类，于衣食住行满足之后，便要再求一种娱乐的消遣。这个消遣法一面固然是精神的生活，但一面乃是增高衣食住行之价值。这后层的道理可惜常为普通人所忽略的。譬如晚间食了大餐后，即时就去睡，常常闹出不消化的大病，今假去游玩，假去白云山鉴赏夜景吧。这不但能消化，而且于饭酒后之兴奋，当然对于外景之吸收与鉴赏领略比平时别有一种深刻，尤其是当夜间，所有景象完全与日间不同，人游其间，可以得到其伟大与神秘。那么所食的物格外消化与内分泌，尤其是脑的分泌格外畅达，心思格外灵敏，情感格外丰富。这样晚间食物的价值实在升华提高到若干阶级了。至于一般富人多食而少活动少消遣，只知食后就睡，以致一身肥肉，满腹肥肠膨胀，可说所食的不过化为屎尿，把食的价值减少到于零点了。

再以住屋来说，一间粗陋屋宇，无论如何广大总比不上那些美术化的建筑物。一间美屋，要有花园，至少也要于窗间屋顶种木养花吸引蝴蝶飞鸟。再进一步当使这屋成为大自然的一体，使屋自然化了。晨曦明月能得照入屋内与住居者同伴共眠。这样屋宇的价值始得称为提高。回顾今日我国多少房间，无异等于牲房畜棚一样，把屋的价值丢失净尽了。

故名胜委员会的责任就在使所管理的住居饮食都成为美术化，大自然化。所以于餐时要以音乐以助兴，餐后要有极美的舞蹈，凡此都可以增高食的兴趣。于旅馆，于旅行的路线，要有艺术的美，与大自然化，以增高住与行的价值。

要之，名胜委员会，所提倡的为"美的经济"，这是经济中的最高峰，物质几乎全化为精神的作用，这是使人类得到极大的生趣。

可是寄情于大自然与美术品，虽可以养成人格的高尚，但有时尚不免陷于孤独的生活。故当以社会的生活，去补足人类的情感性。

所以名胜委员会一面应组织具有艺术性的事物，别方面又当提倡"美的社会生活"，使人民于群的生活中求得热烈的情感与最大的生趣。

再论"最大的生趣"[1]

自来经济学家理想的目标乃是——最大多数的最大幸福。我今来添上一个"最大的生趣"。或许最大幸福中包括了最大的生趣,但经济家之所谓幸福,大多是指物质的享受,即生活上一切的满足。我今之所谓生趣,乃指于物质完满之外,再求人生的乐趣,乃指精神的享用一方面的。

这个生趣的意义,有两方面:一是在物质所享受的幸福中求其生趣化;一是超然于物质外之生趣。

前的专为富人说的。富人对于物质的享受不怕不满足,但他们所怕的是缺乏生趣,就是在满足的物质享受中,不能把物质美趣化与精神化,以致脑满肠肥,脱不了鄙俗市侩的态度。救治他们的方法,就在使他们生活成为艺术化。

至于贫穷的人,物质已苦不能享用了。若他们又无生趣的获得,则苦中更加苦了。救治他们的方法,只有给以大自然的乐趣。所谓清风明月,不用一钱买,可以取之无穷,用之不尽。

但无论富也好,贫也好,人人应当求得最大的生趣,这一层当从社会组织起,当从群众共同的情感处发动。这是新的经济学理所当添入。这是新的经济政策所当充分注意及的。

群众情感之同鸣,发源于群的与美趣的生活,这些当然须从美的

---

[1] 本文原刊1937年《广东经济建设月刊》第4期。

社会组织起，又须从艺术教育训练起，更须从经济精神化改革起。

我以为这三个责任应由名胜委员会担当起来。

第一，名胜委员会不但要保存名胜与建设少数人贵族式的游泳池、别墅区，便算满足。它的责任，最大的在使整个社会美化起来，换言之，把整个地方都变成为名胜区，使全球人民都得鉴赏自然与人为的乐趣。例如以我省说，何处无美山，好水？何处无八景？何处无清风明月，清泉泠泠，高山苍苍。又如以广州市附近数目，计可以为名胜区的有百余处。单单东治白云，西理石门，不过差可人意而已。必须把这百余处名胜区组织成为整个的系统，这也尚嫌不足。必须再进，而将全广州附近，譬如从东北方面而起，由关于山、白云山而至于龙眼洞、歌塘石到罗岗洞转一环回来而将第一师坟地，黄花岗十九路军纪念处等地方一气组织起来，使整个的广州市东北附近成为一个名胜区，这才算是大规模的组织。又再扩充而至于增城，博罗以至于罗浮，与惠州西湖，再扩充而至于海陆丰以及潮梅。推行至于我省的中区、北区、南区，以至于琼州把所有名胜组织为整个的系统，这嫌不足。难处不在把全省的名胜区一气整理。而最难处乃在把全省的市邑，尤其是一切乡村，一律美化起来。因单独把一个名胜整理，若周围的市邑乡村仍然是野蛮状况，仍然是肮脏，臭气四出飞腾，仍然是瘟疫的巢穴，那中间的名胜地方怎样整理，也不能十分美丽，无论如何，也不能吸引游人，尤其是外国的游客！譬如一个人满身麻风，衣服怎样穿得美丽，总不能成为美人，一个人满面粗鄙可憎，无论怎样涂粉擦红脂，总不能吸引人。

所以一个名胜建设，同时当将周围也建设，把全省的名胜建设，同时也要把全省的地方都建设。当然着力在名胜区，周围的地方不过兼及。这也譬如一个人头面漂亮装扮得美丽，全身虽粗衣布服也得引动人。况且，因其粗衣服，愈显得头面的美丽。假如全地方能够清洁雅致，卫生整齐，虽则竹篱茅屋依稀零落三数家，点缀上几株垂柳挂在夕阳斜晖，愈显得左近的名胜更加美丽，所有建筑更加伟大有趣了。俗语"牡丹虽美,也要绿叶扶持",便是这个道理。故整理名胜的周围,便是整理名胜的本身;也如整理全省的市邑乡村,便如整理全省的名胜。

推之,一个名胜,若只有少数人得享用,便大大失了它的价值了。我在上已说及美术的与大自然的享用,愈合了多人鉴赏,愈得了美趣与快感了。假使白云山,只有几个别墅与少数人能得登临便失了名胜的本色。必要使白云山为全广州市人民,与市近郊的全民均得登临凭眺之乐。那么,白云山变成为群众化的玩乐场,而游客也由此平添了无限的乐趣。由此而论,必要使全省人民全数均得在其附近的名胜,得其登临鉴赏之乐趣,然后全省的名胜才有价值,然后外省与外国游客自然而然极形拥挤而来,与来的得到极大的生趣而归了。瑞士给予游客留恋处,并不是东一个名胜,西一个名胜,而是整个的瑞士都名胜化,混合成为一个公园与名胜了。

使全省地方都成为名胜化,最少,使成为名胜区附属化。又使全省人民得到名胜区的鉴赏之乐趣。这是名胜委员会,或则各地政府,或则人民团体所应负的重大责任。如能达到此目的,才算是达到最大多数的最大生趣。最大的幸福,自然也就包含在其中。

所以组织名胜区是一件事,组织名胜区而使社会普遍的群众人人能够加入去受用,又是一件事。后头这个组织更加重要。不然,纵有名胜区也不过是一个死的地方,或则少数人的地方,于人民又有什么关系呢?

我今就来略为论及这样群众同乐的地方吧。现就广州附近来说起:第一,白云山应组织成为群众的游乐所,前已说及之了。第二,于现在已有之东郊龙眼洞、柯木塱、歌塘石一带应于夏时设立"夏令营",组织数千或数万人以上的大集合。满山满谷,设备帆布棚为住宿,私人,或社会团体或家庭,或学校都鼓励到这些地方过了些时的野外生活。帆布棚或一切用品应有委员会购置以极便宜地租与游人,或由游人自己购置也可。现在歌塘石已设有郊外体育会,一切规模,极形美备，中有旅店甚形整致，又有游泳池极见新式摩登，若有数千人以上住客，应临时于现有游泳池旁再筑一个可以够用之新池，工程极易为的。此中周围之山色甚是美丽，如有数千与数万人之集合，可以为种种的玩乐，如打球、跑马、听音乐、看电影，包管住客极为满意的。

这个野外露营之组织，在白云山，在所有东郊一带，在石门左近都可实现，使广州市民可以由此最少得到数日的野外消遣，以领赏大自然的风光。同时因群众之大集合与各种娱乐之共同生活，自然而然地使到会者就能生出一种热烈的兴趣，及有艺术性的情感了。使能推广此种方法到罗浮山到惠州西湖以至于我省所有的海岸可以游泳的地方及所有的名山，那么，所有全省人民大多数人可以享受自然的生活与养成合群的情感，快乐美趣的群众情感呵。

我在十余年前以校长名义出席于那时之广东省全省教育会议，曾提案谓，遇放暑假时应择适宜之海岸与名山水之地方，由教职员带领全体学生到其间露营住宿以便游泳，及各种野外体育，与同时修养学问德性。除非特别事故，不准学生告假不到。到现时，我尚主张这样组织。因为学生时期，最要是好好做成一个真正的学生，在学校固应好好读书，当放假时更应好好继续修养。现在学生当放假时回到家庭与社会，便染习了恶劣社会的各种坏性，并且无论学校读不到什么书，把读到的也在放假时间浪掷完了。故在这样恶劣的社会与无组织的家庭，学校应把学生在休业整个时期，监督到无微不至，庶几于其中可得到多少好学生。这个于假期，尤其在长久的暑假不能无相当的组织而把学生继续训练了。

我曾在日本九州过了暑假。太阳是那样热烈；但见极多的日本学生背了包袱，满面汗珠如雨下，做长途的旅行。这样的旅行有时是极远的，如行过整个"九州山脉"之类，约须十二日路程，可是在日报上见到日本学生做这样长途旅行，每年不下数十万人，所以日本人的好体格与强盛不是偶然的。

再论"最大的生趣"

长途旅行，不但于身体锻炼有益，而且于智识上所得甚多。因一路的山川、地理、实业、人情，可以从旅行学得。昔时希腊大哲亚里士多德的教授法，便采用这样的旅行式的。

要之，于海边或深山为长期露营也好，长途旅行也好，这些于体育、智育、德育都有裨益的。我们对于学生要这样提倡，对于一切群众都须一样提倡的。

当然，贫苦的群众，不能有这样消费去做这样闲情的消遣。可是，在有目的的组织之下，大多数的民众，也可于附近娱乐的场所，毫免一文便可享受这个动的群的情感的利益。我住在哈尔滨时，夜间到公园，见无数群众绕音乐队一大圈，继续不停的行动。格外显出俄国人好动的天性，这也可见俄国复兴自有一种天然的力量为根据呢。

使民众活动起来，使他们参加群的生活，艺术性与情感性的生活，这是名胜委员会所应负之最大责任。

此外，要使群众活动与发生情趣，应多组织各种"节日"。我在上已经说及在白云山组织各种会，与好好组织国庆节为普遍的狂欢节了。就白云山原有"郑仙日"说，自阴历七月十五日起一连好几夜大热闹。如能因势利导，加入有艺术性与有意义的提倡，当能在这些旧时迷信的节日中提起不少的景象与生趣的生活。

故我想名胜委员会应于每月除"会日"外，至少提倡一个节日，于原有之元宵、清明、端午、中秋、重阳等节日之外，并当加入些新的有意义的如妇女节、儿童节、劳工节、种树节、教师节等等，都应有完善的布置与极普遍的宣传，使群众以极便宜的费用，而得极大的兴趣，与极良善的修养。

此外，又有一事应注意提倡是城市，尤其是乡村，每年应有一次或两次之"游艺会"，即于一定的时日，在一地方开了各种玩耍及卖物场。玩耍种类，如旋转台（中有各项物象，如木汽车、木马，各种木的制品合成为一旋转台，人坐其中得到游戏之乐），小孩玩台、玩品、枪击种种。卖的物品，一切具备，尤重于赌彩，即中者可得一些用物食品之类。这件组织，在法国极盛行。虽在巴黎各区，每年也有一次游艺会。在我国市邑极可仿行，于人民兴趣及经济所关极大。尤其是在我国乡村，可说是死灭式的，如一年中有一个游艺会，期间为数日以至一个月，各乡村轮流行之，可以使枯燥无聊的村民得到一些娱乐的兴趣，与买卖的便利。

这事虽然不是名胜委员会的正业，也可当为副业去经营吧。

其次，说及普及的艺术教育，当然从学校与社会两方面同时努力。名胜委员会所给予人民的艺术教育，最为实在的：因他所建筑的乃造型的艺术；他所布置的花园林场，便是自然的画图。并且他的宣传力甚大，一处名胜区的成立，便是给予周围及来游客之模式。况且我们的企图乃在使全省成为名胜化，则全地都变成图画了。由这个造型的切实之艺术之练习再进而为舞蹈与音乐的修养。如要使全民得到最大的生趣，后头这两种艺术也非使他普及不可。

到此，而可论及美的经济或经济精神化的一件事了。所谓美的经济：（一）是以极少的费用，而得极大的出息，如我所主张利用普遍的征工政策，把所有荒山旷野以及一切的实业都可免用多大资本而尽行开发便是；（二）是以极少的成本而得极大的利用，如我所主张的民库证券便是；（三）是以极少的费用而得极大的乐趣，如此篇所论的一切名胜化组织法，即是一个雏形处。

用人力而使满山都有林木，平地都种花果五谷，一切都是繁荣的气象，山固然美，水也变美了。故一切名胜的建设，如能利用人力，那更是美又加美的经济了！使我的民库证券政策能行，则市邑农村的复兴当极迅速，而使它转成美术化更为容易了。今姑舍此勿提，而来专论名胜中的经济。

我已说及以极少的费用而得到极大的乐趣，乃是名胜会中对于经济之一种特殊贡献。故名胜所收得游客之费用虽多，但游客所得于名胜精神上的乐趣更多。假你是学问家，游过名山大川后，学问更成为高深。例如司马迁，游费几何？他在游历时所得的学问之价值，那就不可计算了，比他所用的游费可超过几千万倍了。假设你是诗人逸客，你如多游名胜，所作诗文必更加有逸气秀气，例如李太白之诗、苏东坡之文，便是得利于此了。假使你是政治家、教育家，于胜地游历后，当能多得许多学识，这是个人出了极少的费用而得极大的效用之证例。

组织群众的生活，聚合多少万人，共同享用一文不用费的自然生活。或则以极少的费用而享受公共组织的艺术生活，这是群众比个人更可出了极少的费用而得到极大的生趣之证例。

国民经济建设与教育之总评[1]

——并介绍中国各地几种雏形实业教育及乡村建设运动

年来，我国因城市经济崩溃与农村破产，一班救时人士就注意于到田间建设起来，这是最好不过的。本文下头所介绍的几处实业教育及乡村建设，乃由吴朝聚先生所搜集的材料，由此而可见得我国近来振兴乡村运动之概略。吴先生本意是极好的；对于各处之建设介绍都出以善意的。然竞生看此后觉得尚不满足，故就其中做点批评。这些批评是由竞生负责的，与吴先生全无关系。

在此起首上先来说出个人之二点意见：

第一，统观我国乡村之运动，大都未免过于广泛，而缺乏一个中心工作。我以为农村运动应以"复兴经济为中心点"，其余如教育、治安、卫生等不过是连带之问题。以经济复兴为中心工作，注全力以奔赴，自此各种事业都要包办为易成与易于得到大效力。且乡民现在最需要的是生活问题，最低生活已无着落，遑说什么教育与卫生？最低生活既无着落，自然有些人不免流入于匪类，又说什么公共之治安？

假如生活既有着落，则一切事又都可办了。有生活自易于讲求教育与卫生，自然也无有或极少了匪类。等到生活充足，路不拾遗时，自然夜间可不闭户了。所谓治安，也不成问题了。其他如道德问题也得以解决，然谓衣食足而后知礼义廉耻。

故如定县所说之愚、穷、弱、私四大纲，何不注重于穷之一途，解决穷问题，愚、弱、私三种问题即可解决了。又如邹平乡村建设

---

[1] 本文原刊1937年《广东经济建设月刊》第4期，署名张竞生、吴朝聚。

也未免偏重于教育，而忽于经济之一途，以致物质不存，精神不能附着，结果不过成为一种"书呆子式"的乡村运动。他如无锡至实验教育区、山海工学团、中华职业教育社、洛阳实验区、广西国民基础教育、江苏省汤山区，或则失之推广农业力量之狭小，或则对于职业运动之不普遍，或则范围太广，贪多嚼不烂，但大都是不把建设农村经济为中心，这是极可抱憾的。

若以农村经济建设为中心工作，我以为应做如下之组织法。

（一）凡在试验区，编定做工的人数与种类，实行强迫的征工制，或于事势不许，则为勤导的征工制，是人民能做粗工者从事于垦荒种植，或为水利，或为交通之工程，妇人则为家庭工业。

（二）设成人学校，专在教导怎样做工的方法，与饲养家畜，改良畜种与农种，讲求农学，造肥料及除虫害。

（三）设妇女学校，专讲家政，养小孩及家庭工业。

（四）设小孩学校，专灌输生活常识及做工的技术。

以上三种学校，乃注全力于生活常识，至于识字，不过附属作用，又须注重社会教育及军事教育。

总之，今后我国的农村运动，当以经济为中心，此真义知者甚多，可惜主持农村运动者都是一班书生，故不免把这个真义丢失而恢复了书生本色，只是办下了一些乡村教育，自以为可以复兴农村了。实则以现在穷苦的农人，当然不能从书本去深造，那么求得一知半解与识下几个字，究之，有何效用？与目不识丁者又有何分别。故今后的农村运动，当洗净书呆子气，当化身为农人，实在为农人着想，勿求什么高深的理论，但求教导农人有饭可食，有普通智识，尤其是关于农业智识与农人能力就好了。与其晓得什么什么主义，不如会开荒地，改良种子家畜；养几只肥鹅，生多几只蛋，饲大几只猪，培植了几株果树，胜于懂得"牛克斯""马克斯"[1]几万倍了。

---

[1] 这里所说的"牛克斯""马克斯"实际上是主张"多研究实际问题，少讨论一些主义的问题"，而不是否定马克思主义。

可是，怎样复兴农村的经济，这真义虽则那班运动之书呆子晓得，但他们无方法与不能实行。我极知彼等必说：缺乏经费怎样办复兴农村经济呢。实则，晓得征工的方法，并不须什么多经费，便可以用极少之金钱而得极多与极大的建设事业了。使其实验区内之壮丁都有事做，妇人都有事做，彼此都以人力生利，则地方上不怕无出息了，有了出息，教育就不怕不能振兴，一切事业不怕不能举办了。若如今日乡间的困穷，一切事都不能办，就算一时能办，久后也必萎缩而至消灭呢。

所以要复兴农村，当注全力于复兴农村经济；而要复兴农村经济，其事最简易而最有效力的，则莫愈于举行有系统的征工制。

第二项，今日我国之农村运动固然极其重要。但城市运动，也为同时之重要。最可怪的是从事于农村运动尚不少人，而城市运动则几于无，求其把一重要的城市作有规模之建设运动，似乎尚无人注意到。这其间固有许多困难：一是有权力者不肯把大城市放手，至于一些无关重要的地方如定县，如邹平，尽可给一些书呆子混乱试一阵，成功失败，横竖于他们执政者不关重要的。至于一个重要城市，如试验得好，对社会影响固甚大，但对那班有权力者有时未免有不妥当，所以我们未见那班执政者肯把一个城市如上海，如北平，如广州，交给一班有主义者去实验。甚至于那些第二等城市也未见有这样豪举。二则那班社会运动家似乎也无这些野心。因为到农村去，山高皇帝远，办好办不好较少人知，较易于藏拙。而且对付乡下佬也较易于对付城市之人民，故我们只见一些乡村复兴运动家，而极少见到一些城市复兴运动家，说起来真可惜。城市当然比乡村更较重要的。今日城市之破产并不让于乡村。而城市有集中力量，财源比较丰足，市民聪明才力比乡下人较为优秀，且城市一方面为乡村入口货物之咽喉，又为出口之总纽，又文化较高，较易提起国民经济与国防之力量，故乡村虽整理好，苟我国城市尚如今日一样之混沌，则乡村也无法复兴，纵复兴也甚缓，力量也甚小。故我希望有一班人出而为城市复兴之运动，与乡村运动并驾齐驱，使城市与农村相得益彰，而使我国更能迅速进于复兴之途径。

说及怎样在城市活动呢？这个也不外如在乡村活动一样，集合了多少同志，组织一个会社，要求得执政者之同意，筹出一笔经费，于是就可迈步进行了。

当然，在城市与在乡村只办法有些不同：在乡村可利用征工制，在城市则大多不可能，只好有组织的指导工作制度与利用家庭工业制。注重轻工业，与每类工作的组织，及一切工团之集合。例如在广州说，应有下列之努力：

（一）手车夫——手车夫甚多，且其生活甚苦。彼等受车主之剥削，过了牲畜的生活。故当筹备经费制造充足之车辆，以极便宜租出。至于居住饮食，更当为之讲求卫生。

（二）疍户——河面疍民不下数万人，类多以运输为职业，而陆地人民每视为化外，政府也毫未加以注意，诚为可惜。理应改良其待遇，畅通其运输，并予以教育之灌输。

（三）贫户——注重其家内之卫生与其家庭工业之指导。

以广州市说，都市消费的生活无论外国货充斥，即本国各外埠之货物也如潮涌一般而至。故在这样消费的地方，组织生产的事业，本极易于成功的。譬如家用的牙膏、肥皂、面巾、手巾、袜、鞋，以及家庭什物、挑绣抽纱等，都可由家庭工业制造供给于市场，现在固有些少举办此项工业的，但为商人所把持，以致剥削无所不至。故应作有系统的组织，使做工者得到充分之利益。

（四）徒弟——在这样大城市之工业及商业中，当徒弟的为数极多。此类徒弟工薪极少，几等于无，有时且受店主之苛待而过了非人的生活，故当为之解脱与救济。

在这城市运动中，也当注重于教育，但当如上所说之农村运动一样，当是"生产的教育法"。不但是识字而已，且应学得一种生产的技能。例如应设立者：

（一）厨房学校——我国的烹调甚著名，有所谓天津馆、四川馆等等，而尤以广东厨最为出色。可惜我国烹调法只是几家酒馆所专有，至于民间实在并不讲究怎样好味道。至于女佣兼理厨房这更不讲究。因女佣多是贫家女，当然不识烹调之道理，偶或习得一二，也是粗枝大叶。今若开了厨房学校（巴黎便有这样学校），或夜间上课，由著名厨师指点，举凡卫生、切割、煮、炒、烧、炖以及调味和羹均予指点不过一二月便可毕业，而将这些毕业男女生，指给社会尽先雇用，这样一来，人民以同样钱数得到许多好食味了。且这班厨佣如技术精湛，将来尚可得大利。法国著名厨师被本国或外国大酒店、大邮船雇用者，其薪水之厚，直超于我国之各部部长。当我在上海、北平时，我常感觉这些可怜的雇佣所做的食味真是糟透，在广州，虽则是"食在广州"，但曾被一个女佣所做的食物，可说是"被她毒死了好几个月"，这真冤枉，好好菜料一经他或她们之手便成为无味、苦味或毒味了。今若使他们夜间学习了几个月，日间仍然可做事，无论如何，总可作出一些家常好菜饭。至于精细的，将来也可高升为大厨师，不致终身沉沦于月薪几元了。

（二）佣人学校——我国的佣人（男女佣工），以怠惰出名。日本人说一个日女佣比十个中国女佣做工好。我也相信的。当我在日本住了乡下一个小客店有廿余间房，只有一位女佣，但收拾得极干净，每日用湿布满处满地拭。在我国每每用了两个女佣，只有三两间房，稍不注意，便会客厅里、厨房、睡房满处蛛丝尘网。我国女佣只是会谈天。在广州的女佣又加上了一层恶脾气，吸烟仔，无礼貌。凡此都须经过一番训练的。训练他们或她们有礼节，识得卫生，怎样剪自己长且脏的指甲，怎样煮洗衣服，怎样扫地，拭器具墙壁，凡此都是佣人必具的常识而与雇主有密切关系的。

在此项上，最要是训练看视小孩与服侍老人的女佣。看视小孩乃一种具有科学性与艺术性之专门职务，和小孩的卫生、道德、聪明种种有关系。现在的女看视人根本连最低度之常识也缺乏，遂致小孩受了极大的损失，而雇主也受了莫大的伤害。故对于训练此项的女佣，更当格外注意努力。

在城市运动之中心工作,有一件比上两项为重要的,则在设立一种"普通的工程师夜校",这件事伦敦各区办得极好。学校所教授的为几种社会上所需求的技术,如修理汽车、染色、普通物理、化学及电学之应用、纺织,等等。无论何人均得入学,又是在夜间授课,便利一班日间工作之人。视其所学之轻重,或为一年、年半以至二年就可毕业,给予普通的工程师文凭。现就我们的大城市说,这项普通技师确实重要。例如广州说:最重要的科学就当为修理机械、电学、染色、农、林、肥料、矿、渔、花卉等,使人各就所长学习一二年夜学后,可以出而为城市及乡村做一种帮助技正之人才,这些普通及下层技术人员,实在极为现时的社会所需要的。

总之,今后的社会复兴运动,有几项大纲应注意的:(一)在农村或城市运动,都应以经济复兴为中心;(二)注重于"经济的教育法";(三)农村运动者勿忘于城市运动;(四)注重于工业方面之运动。

今将吴先生所搜罗之中国各地实验教育运动,从发轫最早的中华平教促进会起,以及中华职业教育社、无锡省立教育学院、山东乡村建设研究院、上海山海工学团、广西的国民基础教育、河南的洛阳实验区、江苏汤山农民教育馆,顺次列举于下,以资参考。

一、河北定县平教会

平教会的中心思想是什么呢?这是值得探究的。在参观者一跨进中山故国的定州城,远远地观望一面白地红字的"平"字旗飘扬空际,这是平教活动的大本营。直进平教会的大门,照眼看见六个大字"除文盲作新民","平"字这样说并不是表示平民的意思。上面两横是代表耶释两教之精神,中间一竖,是表示与我国社会传统最有历史关系的孔子思想,只此就可知道,平教不限于一党一派,而以东西文化熔于一炉,为其建设社会之根本信仰。以"除文盲作新民"是他们的口号,亦就是他们的主义。他们以为"今日我国问题,这样的复杂，非从根本上求一个解决方法，只顾头痛医头脚痛医脚，终久是治丝益棼、剪不断理还乱的状态。所谓根本的解决法，如从各问题的事实上去求的时候，应先从发生问题'人'上去求；因为社会各种问题，不自发生，自人而生，发生问题的是人，故遇着有问题不能解决的时候，其障碍不自问题的自身，而在惹出此问题的人，所以我中华四万万的民众共有的各种问题，从根本上求解的方法，非从四万万的民众身上去求不可。"（见《平教宗旨及最后使命》）他们根据事实，细加观察，见得中国人民身上之最大魔障，是在愚穷弱私。"中国大多数的人民缺乏知识，不但没有相当的知识，更有不识本国的文字，何能得到知识，更提不到享受文化。在生计上，最大多数的人民，生产低谷，经济困难，生活在生存的水平线之下，没有增加生产，改善经济组织的智识和能力。再见大多数人的身体衰弱，对于公共卫生毫无训练，真是病夫的国家。最要紧的是人民不能团结，不能合作，缺乏道德的陶冶，缺乏公民训练，如何自立自强？"（见《定县的实验》）所以要挽救中国的危亡，要解决人民当前所不能解决的问题，必须扫除魔障，必须医治这四种大病，必须谋补救人民生活上这四个基本的缺点。所谓四大教育，便是针对着这四个病症的药石。文艺教育是培植智力，以救愚的。公民教育，是养成合作团体的精神，是救私的。生计教育，是帮助解决生活问题，以救贫的。卫生教育，是指导卫生习惯，以救弱的。这四种教育，可以说包括平民生活的一切。文艺教育的一部分是除文盲工作，其余生计教育、卫生教育以及公民教育，都是做新民的工作。"除文盲做新民"后，社会便有了基础，一切疑难问题，因以解决，这大概是平教会的理想。

但是何者为新民，怎样才算是非文盲。对于后者，平教会并无明显的定义，大概是读了一本农民千字课，或是修毕了初级平校，便算告一段落。至于前者，他们规定了（1）科学的头脑、（2）合作的习惯、（3）坚强的体魄、（4）平与仁的精神等四个条件。

他们既定了探求的目标，发见社会症结之所在，开了对症食服的良药，现在所要研究的，就是如何服用药石的方法了。这便是实施四大教育的方式，也可以说介绍四大教育于农民的途径，计分三种，称为三大方式。第一是学校式，实施时是以受教育者个人为对象，比较注意于智识之系统的方法的传授与基本训练，在一定的时限之中，施以系统的教育。第二是社会式，实施时以团体的共同教学法为主，注重表证及其他直管与直感教育的方法与准备，注重各方面社会活动的教育，使一般民众于自动的参加活动组织团体之中，取得社会的教育。第三为家庭式，是对于家庭中各个不同的分子，多数家庭联合起来，施以相当的训练，一方面是家庭社会化，一方面见到教育是必须以全民为对象，要使在家中的老少男女，都能得到相当的教育。

四大教育是药石，三大方法是服用药石的方法。现在我们要问病人在哪里呢？就是何者为教育的对象？则农民实为其主要的对象，而农村是其对象。因为中国以农立国，国家基础，自古建在农村之上，平教会现以农民为对象而着眼于农民教育，这是常然的。在农村里举办教育，不能不顾到农民生活。各方面的基本需要，必须各方面都有适应的教育，又顾到整个的农村建设才行。所以它一方面以农民教育为工作的基础，一方面以农村建设为工作目标，农民教育与农村建设联络进行，才能复兴农村。复兴农村而后中国社会基础才能稳固，这就是平教会整个的事业之表里的两面。

二、山东邹平乡村建设

山东乡村建设研究院，理论方面有梁漱溟先生主持，故梁氏之理论，亦几即该院之理论。

梁氏在几年前，便把心思萦绕在东西文化的问题上，曾发表《东西文化及哲学》一书行世后，以中国社会的变迁，乃开始怀疑西洋制度之不适合于中国，最后乃断然否认之。标出"民族自救"的题目，以求民族之出路。他以为中国文化，原有高明精神，及为后人所利用，改削娇柔，仅存糟粕，然即此已能维持数千年，终以西洋文化之渐入，中国乃受绝大打击，另谋自救，近急起直追西人之后，因之学西洋之政治制度、教育方法。但是中国社会，原与西洋不同，须从头认取自己，而求民族之复兴，始可自救；仿效他人，不是办法，乃发表二主张：（一）西洋民主政治，在中国政治上为第一条不通的路径；（二）共产制度为中国政治上第二条不通的路。在经济上又有二主张：（一）资本主义是中国第一条不通的路；（二）共产主义要走的路是中国第二条不通的路。[1]

中国问题，乃在其社会内部，须在中国新社会组织构造实现，中国始可复兴，经济、政治、教育，悉尤其可循轨辙。而欲完成此功，须自乡村建设入手。乡村建设，绝对不是仅限于乡村工作，只是着手点。中国问题中心在乡村，乡村没有办法，单在上层努力，是没有用的。其乡村建设理论有云：（一）乡村建设运动，起于中国乡村之破坏，即是救济乡村运动；（二）进一层而言，起于中国乡村所受政治的影响，无限制的破坏，迫不得已不能不自救，乡村建设运动，实是乡村自救运动；（三）乡村建设运动，是应乎积极建设的要求，为我民族社会的新建设活动；（四）进一层而言，中国今日问题，在其数千年相沿袭之社会组织构造既已崩溃，而新者未立，欲谈建设，应从建设一新社会组织构造谈起。乡村建设运动，实为从新建设中国社会组织构造之运动。

既然建设范围是在整个社会，而不至于乡村，何为而名之曰乡村建设呢？要解决的问题，既于社会各种问题无所不包，何为而名曰乡村运动呢？此有三点可说：（一）此建设工作或解决中国问题工作，必从乡村入手；（二）此建设工作，或解决中国问题工作，必赖全村人自身的力量为止；（三）此建设工作，或解决中国问题工作的完成，在实现政治重心、经济重心都值在乡村的一个全新组织构造的社会。关于此意思，梁氏曾在《山东乡村建设研究旨趣书》上说过的几句话："我们

---

[1] 在目睹中国共产党取得土地革命的成功之后，梁漱溟承认，他看待中国社会的观点是静态的，未能看到差异可以发展成阶级冲突。他反思自己犯了过度强调中国问题特殊性的错误。

要拟定我们的题目，握定我们的纲领，题目便是开造正常形态的人类文明，要使经济上的富，政治上的权操于社会，分操于人人。其纲领则在如何使社会中心从都市移植于乡村，乡村是个小单位社会，经济组织、政治组织，皆天然要造于此的，一切果从这里建设起来，便大致不差。恰好乡村建设要走的合作的路，那是以人为本的经济组织，由是而政治亦自行成为民主的，那么所谓的富与权，操于人人，更于是确立。现在所急的，是如何导着这原则以培植乡村力量、乡村的功夫，谓之乡村建设。乡村建设之所求，就在培植乡村力量，更无其他，而力量一在人之知能，二在物质，而作用显明，要在组织。凡所以启发知能、增殖物质、促进组织者，都是我们要做的。然力量非可由外铄，乡村建设之事，虽政府可以做，社会团体可以做，必皆以本地人自做为贵。

再述及梁氏之乡村建设四原则。（见梁氏著《乡村建设是什么》，载《乡村建设》旬刊第二卷第三十期。）

人类为求生活之便利，乃有经济问题之发生，有此问题，乃有其他一切问题，不过经济问题，虽普遍而重要，还有更重要者在，人类即为生物，则不单有其自体生命。人类最不与其他生物相同者则在其生活方法，生物之生活方法有二：（一）植物的定制生活法；（二）动物的活动生活法。后者又分为：（1）本能生活法；（2）理智生活法。生物愈高等，则生活愈复杂，所以人类理智的开展，才是生活的进步。所谓理智，即心中有两个以上的观念，而不为一物所维系而能超出也。人类也有本能，但他能超本能，也可以说超为我，超自私。既超为我，则对万物皆关切——爱——中国有句古诂"万物一体，一体之情"，所以我们乡村建设的第一项原则为"建设一个含有人类一体之情的社会"。

人类既走理智的路，则在本能激动的时候，能够平和周旋，在此和平周旋时，才可能达到理智，这是人类的真价值。科学上的理智是无私的，绝对没有情意，以平情关系查事理，不但得到科学的道理，并且可以得到人生许多的道理，故第二项原则为"建设一个无私的社会"。

创造也是人类的本能，人类之创造，而不让他创造，他便异常难过。所以自由论的真正维持点,就在人类有创造的能力。罗素说:人类有两种冲动:(一)占有;(二)创造。资本主义社会,为经济拼命竞争,是以表现占有冲动;工人想争面包也是占有冲动。我们主张把占有冲动减到最低,创造冲动发展到最高。所以第三项原则为"建设一个容纳人类创造的社会"。

教育到人类才有,才可能,才必要,动物一生下便会活,而人必须去学,此举更不限于儿童期。教育不是给他力量,而是让他自己长,自己吸取智识。人与物的真不同,乃是到人类才有错误,便是人类的价值。人类能充实他的价值,就在常努力以求减少错误。错误有两种:(一)客观实理——物理——的错误,此种错误是无穷尽的。欲减免此种错误,需靠精密分析的理智。(二)主观的精神的错误,此即言人心之公平处,即常人之是非。欲减免此种错误,需靠敏捷灵明的心情,在一般教育中,只培养精密分析头脑,而注意知识的错误,因此忽略了培养他敏捷灵明的心情,辨别情理之当然。自古中国教育偏重后者而西洋教育专注前者,故中国儒家所谓学,只是往自己身上用力,而能以自己的生命,由自己使用,创造的力更伟大。总括两句说:创造自己,始终求学,所以第四项原则为"建设一个教育环境的社会"。

宇宙是大生命,人类是其中的小生命,人类文化,向前开拓,向上推进,是由生命开拓,在一般生物,他不知道向前开拓的事,进步到人类,他生已能体会出是这么一回事,所以儒家的学问,便是生命开拓的学问。人类的究竟,是在创造,而不在享受。国家之成,多是给一个机会,让他在机会内营谋他的经济生活,但人民把全副力量都去营谋生活,则不易有其他创造。再有一个原则便是:美或云艺术,但这可包括在第四项中,以上四者,本为人类自然要求,必须如此,方为人的生活,每人都应当向此四者奔赴之。在今日以前,人类还没有像以上四原则的社会。我们现在要有构成四种精神,构成社会的安排,建设的祈求;单是请愿式的请求呼吁是没有用的。我们认清的乡村是下手的地方,乡村是中国文化复兴的基点,所以要努力乡村建设工作。

实际的工作如乡村学校和农场，有相当成绩，分述如下：

（1）乡学村学，是由乡农学校演变而来。梁漱溟氏在各乡设乡农学校，在每区设一中心乡农学校，自二十二年七月始改组为农学村学，研究院差不多是总司令，乡学村学是下级干部，也是乡村建设的基本组织。据梁氏说：这种由上而下的政治力量，只能为推进的助力，用以启发乡村的自助力，因为这种力量，若全出自民众，则民众程度不及，不感觉自治的需要，外来的新智识、新建设，他们都不能接受，自治也无从进行，若纯用政治的力量，使人民成为一种机械，则会有"人存政举，人亡政息"的流弊。像从前山西的村政推行，并非不力，但全出自官方，政治稍为发生阻力，即全盘停顿。所以很多主张多用教育的力量，以教育的组织，代替下级地方行政的组织，即以教育为启发乡村自助力的唯一工具。因为教育的机关，易和民众接近，以教师的地位，当和各村众领袖聚一起，即易提出问题，问题提引出来，即商讨办法，既商讨得好办法，即鼓舞实行，而没有强制执行的弊端，有教员往来于政府民众之间，也不至于上下扞格，政教合一，因势利导，成功自易。同时又可提出好人，培养正气，使地方公正绅民和进步的分子，及被压迫的生产群众，有团结的机会，做社会的中心，乡村一切建设事业，然后得畅行无阻。这便是梁氏乡学村学的理论。

查邹平自二十年依照中央及鲁省现行地方自治各法规，为地方自治筹备进行，将全县划分为七区，一百五十七乡镇。自改为实验县后，即一律废除，并将各区乡镇公所、监察委员会、调解委员会取消，将县以下的自治组织定为乡村闾邻[1]四级，按照该县户口、自然

---

[1] 闾邻制，根据1930年7月公布的组织法，县的下面设立区，区的下面设立乡或镇，在乡或镇的下面又设立闾，闾的下面再为邻。闾邻制是以原有的标准按照户数编成的，之后以保甲制代替闾邻制。中国历史上的"闾邻制时期"是指1927年到1934年，实行了13年之后，国民政府又于1943年颁布了新的《市组织法》，按照这个规定，市政府已经有了相当的"自由度"来决定自己的民政事务，当国民党当局又怕中心城市有了自己的权力后对中央政府有所不便，因此认为重要的城市只能是行政单位而不是自治单位。新法废除了闾邻制，一律采用保甲制，"10户至30户为甲，10甲至30甲为保，10保至30保为区"。

地势、社会习惯等情形，除城区外，划分为十四乡，乡以下为村，村之区划名称则仍旧，共三百余村庄。乡设乡学，村设村学，均设学董会。乡学董会，以各村理事和未设村学之村长为当然学董，并由县政府聘请本乡资望素著、热心公益者一人至三人为聘任学董，组织之。村学董会由县政府就本村中遴选相当人士，经村众同意函聘组织之。乡学和村董会，均互推常务学董一人为乡理事，并得以其他董事为助理员，协助办理前区乡公所的行政事务。这乡学村学，虽为教育机关，一方面在地方上仍为自治团体，对县政府仍如区乡公所为佐治机关。乡学村学，均有学长，由学董会推选当地齿德俱优者一人，经县政府礼聘主持一乡一村的教育，为一乡一村的师长，不负事务的责任。在乡村中有子弟不肖的，应加以督教，在乡村中有讼事的，应加以调解，即以全乡之众为乡学生，以全村之众为村学生，所以乡民学民，称为学众。又县政府第五科原有教育委员三人，常下乡视察，现改为辅导员，同时在每乡学内，设一辅导员，这些辅导员，一面在乡校担任功课，并实际指导乡农生活，一面巡回视察指导各该乡学所属各村的村学和小学，种种活动，常在乡间，唯遇县教育行政会议，则回县参加。这是梁氏用教育方法辅导人民自治，将建设教育放在社会里，建设教育，启发乡民，建设即教育，建设和教育的界说，即从没有到有为建设，从不知到知为教育。乡村工作之动机，非为教育，教育的对象，实为农村，这是梁氏将学校教育、社会教育和地方自治打成一片的公式。

（2）农场。邹平对于农民生计改进，大部分由农场设计研究，推广进行。农场与研究院同时设立，租外人所办的医院为场址。其进行目标为改进农民生产技能，加增农民教人。其人于办理的方法，注重于收集各地农业机关试验有效之品种，做一度之地域试验，再将其有效之结果，以表证方法，推广于农民。在推广方面，以适于农民需要，并分区进行为原则。农场主要工作分两部，一为研究，二为推广。

三、无锡省立教育学院

（一）无锡教育实验概况及省立教育学院成立旨趣

十九年六月，江苏省立民众教育院及劳农学院合并组成，就改称为江苏省立教育学院。它的历史，合其前身计之，已有八年，现在虽称教育学院，其努力之途径，与夫精神之所贯注，要在民众教育与农事教育二方面。主旨在培养该省之民众教育、农事教育之服务人才，并为全省民众教育、农事教育研究设计及实验之场所。所以和一般大学之教育学院截然不同，院址在无锡城外社桥村，它的各部工作，大概亦在无锡。

（二）学生概况

全院现在学生十班，二百八十一人，其中外省人仅占百分之二，虽云注重实习，根据由做而学的原则，然而事实上仍是以上堂课占主要部分。故各种科学甚完备，已毕业学生，前后共八班，达四百十一人。其中差不多有十分之八，都在各县民众教育馆或农民教育馆服务。这些学有专长的人才，都能用其所学，这是一种好现象。

（三）农场和工场

该院有农场七十余亩（其中一半租自农家）及工场一处，为实验及学生实习之用。农场分作物、园艺、畜牧及昆虫实验室四部，另设推广部，将以上四部实验之结果，推广于农家。作物方面，连年注全力于稻麦选种试验。园艺又分示范区、练习区、研究区、经济区、原种区五部，似乎对于花卉方面用力最多。畜牧方面，牛羊猪鸡蜂蚕皆备，颇注意于优良品种之推广。工场组织分工务、营业、训练、指导及研究实验五组。制造品以学校仪器为最出色，简单切合应用，且定价低廉，较舶来货可省十分之九，较国货可省一半。而且有许多颇有意义的制品，于民众科教学上，实为便宜适用。

（四）经济组织之实验

在惠北、北夏两实验区，以及南门实验民众教育馆所成立的合作社共二十七所，社员七百三十一人，资本额三千一百五十九元，其中信用合作社共放款一万九千六百四十元，附设于信用合作社的储蓄会共三处，此外有贷款所，有米粮储押所，因地制宜，设法寻求流通农村金融的组织。

（五）经济建设之实验

凡修路、造桥、造林、救灾，以及改良农事，各实验区都引导人民努力去做。其中造林一项，去年推广白杨、松树等一万零七百三十株、桑树一万株，除在荒隙处培植外，已在北夏造成林圃二处，面积二十余亩，农场也新购了荒地八十余亩，做培植树苗之用。至于改良农事，是由农场主持进行，为适应地方需要，注意于稻麦优良品种的培育、猪鸡种的改良、育蚕的指导、病虫害的防治、新农具的推行，一切烦琐工作还有很多。

（六）乡村小学和民众学校

（1）乡村小学，北夏已有实验学校一所，以小学为中心，而充分利用民众教育的方法，白天是小学，晚上则收青年和成人。另扶助农民成立了乡村小学三所。

（2）民众学校，上年北夏共设民众学校二十所，三十四班，男生九百六十一人，女生四百六十三人，共一千四百二十四人。惠北共设十三校，男生三百零二人，女生四百二十六人，共六百二十八人。民众学校的办法，即鼓励私塾或小学，自动办理民众学校，由实验区指导考察，按成绩酌给相当的补助金，将来用于民众教育的推广，或须采这种办法，而以自办的学校，专供实验。

（七）农村组织的试验

要培养民众的组织力，先有一种民众自治的组织，这种组织，称为乡村改进会或自治协进会，由村中热心公益的成年人组织之，为推进地方事业的中心力量，就是办理地方自治的协助机关。现在北夏已设七所，会员三百二十三人。惠北已设十所，会员六百九十二人。

（八）农村自卫的试验

各实验区，在冬季都指导人民组织冬防团，谋农村的自卫，因为法令和经费的限制，不能置备枪械。冬防团的团员，由每户抽壮丁一人任之，每晚有五人至七人巡逻守夜。以村为单位，村与村间也有密切的联络，遇有紧急，则鸣锣集合。无锡农村本来是比较安静的。有这简单自卫组织，已尽足维持地方的安宁了。

四、山海工学团试验区

（一）设立的意义

山海工学团是陶行知先生等乡村教育界同志设立的。开办在二十一年十月，因为这个工学团的地址，介于宝山县和上海县之间，故名山海工学团，顾名思义，也可领略大概，工是工作，学是科学，团是团体。所以工学团说得清楚些，工以养生，学以明生，团以保生，说得更清楚些，就是以大众的工作，养活大众的生命，以大众的团体力量，保护大众的生命，工学团是一个小工场、一个小学校、一个小社会。在这里包含着生产的意义，平等互利，自卫卫人的意义，长进的意义，将工场、学校、社会打成一片，成功有工有学的社会，训练一般小朋友、青年、农民，都能生产，产生一个改进乡村的富有生活力的新细胞。

（二）组织系统

山海工学团的组织，在团体的系统方面，有团长综理一切，团长以下，有总务部、工艺部、社会改造部、纪律部、研究部等分掌各部职务。凡集会主席、烧饭、监护、打钟各事及主持纪念周，均由教职员轮流担任。各教职员分住各乡村农家，以便联络进行。工学团的组织，本无一定的规定，可大可小，从几个人的家庭店铺、几十个人的学校、几百个人的村庄，都可造成一个富有意义的工学团。这个团的组织，是力的凝结、力的组织、力的集中、力的共同发挥，而不是一个机关，不是一个工学的机关，假使只是一个工学的机关，即成了一个半工半读的改良学校，而不是工学团。组织工学团的动力，可有两种，一种是志愿干乡村事业的知识分子，一种是村里的居民做主体，由儿童组成的称儿童工学团，由青年组成的称青年工学团，由妇女组织的称妇女工学团，这里所指的青年，是不根据年龄而根据求学的态度，若是老年人而有青年人求学的精神，也得加入青年工学团。

（三）实施方针

中华民族，已经到了危急存亡的紧要关头，要想起死回生，需从整个的教育彻底加以改造，根据设立工学团的旨趣，确定实施的方针，用最敏捷的手段，实施下列六大教育：（1）普遍的军事教育；（2）普遍的生产教育；（3）普遍的科学教育；（4）普遍的识字教育；（5）普遍的民权教育；（6）普遍的生活教育。该团要把上列六大教育，于可能范围内，在乡村里尽量推行，使人人都成为中国健全分子。

（四）采取的方法

工学团采取的教育方法，和一般学校的传统方法，截然两样，不但要在形式上改变，而在实质上也要革新，现将其采取方法，列举如左：

（1）工学团主张以社会为学校，将学校与社会打成一片，教育与范围不仅在学校以内，把教育的力量扩张到社会去，以学校为改进社会的中心，而非传统的教育以学校为范围，与社会隔离可比。

（2）工学团主张生活即教育，将生活与教育打成一片，所有的教育，为生活所原有，生活所自营，生活所必需，使教育从生活出发，一切教育的设施，即根据生活的需要，若非传统的教育，与实际生活，漠然无关。

（3）工学团主张会的教育，不会的跟人学，认定知者有教人的义务，不知者有求学的义务，即知即传人，是受过教育者的责任，绝对摒除传统的教育，把师生的界限，划分得清清楚楚。

（4）工学团主张先生在做上教，学生在做上学，教与学都以此为中心，这是教学合一的要义，对于传统教育，先生教而不做，学生学而不做的方法，给以强大的抨击。

（5）工学团主张在劳力上劳心，才算是真的做，如传统教育，是教劳心者不劳力，不教劳力者劳心，不免瞎做瞎教，这是应彻底反对的。

（6）工学团主张，行是知之始，要在行动上去追求真智识，有行的勇敢，才有知的收获；而传统教育是倒行逆施，先教人求知，把智识装满了再去行，这是根本错误。

（7）工学团主张与大众同甘共苦，同休戚，以取得整个中华民族的出路，认定中国是到了生死关头，每一个有智识、技术的人，都要号召大众，取得一种联络的力量，殊非少数人升官发财的传统教育所可同日而语。

（五）推动的步骤

工学团的主体是本乡的农人。村外的热心乡村教育者，只处于推动、赞助、辅导的地位。这种推动、赞助、辅导，只适合于本村需要的时间为限。推动的宗旨，在求本村的自动；赞助的宗旨，在求本村的自助；辅导的宗旨，在求本村的自导。乡村改造运动，最忌代替农人做，因替代太多，农人仍旧是不会，农人不会，终是无补于大局。所以从事乡村改造运动，必须是农人自动，自动的来改造他们的乡村。从村外热心乡村教育者的发动到本村完成主体健全的组织，其推动的步骤有三：

（1）创办时发起人组织乡村改进社，掌管筹款、用人、指导事宜，同时认识本村真正农人。

（2）由真正农人产生董事会，接受改进社助款、聘任指导，再由总指导聘任指导员。

（3）本村工学团，经济独立时，改进社得以此款创办他村的工学团。

（六）经费的筹划

工学团是最经济的事业，要以最少的金钱，办理最多的事业，以充分应用本村固有力量为原则，凡是生活所必需而为本村所无，才运用外来的力量。例如集合场所则以租借乡间旧有房屋为原则，非至不得已时不建筑新房屋。实验农场则特约开通农友自办。运动场之类则租用荒地开辟。自卫武器则先集合本村原有的武器，渐谋扩充。甚至桌椅，也要自造，或由学生自家中携来，照这样办法，效力固然极大，到处都可办事。但是小学生年龄太小，无力工作，其作品不易有生产价值，所以施行此制确是一个可研究的问题。工学团原来的学本部，系租用民间的房屋，所有的房屋和开办费，都是募集得来，平常的经费，亦出自临时募集，教职员除伙食外，只存少数零用钱，或不满每月十元，据说今年新办的工学团，每团只有四十元开办费，每月十元的经常费，这种教育事业，经费算省极了。如此，才能打破以往装饰的教育，而建设以后普及生产教育的基础。

（七）小先生和传递先生

来者不拒，不能来者送上门去，这是工学团及教育的口号。来者不拒，在不收钱、不行入学考试的原则下还可通行；不能来者送上门去，将怎样施行呢？小先生和传递先生便成为这个口号的急先锋了。

小先生便是小学生，他不是得了智识不传人的小守知奴，而是即知即传人的大将军。他一面上学一面教人，他不必等到有了师范毕业文凭才去当教师，而是识一字便教人一字，懂一事便教人一事；他不必等到有了正式聘书规定薪水才去教人，而是以普及教育为己任、拿做人的地位去教人；他不必等到有了正式校舍规定钟点才去教人，而是牛棚灶边随时随地都可以教人。

传递先生也称连环先生，他是自己受教而也去教人的最进步青年，他和小学生一样的担负起普及教育的重任，实行即知即传人的主张，因为不能称他为小先生，所以称他为传递先生。

山海工学团的小先生有八十八个，传递先生则只有二十个。

五、中华职业教育社

（一）工作发展和演进

中华职业教育社成立到现在，将近十八年，最初努力于职业教育之宣传和提倡，工业教育的试验和实施。其后鉴于农村的衰落，与一班农业学校造就的人才，不合实际生活的需要，并且不能担当挽救农村的重任，主张变改方向，把职业教育的范围扩大深入农村里去。民国十四年八月，黄任之[1]先生参加举行于山西太原的中华教育改进社之第四届年会，演讲职业教育，提出山西职业教育案，中有划区试验乡村职业的一项，很得各方的同情。山西当局并请黄先生调查了好多县份，指定了好几个试验区，终因兵祸纷起，在山西就停顿了。后在十五年五月，联合中华职业教育改进社、中华平民教育促进会总会、东南大学农科，订定条件共同试验划区改进农村工作，经了多时调查的结果，决定设立第一试验区于江苏昆山的徐公桥，那年八月正式宣告成立，公布改进农村生活大纲十条，十六年三月，因时局和经费关系暂告停顿，这短短的半年称筹备时期。

在徐公桥试验区成立时，公布改进农村生活大纲十条，是中华职业教育社第一次农村改进工作大纲，到十七年四月，徐公桥由社独力继续举办，聘定干事协助，地方人士组织改进会，做了实施改进的机关，在社的内部添设农村教育股，做了推动农村工作的主脑，并且订了一份农村改进实施办法，作为进行的标准，一份六年实验计划，作为进行的根据。十八年八月，农村教育股改为农村服务部，实施办法作为第一次的修正，将事业分成文化、经济、政治三大部，定连锁进行法，而以教育做推进的主力，这年的十一月，正将黄墟改进区，因江苏省农矿厅的合作而成立，进行方法与徐公桥同。十九年八月，设立徐公桥农村改进讲习所招收学友十人，加以严格训练，且做且学，一年毕业，分别出外服务，他们工作方式大致与徐公桥同。二十年七月，成立了吴县善人桥改进社，接办了浙江绍兴善庆农村小学，同年十月，成立了泰县顾高庄改进区。三月成立了观澜义务教育试验学校，试验半日制、全日制的儿童与成人教育。这年徐公桥成立了六个分会托六个分校帮同主持，于是事业进行尽见顺利。又先后设立好几

---

[1] 即黄炎培，思想家、教育家。

个农村工作机关。廿二年十月,设立漕河泾农学团,招收二年毕业的农村服务专修科,团友三十四人,一年毕业的鸿英乡村小学师资训练所,团友十五人。有园艺场、畜牧场、民众教育场和沪郊改进区小学等做研习的场所。

(二)徐公桥乡村改进区

徐公桥已于二十三年七月交还地方人接办,目前尚存一个改进总会,七个改进分会,共有会员四百六十多人,在各分会会员中,每个分会各自选出五个干事,组织分会干事会,加上一个小学校长做干事会书记,再由各分会的干事选出九个总会委员,由委员选出主席,组织改进会委员会,加上一个农民教育馆的馆长,一个中心小学校长做了委员会的书记,再由委员会请昆山县长、教育局长、公安局长和中华职业社代表二人,一共五人,组织一个顾问会,来帮助委员会。这样组织,似乎还严密,而人选也还健全,所以事业进展,颇为顺利。再分述于下:

(1)经济。徐公桥近年来,进展的事业,最快的要算合作社,只就去冬的白米储藏而论,竟超出了二千石,信用借款超过了八千元,肥料借款将近二千元,最近筹办白米运销合作,中华职业教育社已允许加以援助直接运销于上海是一件有希望的事业。目前合作社的全部营业将达三万五千元。全区人口不过三千六百人,那在经济上自然获得不少的利益。又靠了合作社经济的关系,无形中约束社员,日渐向上,嗜鸦片的自然在淘汰之列,即喝酒和到区外赌博的人也日形减少,这是合作社成立后莫大的收获。可惜组织还不满意,现正在改进中。

(2)教育。因为昆山教育局的帮助,指定义教实验区,经费也没有问题,更因警管区的试办保甲制度的实行,再加上改进会的努力,学龄儿童入学的达到百分之九十以上,可是成人识字教育,近来没有显著进步。

(3)建设。桥梁已全部完成,泥路也增筑不少,石子路因经费关系,最近没有增加。河渠的浚修,用征工方法与政府百分之二十经费的补助，有好多处完成了。

（4）保安。死亡比四年前减少了百分之四十五，疾病总计比四年前减少了百分之五十。改进社之诊疗所，近来简直门堪罗雀，不过保卫训练反松懈下来，这是保卫需要大行降低，一则地方太平，有夜不闭户之概，二则警管区保甲制度实行后，奸人更无地混入，他们只有偶或招集旧保卫团员操演一下，既没有冬防的组织，也没有新团员的训练。

（三）漕河泾农学团

（1）创立缘由。中华职业教育社附设农村工作机关既不少，而各方面请求介绍农村工作人员的又很多，觉得合用的人实在太少。十九年徐公桥改进讲习所训练的学友十人，又分配无余。于是就上海近郊的漕河泾，创设一班农村服务专修科，得到上海市政府的帮助，就在廿二年十月实现了。共收高中毕业服务农村二年的学友三十四人，预定二年毕业。招考的方法，先通信决定其准考与否，结果在通信的一百十八人中准考的只有三十七人。再招来作文字讲演、体格劳作等，考试录取三十四人。后来又淘汰了六人，余二十八人。尔时上海鸿英教育基金董事会，曾托中华职业教育社代办鸿英乡村小学师资训练所，招收毕业师范，有服务经验的学友十五人，加入其团训练，预定一年毕业，就混合组为农学团。因团址在漕河泾，所以称作漕河泾农学团，这是该社最近训练工作人员的唯一场所。

（2）生活提要。农学团初四个月，称作集中生活时期，实行军队化、纪律化，团友在生活上力求平等，在职位上严分等级，经过三周间生活陶冶、训练，始作正式的研习。课程种类，大概分做教育、卫生、农事、经济、村政、组织等，极端注重精神陶冶、农事操作、军事训练、事务练习。到廿三年二日，集中生活期满，师资训练组的全部学友，分赴沪闵路一带农村，办理小学，实习单式组织的农村改进。专修科的一部分团友，分往沪郊赵家塘、吴家巷等处，办理复式组织的农村改进。一部分团友，分任团本部园艺场、畜牧场、农场等工作。每二星期各团友集中团本部一次,加以训练,一共六个月,称为分工生活时间。廿三年八月师资所团友,正式办理鸿英乡村小学三校,分校五所,共十一级。专修科团友,选择十个地点,分别担任农村一切改进工作。每两个月集中团部一次。称作学业实习时期。从廿四年三月起专修科团友一部分调动,担任独当一面工作,尚有困难,随时与团本部通信。团本部也随时供给团友各种材料,直到七月为止,称作学业实习期。以后,就算毕业。但本部仍然存在,做个团友的指导机关。预备每年相当时期,还要集中一次加以训练,平时的通信与供给材料还继续办理。

（3）目标和方法。中华职业教育社办理农村改进事业,主张经济、文化、政治三者连锁合一,就是政教当合一,来改进农民整个生活,达到真正自治做目标。一是自养养人,二是自治治人,三是自卫卫国,所有工作人员,凡做做此,凡学学此,对己、对人、对事、对物的一切动作,都是这样。并且实行教根据学学根据做,做是学之始,教是学之成的主张。同时还实行一面做一面学从做中求学从做学问求得系统的知能,这是工作的人员做学教不二法门,也就是特此以达到改进农民整个生活唯一的途径。

（四）沪郊农村改进区

（1）决定地点。自昆山徐公桥改进区六年计划,将告完成,预备交归地方人士接办之前,中华职业教育社,在上海近郊调查了好多乡村区域,预备另外划定一区,把办理徐公桥改进的人才经济移来办一个新改进区,一方面作为在都市中鼓吹向农村去的实例,一方面作为农学团专修科学友实习在复式组织下办理农村改进的场所。后来在廿三年三月初决定就在上海西南沪杭公路的沪闵段,北起上海市的吴家巷,跨过松江县境,连上海县的赵家塘,面积约三百方里,称作沪郊农村改进区。

（2）三个办事处。沪郊区中又决定了三个办事处,一个是最北的吴家巷,预备拿农业做出发而以万生农场做根据地。一个是最南的赵家塘，预备拿自治做出发，而以众安乡公所做根据地。一个是中间金家塘，预备拿教育做出发，而以鸿英第一小学做根据地。后来因为经费及领导人才过于缺乏的关系，就把赵家塘的先干起。在廿三年三月开始筹备，一直到七月初，金家塘、吴家巷才开始发动，现在吴家巷一处，还因种种关系，进行甚缓。

（3）下手方法。只有赵家巷按照预定步骤，进行很是顺利。金家塘也还有一番成绩，这两处是靠了医药的力量，而把农民组织起来，于是户口调查、经济调查、教育调查，都是顺利办理。除乡公所保甲长外，还有改进会帮助推进。

（4）事业概况。可分组织、教育、经济、保安四项言之。第一项组织，除了邀集热心公益、绝无嗜好的农民，组织改进会会员大会、产生委员会、成立办事处外，又划分小区做分会区，已经成了四个分会。同时有户长会议，研究从家庭的整理扩而为地方的整理。有妇女家政会，指示各处家政上改革要项。有青年服务团，训练为公服务的精神，凡是地方上的事务，已能很热心的参加。有儿童作业团，就家庭、学校、社会三面的需要，加以各种作业训练，儿童对于作业兴趣大增，家长们很是欢迎，去年冬防期，又有守望队和保甲的组织，竟收到盗贼绝迹的效果。第二项教育，根据教育调查，全区增设了小学八校十一级，原有三校五级，积极作推广义教及民教，实行学校、教育、社会打成一片的主张。每个小学，附有民众教育场，试行不侧重于识字的教育。把三十岁以上的成人，组成普训班，十四岁以上三十岁以下的青年男子，组成青训班，青年女子组成女训班，都注重精神的陶冶、公民的训练、常识的灌输、时事的报告，特别注重于青年俾成异日农村社会中的中坚。现有小学生四百八十一人、青年一百五十七人、成人九十五人。有好多地方事情，就在教育场内大家发动，而请乡公所举办。一切风俗的改良、婚姻的举办、调查的实行，由教育的力量，收到顺利进行的效果。第三项经济，调查已完成，本年即将着手农事的改进，合作社亦开始筹备。农事的改进，预备用中心农场特约农田双轨法进行，种树养鱼也相当鼓吹，而将于下年实行。关于水利和道路桥梁，得到政府助力，农民很高兴自己兴修了。小小的公用水埠，已成立两处。第四项保安、医药方面，有诊疗所一，简易药库四，大受农民的欢迎。区内事业的进展，得到医药的助力，很是不少。今年起，更注意预防，预备协助乡公所举行卫生运动，注射防疫针，布种牛痘。赌博则在廿四年旧历新年竟自动绝迹。吸鸦片的，都因保甲的严密调查非常正确，定下分期戒绝办法，现已开始实行。

六、洛阳实验区之教育

（一）事业的轨迹

（1）组织建立之轨迹。洛阳实验区的诞生，转瞬间已两载了。其事业实验有业已告一段落，有尚在实验之中。组织是事业建设的基础，有了健全灵活之组织，方能产生伟大的事业。关于该区确定学龄儿童之义务教育，年长失学儿童之短期义务教育与年长失学儿童之补习教育均为基础教育，而将小学校、短时小学与民众学校打成一片，组成整个的民众基础学校，纳全村农民于一炉，从事整个乡村建设。此种民众基础学校，不单为普及教育之中心，同时亦即推动乡村之中心，其建设程序，村有民众基础学校，乡有中心民众基础学校，区有民众高等学校，除主办民众教育外，并举办乡村经济自治自卫之相互结构，组织严密，齿齿相印，宛若一推动乡村建设之大机器也。

（2）教育普及之轨迹。普及教育，是它的中心事业，因为教育建设是各种建设之基础，以教育方法来完成乡村建设，以教育效率来推动乡村建设，基础是最坚固，不妨能最普遍。但是教育如何普及与最有效率，那不得不研究普及教育之制度、方法与内容。该社在过去一年中对于普及教育之制度与方法之实验，尚能探得相当之轨迹。第一就是强迫征学制，因为教育是国民应享之权利，亦即国民应尽之义务也。国民能自动来学习者固可享受权利，但自暴自弃者必须强迫征学，使尽其义务，如是教育方能普及。所以教育非借用政治力量，效率仍属迟缓，因创立强迫征学制，仿照征工征兵之意，运用政治力量，希以最经济之人力与物力，来普及国民基础教育。制订征学方法，以完成人无不学之方法。第二就是传习导生制，民众既被征来学，哪有这么多教师来分配呢？所以师资问题为普及教育之重大问题。该社创立传习导生制，以高级学生教导低级学生，以优秀学生教导劣等学生，由校内学生传习校外学生，由学校学生传习家庭妇女，根据教育方式与对象，可分为学校、家庭与社会三种。导生传习，使会的教人，不会的学人，以完成普及教育。第三就是教育内容，因为有了教育之主体与客体，接着就应该考虑教些什么，怎样教，所以教材教具等等都是急待解决的问题。该社在过去已得相当解决。如三用的教具、混合的教材等是。就是用最经济之人力与物力，以完成普及教育之工作。

（3）战线联合之轨迹。乡村建设是整个的，社会事业是多面的，以民教机关少许之经济与人才，断难胜此重任。所以该社主张民教机关该与党政军、农事、金融、教育等机关联合战线，通力合作，共谋整个乡村的建设。因为在彼为推广设施，在此为研究实验，相互为用，相得并彰，设施既经济，而效率则甚大也。该社的战线联合有三：一为儿童、青年、成人之教育战线，此即所谓基础教育制度，将学龄儿童之义务教育，失学青年之短期义务教育与失学成人之补习教育，熔于一炉，将小学、青年学校与民众学校打成一片，组织民众基础学校，如是不但节省教育经费，增高教育效率，而教育全面为普及教育之捷径。二为党政军之政治战线，该社的乡村建设是建设三民主义的社会，其建设理论基础该根据党义，所以实验理论，应以党义为中心，其次乡村建设亦即地方自治，教育事业之推行，必赖政治力量与军事纪律，以资策动，所以教育实验事业应以政治军事为动力，教育与党政三者之携手共进，联合战线，共谋完成地方自治。在过去如强迫征学之倡行，军农壮丁之训练，与七项运动之推行，均联合一起分工进行，而收水到渠成之效。三为农业金融合作之经济战线，乡村经济建设是最需要的，民教机关的经济建设，仅能推广指导，根据农业机关实验研究之所得，为之推广宣传，决难掌理全责，所以必须与农事机关联合起来研究推广，分工合作，收效方能宏大，但经济建设必赖资源以流通及组织之运用，故又必须与金融机关联络，谋组团体流通经济，所以民众教育机关，与农业、金融、合作三机关，应该联合战线，共谋复兴农村经济，在过去实验如合作训练与组织、树苗之推行、农事学术之讲习，均本原则而通力合作。此三种轨迹，都是该社在实验过程中以做为中心，由行而后知所采取之新路。

（二）事业的鸟瞰

（1）四种中心训练。该社实验领域，业由一村扩张至十六村，面积三十一平方公里，人口七千零五十八，如许之地域及人数，以三四个工作人员负责指导训练，当然不能一手包办。该社实验方式分中心训练与普及训练两种。前者对象是领袖的，训练方式是集中的，事业是精严的。后者对象是大众的，训练是普及的，事业死一般的。其实验程序，先从事中心训练，待有成效，然后推广之普及大众，如是费力既少，且运用得法。关于中心训练，有军农、合作、政治与教育四种。普及训练有合作、教育、社会、军事四训练网，兹分述于下：

第一，军农中心训练。军农训练是训练乡农自卫能力，熟悉农业生产技能，以谋军农合一，以完成自卫卫国、自养养群之宗旨。因为现在列强虎视，国难日形严重，灾祸交迫，民生日趋凋弊，际此非常时期，非大众军事化，不足以自卫卫国，非大众生产化，不足以自养养群也。所以该社创立军农训练班。凡施教区内年在十六岁以上三十五岁以下之乡村青年采用征集方法，限令每甲保送两名，经甄别后来区集中训练。训练科目为军事术科、学科、农事指导、精神讲话与公民训练等，仿照军队编制，厉行军队生活，在军事管训之精神与方法之下，训练其自卫技能，激发其爱国情绪，并提高其一切活动能力，训练期为四周，毕业后组织军农团，借此中心集团组织，以谋普及全区军农训练。

第二，合作中心训练。因合作事业为乡村经济建设之重要事业，但欲推行合作事业，必先训练合作人才，使其明了合作社原理，方法及各种技术问题，以谋施教区各村合作事业之发展，所以该社与河南省合作委员会驻洛办事处协商办理合作讲习班，招集区内各合作社之理监事长及有志合作事业者出席听讲，每村保送廿二人，集中来区训练。讲授科目为合作概论、合作条例、合作簿记、供给合作、信用合作、运输合作与利用合作等，期间为十周。听讲兴趣甚浓，毕业后负责整理并推进各社社务与经营组织为社之责。因伊等是合作组织之干部人才，对于合作理论组织及经营等，有充分之认识与储备，于乡村合作运动之推行贡献必甚多。

第三，教育中心训练。乡村学校是乡村社会建设之中心，乡村教师是乡村学校之灵魂，该区以民众基础学校为乡村建设之中心，民众基础教育之发展如何？全赖乡村教师，该社对师资问题，很为重视。关于师资训练，可分为导师与导生两种，前者办有师资训练班，凡推广区之教师，均强迫来区受训。训练课程，注重基本知识之充实乡村建设能力之培养，科目为教育概论、社会常识与算术等，训练期为六月，成绩及格者由洛阳县政府发给证书，准予永远执教，并介绍至各村服务。关于导生训练，即于中心民众基础学校，特办高级儿童班，各区青年均来区训练，除对他们本身学识充实外，并教以传习方法，使为各村基础学校之助教以谋协助普及教育。

第四，政治中心训练。保甲长是乡村社会之重要领袖，非但在县政建设系统上有政治地位，并且在社会或家族组织中为固有领袖。所以保甲长之好坏对于整个村政建设上之影响甚大，因之此种集团训练，诚属至为重要，其目标有二，一在保甲长方面是要增加普通知识，厉行公民集团训练，培养乡村模范公民，二在乡村建设方面，使他们了解乡村建设之重要意义与方法，借为政治建设之干部分子。其训练办法规定：凡施教区内保甲长一律强迫受训，事先派员广为宣传，并呈请县政府通令受训，每周训练两次，每周六小时，一月结束。训练课程有总理遗嘱、党国旗认识、党歌、民权初步、新生活运动与保甲规约等。以三民主义为训练中心，使保甲长明了自身应尽之职责，借为乡村政治建设之基础。

（2）四种普及教育网，是以中心训练之干部人才为助力，以各村为单位，以施教区为网络，分述如下：

第一，合作组织网。合作组织与训练是相互为用的。若无实际组织，则训练等于虚文，缺乏训练，则组织难期健全。所以该社在训练合作干部人才以后，即就此干部人才为组织合作社之动力。因在今日农村中，指导农民组织合作社，甚不容易，非培成此种动力不易奏效也。此种组织网是以合作职员为主力，负责发起组织，以各村保甲长与基础学校教职员为辅力，对村众相机提示合作重要与利益，并由本区指导努力督促，以完成合作组织网。现在合作社已经成立者由十村，大都为信用兼营供给，社员共有一百八十六人。社股为二百零六股，现正努力扩张，希能普及各村联合各村及合作社组织联合会，以完成合作制度。

第二，教育普及网。各村教师之所以要集中训练者即为普及各村教育时而借为之主宰。该社会运用政治力量将各村村学加以切实整理合并设校，集中人力物力组织学董会，统一行政权能，在十六村中均设一民众基础学校，经费就地筹措，教师由区接受并施行征学方法，使各村无不学之人，并且由本区指导校务施设，示范教学，三月举行会考，两周举行集团训练，选派高级导生分布传习，协助教学，总之，各村学校在基础教育制度严密组织之下，日新月异，迈步前进，以希望普及基础教育。

第三，社会教化网。教育普及网是采用学校式的集团训练，但是民众有男女老幼之别，复有地域职业之分。若欲集中一处，给予同一方式，虽属可能，但未免生吞活剥，不合教育原理。所以该社对于大众是采用社会活动的方式，施以各种社会教化事业，如国庆、国耻、总理诞辰与新年的集会，象棋运动与书法比赛，医药书报杂志之供给，凡能充实大众生活、增进大众利益者，该社都运用最经济方法，使大众都得受教化之益，以提高乡村社会文化水平。

第四，军农训练网。军农中心训练是该社正在进展中之事业，完整之普及训练尚待诸异日，唯过去对自卫方法，已略具基础，所设壮丁训练，由区署与本区协作办理，每周训练一次，每次五小时，计共训练十六次。训练科目分学科与术科，前者包括党议国耻略史、新生活运动等；后者以步兵操典与野外勤务为准则。为期三月，精神并见甚佳，所以该社主张从事中心训练，培植乡村军农训练之干部人才。军农训练班学员毕业后，即各回本村组织军农团为本村军农团训练之中心。在规定之相当期限，适应农民之实际需要，给以军事或农业之短期教育，或由各村军农团单独设施，或由该区轮回训练，均由此机钮以谋普及训练。

此四种中心训练与普及网，军农训练是军事与农业建设，合作训练是经济建设，政治训练是村政建设，教化训练是教育建设，其进行虽自为政，但最后目的则一，则所谓政教养卫合一也。

七、广西国民基础教育

（一）邕宁县

邕宁县在二十四年度下半期，全县所有应设学校经已提前普遍设立，所以该县早准备提前实施强迫教育，据该县长报告说："在廿四年份中间，本县国民基础教育，得到全县教育人士共同努力，设校问题已得到相当的解决、本县应设村街国民基础学校五百零三校，现已设立者四百八十九校，未设立者仅十四校。此种未成立学校，经已派员指导筹设，限至本年二年间一律完成。"这样优良结果，固然是由于县地方行政人员的努力，一方亦诚如上项报告所云而为全县人士共同努力的结果。试看县中各地居民关于建筑学校、建造城市，各种浩产，无不努力以赴。观于九塘的中心国民基础学校、乡公所以至民团后备队、大队本部之建筑，即可概见。

（二）兴安及全县

兴安县于二十四年度下半期，对于基础学校，基金之筹措与学校数目之增加已大著成效，特于廿五年三月在附近的首善镇提前实施强迫教育。在那里不但有兴安中学全体员生的协助，而且全镇居民男女老少均踊跃参加。关于成人教育的实施，兴安中学及其附属实验学校为之组织，并由教员指导，特著成效。

全县原为"中原兴八桂"交通孔道，远在科举时代文风素著。徒以科举废止，学校制度自外输入，教育既不免有畸形发展，这就是说，在强宗大族的聚居地方，学款特多，教员的聘请较易，因之，学校比较有成绩。至比较偏僻之地，不但学校办得不好，而且有许多地方始终未尝设立。可是自从国民基础教育运动发轫以来，原有学校的地方，学生可以增加三四倍，新设学校的地方，学生徒然增至十倍。以成人班的学生成分论，妇女尤占多数。本来全县向为文化发达之区，但在所谓礼教下束缚的妇女，素以无才便是德为风向。进学校的妇女素来是少。可是自从此次教育改进运动，大多数妇女愿意接受国民基础的洗礼，不但社会风气为之大变，求学风气特见浓厚。这是国民基础教育运动在该省东北方的惊人成绩。

（三）万承县

万承县在该省西南方，在往时原为土司世有，改土归流，尚属未久，因之可以说自有历史以来，教育的曙光，对于许多民众素未照及。诚以在土司制度下，统治者与被治者，不独有君臣的关系且有主奴的名分。只有统治者的家庭及贵介子弟可以有教育，其余平民都无教育可言。《礼记》有言："礼不下庶人，刑不上大夫"，即属此意。可是自国民基础教育运动发轫以来，形势已经大变，全县之内共有六乡镇六十五村街。实应设中心国民基础学校六所，村街国民学校五十五所。现已普遍设立，而且学龄儿童已经调查，失学成人数亦已调查，谷仓多在筹设中，学校基金亦多在筹措中，因此村街学校均能自聘教员，各校又多开办成人班，虽则教师待遇颇属清苦，然而万承的基础教育工作人员的热烈苦干精神实足钦佩。

（四）西隆县

西隆县在该省西北，原为苗瑶汉人杂处之地，在不知者总以为西隆一县在该省为文化落后之地，而且地处偏远，向为政府所派遣的教育视察指导人员罕到之地，诚如是它的学务一定不堪言状。在此际接受国民基础教育的洗礼以来，当然真是士别三日刮目相看了。它已不是吴下阿蒙了。不宁唯是，该县最称教育发达的地方并不是在交通便利的地方，而是在一个偏僻之地，一向为苗人所丛居的乡村，这是百色区指导员梁金生君的报告。我们听了十分感动。因此又联想到该省东北方的资源县。该县处万山中，为苗汉杂处之地，最近，据桂林区指导员冯克书君报告：往后十年全省国民基础学校的基金最有希望的莫如资源。诚以资源既为山地，天然林木本多，但经过汉人砍伐后，童山濯濯。自从国民基础教育运动发轫以来，该县居民，尤是在瑶人丛居之地，为着筹集学校基金之故，运用他们的造林遗传经验，大显身手，到处播种树秧，复到处栽植经济林。十年树木，百年树人，我们相信管仲在二千年前所怀抱的理想，不难于该省的特种民族所居住的地方仿佛见之。这不但是国民基础教育的成绩，且是特种教育的成绩。

八、江苏汤山农民教育馆实验概况

（一）准备经过

俞庆棠先生鉴于我国过去社教设施，今限于城市，而乡村则尚无人注意，故虽有普及各县农教计划，但无农教具体标准，除令催各县从速筹办农民教育馆外，更设农民教育馆一所，一面实验及探讨农民教育之原则与方法，一方面辅导各县农民教育馆之实施与进行。

其馆址在离南京仅五十里之汤山。于民国十七年聘任孙仲威先生为担任本馆筹备事宜，后任本馆馆长。于十八年七月二十日正式开馆。

（二）设施目标

本馆的设施目标，可分实验和辅导两方面来说：

(1)从实验方面述说,有两个目标:

A. 农民教育馆为我国前未曾有的新设施,所以要探查农民的生活需要,并参酌党国的政治与教育主张,来定其内容、目的;又要考虑乡村环境和农民的需要,来产生实施的教材和教法。所以第一目标就是从农村实际上来探寻农民教育的内容和实施方法。

B. 在百待建设的中国现在,普及教育确是迫切的事。在文盲遍地、民知浅陋、民生凋敝的中国,农民教育的普及,更刻不容缓,因此第二目标,就是从现代农村环境及经济能力来探寻农民教育。

(2)从辅导方面述说,也有两个目标:

A. 江苏省各县对于农民教育之进行,只见量之增加,至于质的改进,则未尝注意。这就要集中人才、充足经济、完善设备的农民教育馆来指导改进和辅助实施。所以第三目标,就是根据本馆实验结果及进行计划来辅导各县农民教育的推广。

B. 农民教育施教的范围就是整个的农村社会,施教材料就是农民生活活动。因此农民教育推动力,全系于农民,施教者仅负启发任务而已。所以第四个目标,就是根据本馆实验结果及进行计划而领导并辅助本省各县民众私人或团体自动办理农教事业。

(三)教学部

本部是以教学设施的方法,谋农民知能之增进、生活之改善为职志,当然,第一步先要以普及文字教育为中心工作,而一切设施,又须合乎民众之需要。更在农民方面着想,则资质有高下,经验有深浅,故教育农民,务必适合乡村环境和农民之需要。

本部事业,原由前妇孺教育部及成人部分理之,迨十九年十一月,教学部成立后,始汇成一处。

本部之组织,在主任之下,分设教学、图书两股,更在两股之下,分别设立编审、教学、训导、选购、编目、典藏与出纳七组。

前后三载所实施的事业,以民众学校为最重要,截至二十二年,在馆内附设之汤山民众学校,已办三届,第一届不分班,第二届始分成人与妇女工读两班，第三届又分为成人、妇女及儿童三班，又为增加附近各乡农民享受教育机会起见，乃于离馆五里内之各村，先设立黄栗墅、萧家庄、作厂村三民众学校，但在萧家庄及作厂村两民校，因种种关系，均中止，在继续者，仅有黄栗墅民校而已，该班分成人、儿童两班。

在实施幼儿教养方面，另有托儿所之创办，更为供给农民利用文字追求较深智识起见，乃有图书馆之设置，此外又与社会部合办儿童乐园一所及识字运动一次，与农事部曾办妇女养蚕班一届。

（四）社会部

本部于民国二十年秋季由推广部改设，仅设主任干事一人，内分设社会、娱乐、健康、宣传四股；分掌社会活动、娱乐健康及各项宣传演讲等工作，做以下各种设施：

（1）休闲教育。我国的娱乐场所，由公家或私人设立的，总是在城市里面，农民很难得这种机会。农村虽富天然美景，终未免单调，更因他们的工作劳苦，若无相当娱乐，不足以安慰身心，于是一般农民羡慕都市，趋入都市。而农村资产阶级，亦有迁入都市的倾向。所以说农村娱乐的休闲教育，有提倡的必要。本馆对于休闲教育的设施，有娱乐室、同乐会、南阳剧社、民众运动场、弈棋、民众茶园等。

（2）健康教育。身体不健则精神无由激发，事业不能发展，其关系民族的盛衰极大。近年我国学校，对体育一科，亦渐注意。惜社会上一般民众，无机会参加；所以办理民众教育的机关，对于健康教育的事业，认为极迫切需要。积极方面，在提倡民众体育；消极方面，在医疗疾病。使民众对于本身事业，能胜任愉快。其设施计有民众运动场、民众诊疗所、卫生运动、婴儿比赛会、旅行团等。

（3）公民教育。实施公民教育，以通俗讲演为主，本馆所采用者，有巡回演讲、化装演讲、幻灯演讲等数种，按时节或地方，酌量施行，材料包党义、常识、卫生、农业、时事、家政等。其他如党义研究会、扩大纪念周、抗日救国会、格言牌等都是辅助实施公民教育的。

（4）农村社会调查。农村社会调查是改造农村的基本工作，因为从事调查之后，可以知道社会概况，根据社会的需要，拟定具体改进计划，逐步实施，这才有达到目的的可能。本馆第一步就把普通概况调查清楚，至于专门调查，仅作农村经济调查、民众教育程度调查二种。

（五）农事部

本馆对于生计教育，视为重要使命之一。乃分设实验、指导两股，分理全部工作：实验股关于管理农场，办理发散改良种子，介绍改良农具，指导改良耕种方法，与作物病虫害防除方法，指导农村合作事业及协助教学部办理农事教育等事项。本部原名农事指导部，及至十九年秋季，始改今名。本部数年来之工作为：（1）试验，（2）指导，（3）展览，三大类。

（六）研究部

本部包括研究、编辑、调查、通讯、事务五项工作。本部系成立甫届七月之编辑部改组而成。在编辑部时期，因为时势所迫，除创编《农民教育月刊》及数种小丛书外，未能积极发展，故当时无基础之可言。本馆成立，至民国二十二年为时三载，所以本部之工作亦有可述者：

（1）本馆研究目标有三：（一）谋农民教育馆之具体化；（二）谋乡村民校实施之实际化；（三）谋农民教育之积极化。本部根据研究目标，拟三原则：（一）研究应根据农村实际需要，以科学为法来发见适宜是项需要之农民教育方法及材料；（二）所发见者加以探讨；（三）研究应依问题之轻重而定缓急。

（2）农民教育馆实施问题之研究。关于划区之标准，及选择地址、馆舍之建设及设备，都定有具体标准。关于组织与人才及实施中心运动，皆有适切的研究。

（3）乡村民众学校实施之研究。关于乡村民众学校行政组织及设备的研究，有了满意的解决。

（4）其他农民教育实施问题的研究。关于农民教育史料的搜集，关于编制乡村民众读物，关于民众图书分类，关于农村幼儿教育实施等研究，具有妥当的答复。

参考资料

（1）《近年来中国农村教育运用的检讨》，周世英著
（2）《邹平乡村建设问题》，《教育新路》六：一期
（3）《中国五个实验县比较》，梅思平著，《乡村建设》四：一二期
（4）《定县平教实验区参观记》，陈礼江，《教育与民众》四：一期
（5）《民族复兴之问题与途径及乡村建设之要点》，梁漱溟著，《教育与民众》五：一期
（6）《洛阳实验区的过去及其现在》，陈大白，《教育与民众》六：二期
（7）《转载经年之山海工学团》，《中华教育界》二一：一二期
（8）《广西省普及国民基础教育的前程》，徐旭，《中华教育界》二二：一期
（9）《江苏省立教育学院概况》
（10）《山东建设研究院概况》
（11）《社友通讯》五：一二三期
（12）《广西国民基础教育的运动》，雷宾南，《教育杂志》二六：九期

从五十亿一跳到两百亿元[1]

近日本东京日日新闻社吉冈文六君,一个"中国通"者,尝著了《中国再认识论》,内一段说及中国银行公会林康侯氏对他说:"最近中国的金融资本实达五十三亿。"吉冈氏申说:"这较过去十年增加了十几倍,谁能保证将来不增加至百亿、两百亿,乃至三百亿呢?这个金融资本的将来,不就是中国强大化之所以然吗?自认为比较高度资本主义的日本之金融资本,在一九三四年,不过也止于两百九十三亿元之程度……"

在这个立论中,我人可以得到一个结论,就是我国到今日只有五十三亿元之金融资本,已使日人重新认识中国,假使我人能达到一二百亿元时,当然更使他们敬畏了。据我所知,我国现时虽有五十三亿之金融资本,大多投资于投机事业,至于投资于生产,极占少数,但已使日人敬畏些须了。若使我国重新有百余亿元而全数投于生产事业,那么,我国经济力量确实达到极坚固的地位,当然愈使日人食不下咽了。

然则怎样于最近期内能增多百余亿元之金融资本,而全数又是为生产事业的?这也不是夸大狂,也不是梦呓病,而乃是实实在在可以做得到的。这就是本人在本刊第二期所主张之民库证券之实行,即是

---

[1] 原刊1937年5月《广东经济建设月刊》第4期,在"短评"专栏,张竞生连刊三篇文章,分别为《从五十亿一跳到两百亿元》《罗定县人民到处吃草餐糠》《一位好县长》。

每大市中可发行数千万以至于一二亿元之民库证券，大县五六百万元，中县四五百万元，小县二三百万元，总合我省计可得四五万万元（四五亿元），若全国计则可发数十万万以至于一百多万万元（以至于一百余亿元），这是我们所统计而以为极易于实行的。只要有中央政府肯干，只要有严密的组织法，即时可使我国增加了百余亿元之金融资本，而且全是生产的资本，人民可以得到低利息之贷款（年息四厘），政府每年可以得到数亿元之利息以为建设费及国防费。到开战时，可以利用这些百余亿元为战费。你看到此地步，日本人惊怕我们不惊怕也？

这也不是夸大狂，也不是梦呓病，德国人昔已做到的，即区区的汕头，极平常的汕头商人也已经做到了。故我这个民库证券政策，是实在可以做到的，这不是能不能问题，而是肯不肯干的问题。

到这样国难时期，到这样经济大崩溃的时期，我人尚不肯干此国计民生两有利益之事吗？

只要想及这个经济政策，足以惊吓日人不敢与我打仗，也当即时起而来干一干了！

罗定县人民到处吃草餐糠[1]

罗定县不是西北荒野之地,也不是化外僻壤之区,而是以富裕称世之广东省一个县份。但据近日报称因去年暴旱,农作失收,壮年男女不甘饿毙,县属第四区有的荷锄携筐到了连城乡葡萄坑挖掘"黄狗头"草根以便疗饥,每日都有百余人采取,这个草根不久也掘完了!又第十一区一带饥民则以龙眼核去壳漂净磨浆充饥!又罗平一带饥民以老糠炒焦磨粉煮浆用充食料!

因此种可怜的食品而致毙死者甚多。灾情极为严重,这是不必说明可知道的。可是,饿死者自饿死,谁去管他?可惜博罗不是广州,纵然米贵,尚可籴到。然而幸而广州不是博罗,假如广州市民穷到如罗定人手中无一文,则虽市上有米,也奈之何!奈之何!

在本刊第二期读到丁颖先生所说:"吾人试观以往,只见湖南、山东之饥民流乞广东,绝未见广东饥民之北入江淮,吾人亦曾知中原饥馑,赤地千里,不易得草根木皮而食之,广东则在抽象解释上'人与人相食'容或不少,而实际则'饿殍载道'云云,于此绝不能引用也。"

在这上,丁先生或许过于乐观。我是乡下佬,故极深知民间的情形,好几年来,乡间可说是"长期饥荒"!每人通计不过一亩田地,即使好收成,但怎样够食?幸而有南洋可去,故我们当然不会向北做

---

[1] 本文原刊1937年《广东经济建设月刊》第4期。

"饥民",但只向南做"猪仔",做猪仔并不比做饥民好,若一翻南洋殖民史,无异等于一幅"脓与血"之流民团!

于是,而知就常态说,利用人力开荒与用科学方法讲究农业之迫切;而就变态说,则设立农仓储粮与慈善救济之不容缓。我省此次米荒,大家只知道在大城市着力救济,但谁肯为乡间着想?本人于某次会议时尝特别促"民食会"注意,然彼等好似说,救济城市便算满足了!

可是丁先生在结论上说得极好:"然而他方视广东为天国者,在广东自身仍长期闹饥荒,此则独表示广东人太不自省,广东人之无能,广东人之有负于中国矣。"

然则我们长时闹了米荒吗?坐视一些人饿死,或看他们食黄狗头草根、熬糠浆、喂龙眼核而至于毙命吗?广东人乎!永久不自省,永久无能,永久有负于中国,有负于这个好地方乎!

一位好县长[1]

粤省有九十余县，自然好县长不止一位，况且我有多少朋友做县长，当然我也说他是好县长了。但我今所说的好县长，不是我的好朋友，至于他对于治安、教育、建设、自治、政治、法律、财政等等好不好，我也不知，也无须知，因为这些不是我的论题。我今说他好。因为他肯为民工浚河，即此一事，而说他是好县长，这因为肯去征工从事建设，无论如何总是好的。

这位好县长，并不是学法政出身，学法政未必能做好官，学别的也可以做好县长。这位好县长乃是学工程。学工程所以晓得工事之重要。他在广宁县时已曾征工开了许多的公路，他今在普宁，也就继续发挥他的工程学识，努力征工做事。学工程而肯做工的县长，当然是好县长了。

使县长而能于一切都做得好，当然是十足的好县长，但使其各就所长，如长于治安、建设、财务、政刑、教育等等，也就一长做去，也可成为一个好县长。或者一长不肯用其所短，或毫无一长，而又肯尽力做事，也不失一个好县长；但毫无长，而又毫不肯做事这又成什么县长了呢？

有工程之一长，而又肯做工程事务，所以我说现任普宁县长王仁宇先生，确实称得上好县长。

---

[1] 本文原刊1937年《广东经济建设月刊》第4期。

又闻在广宁县时，王县长的夫人，于人民做工时，亲自分给工人各人好些食品，那么，她又确称得上好县长夫人了。

王县长在给朋友信上说："此次普宁开工，计土方约五万，征壮丁之乡三十五，应征工四万一千余人，前后工作二十天，大致已告完竣，所费仅由县府拨支三百元耳，而所获运输之利，只一百两区，本年产柑输出之运费已省少六千余元，其他各区各种特产之输出以及百货之输入所减省之运费，更不知若干也……"（请参看下调查栏）

所费仅三百元，而所获得的只运费一项已减省不知若干万元，此外，尚有水利，各种收益，更不能计算了。

只要三百元，就可以做出一地方上的大事业，我国虽穷，此三百元区区之费用，不过为人一席酒费耳。但已能做出这么多事业来！

所以"征工"以从事于各种建设，实实在在是独一救济中国农村之善法。极望许许多多的地方官也来做一个好官吏——实行征工的好官吏。

《广东经济建设月刊》的第四期编后语

本刊第三期,并无"编后语",似乎遇麟而绝笔,实在并不是麟而是骆驼,所以本刊第四期尚是依然故我,使其在第三期绝笔也是好的。我对于国民经济之根本主张,不外,征工－民库证券－精神化的经济生活,这些到了第三期也都说完了,能在第三期绝笔却也恰做到好处。可惜而有第四期不免再来罢酬了。(例如本期之"经济教育运动"极漫长。)

在第三期本人曾说及永溪公园有三只是"象"还是"骆驼",把骆驼误写做象,无异于在做"马脊背",实对不起"沙漠好汉"了。

又本刊第二期收支相抵买了五十余元,第三期买去百余元,综合一二三期共买三百元之整。而得到一千五百本月刊为分赠之用,实在,公家是赚还本利的。

说及第四期,广告及买月刊两项都收归本月刊社自办,本人不但要编排而且大活动于广告及售卖书籍之市场,究竟得不偿失呢?还是尚能达到"自给自足"?

叙陈茂功先生著之《乡村建设刍议》

陈先生为安化管理局局长已历三载,以乡村行政之丰富经验而成是书,自然比那些书生纸上谈兵者大不相同。泛观此书之内容,若治安,若农业,若垦荒、教育、救济等项,都有一种以经验为底本之主张,实在是一本极好的参考书。然而鄙人对于乡村建设也有一种见解:以为今日侈言建设者范围未免太广,遂致事事都做而无一事成功。因我国现在人才与财力均有限制,事实上不能同时做普遍之建设。故要希望乡村建设有迅速的成功,应缩小范围,而注全力于一个中心工作。这个中心工作,据鄙见无过比复兴经济为重要了。但经济之范围仍过大,应再缩小为有系统的征工制。如政府与人民有财力以加强征工之效力当然更好。不能的话,只要认真实行有系统的征工,缺乏资本,也能做出好些建设的事业了。

现就以安化管理区为例,此地人民有八万余,又是苗民身体极好,勤力而能做出极好的工程,此地又极宜种桐。今若能实行征工以垦荒种桐为中心工作,使儿力人民出其余暇以从事于此种建设,则几年后,每年桐油入息甚厚,假定为一二百万元或最少为数十万元吧,则人民从无中骤添这笔巨利,盗贼自无,教育可兴,而交通可办到四通八达了。

今日农村破产,已达极点,经济若不恢复,一切新政均无从下手,可是恢复农村经济,谈何容易。一切建设均需资本,试问从穷苦的乡村中怎样能筹出来。只有征工一事免用资本,只靠人力就可做出许多建设,所以这是一件法宝,可惜执政及人民中尚有许多人不太明白这件法宝之重要。

抓住经济复兴为建设农村之中心工作,又以征工为复兴农村经济之核心,这些见解,能在这机会提出来,就正于此书之著者及读者,个人更觉得有无限之光荣。

廿六,四月,广州

国民经济漫谈百则[1]

一、大小便

"自古未闻粪有税,于今只剩屁无捐。"[2]作此诗者,当然未尝读过近代经济学,以致鄙视粪之价值而与屁列为平等。殊不知粪之地位甚高,岂但要捐税,而且要统制起来才好。上海有粪大王拥资至数百万,这因只有税而不统制以至于养成这班粪资本家之过。又闻某市,人烟百余万,主粪事者,每年收入自家荷包者不下数十万元,数目之巨大,直与银行资本家并驾而驱,其实并不足骇异。现在肥料那样贵,假如每人每年放了价值一元之粪,这样出息也不足骇异的,横竖城市人有钱,多食鱼翅、海参、好鱼好肉,自然粪拉得多,而且严辣有效力。所以每人每年常常三百六十余日,共拉出了一元粪价,每天出息尚不够一个铜元,故说每人每年拉粪一元,尚说得少些;今姑假定此数,自然有些小孩拉不出什么物,截长补短,一市百余万人,自然可出一百余万元。现假定主粪政者每年中出了税银三二十万元,彼已可对主管机关骄夸说:看我是怎样一个理财家,我能在至臭至微末之事,报效公家至于数十万

---

[1] 本文原刊1937年《广东经济建设月刊》第4期,后又发表于1937年《时代动向》第1卷第10期。
[2] 民国年间,四川军阀杨森主政成都期间,忽发奇想,对进城挑粪的农民开征粪捐。成都诗人刘师亮有打油诗道:"自古未闻粪有税,于今只剩屁无捐。"

元之巨呵！不知底里的，不免被其蒙蔽去了。而谁知此中尚大大有私人利益之所在呢。故我人主张抽粪税，尚不是善法，最好就统制起来。这也不用三年五载之经济计划，只派出一班粪专门理财家、粪委员、粪专员等，即日就统制起来，即日就有利益可收了。每年百余万元，每日不是数千元吗？可算为四五千元，除数百元为粪机关办事人之薪水，余的，如能够点滴归公，每年总可得百万元之数。一个市骤添了一笔百万元之收入，自然可多开许多学校，多办文化事业，多为卫生设备。"化腐朽为神奇"，这是一种实例。可惜市民不留意，有权力者不知或不肯干涉，遂使这笔"臭财政"，入了私人荷包去了！

前曾看了一位德国化学家到过中国归他国后作了一本书说："就中国人之证例，可见个人自身所出的屎与尿，尽足以用为养活自己之谷蔬等的肥料。"我国乡下人所以重视尿屎，便是深知此中生命本源之所在。有些乡下人，出外多少里远，如能禁得住，他们总是把屎尿带到自己所在地才放出来。甚至，有些乡下人，洗澡也在厕所，因洗身的脏水也是肥料呵。

可惜近来都市，盛行水厕，把这件天然利源白丢了。我并非反对水厕，这是文明的特征，谁也不会反对！本人最坐不惯的就是旧式马桶，最欢迎的便是新式厕所。但我反对的是今日我国的市政，地下毫无工程，并无系统的地下水沟，以致每家要装水厕的，只好自己掘地下池，中藏化学物，把屎尿白白化消去了。不但家家掘池费多，且屎尿毫无得到利用，未免可惜。

故我希望是各城市例如广州说，把全市地下沟渠整理好，把所有人家之屎尿、厨房水、洗澡洗面水通通归纳起来，而分为数大排泄塘，塘在郊外接近田间者，先将排泄水经过高度热气熬过，把大小便之生机物熬死了，然后注入塘内，由塘再分注到所有田间，按其用量而收取相当的肥水费。巴黎就有这样的办法。这样可得下列几种的利益：

第一，市内得到卫生之益。现在的城市对大小便之管理，实在成了一个严重的问题。公厕之臭气四出飞腾，遇暑天时，常有屎虫爬到大街，好似一群逛街之流氓。说到倒马桶，更是煞气，上海入夜几乎使人不敢到住家街巷去，那批臭气差不多可以窒死人！即如本人现在居在一条街算是阔人所在地，但乂巷里有很多的贫户，自然装不起水厕。入夜倒屎出粪时，常常有一二点钟久，使人无法在屋内呼吸，满把香水泼出，也是无济，又把香烟点上，点也无灵，真是如敌机到时放下毒烟气一样！

在卫生一道中，说及食物之影响尤大。我国的肥料，尚未入化学工业，只有利用屎尿。可是屎尿所含之生机物及毒质甚多，注泼菜蔬，自然菜叶枝及根头中满含这样生机物与毒质，食入肚中在胃内肠内就生长了许多许多的毒虫。这真可惜！本来许多菜蔬，生食比熟食为易消化，多养料，多好味道，多富有"生命素"（维他命素）。例如广州市上之"生菜"极好食，极有生命素，极便宜，只出一两个铜元便足为一家一餐之菜料，而市民极喜欢生食的。但因所用肥料之屎尿中含生机物与毒质，遂使这样菜不能生食过多，而煮熟后又失却了一切的好质。今若把这些屎尿熬过之后，用为菜蔬之肥料，许多青菜中，就可多用为生食，免至于煮熟后把维他命素杀死，于卫生上也极有利益了。欧美人极喜生食许多类的菜蔬，尤其是法国人几乎每餐都须食一样生菜。因这缘故，他们在安南就禁止中国人之种菜园者用屎尿为肥料。

在此公众卫生上，尤当谈及无整理的排泄法，于人民的生活关系尤大。例如广州之东山区，因水厕与暗沟之冲入东区之汉港，遂使汉港之河水，变成为厕所式之恶劣。闻游泳其中者，常常遇到一块一块的"人中黄"。我前尝住杭州之西湖，美丽的西湖呵，山光水色都可使人醉迷，但有一件事使人不敢久住，就是杭州人民之食水都取于西湖之湖边，每每一块一块的"人中黄"在水面漂摇，取水者只有把水桶一涌动，把屎块掀开，用桶取水而去为饮食之用了。我国大城市类此之怪现状与野蛮的、不合理的卫生法随处皆是。如使厕所与暗沟之臭水不曾流入于河流，保存河流之清洁，纵不宜于饮食，自极宜于洗物洗身了。

第二，能够这样有系统的地下沟渠之组织，于美观上也极有益。因为如全用水厕，私家免用马桶，自然免有满街出粪之丑状。现就广州市说，入夜在大街旁，就堆满了大便桶，大有妨碍行人之观瞻，公众上，应把水厕设在地下，本来，这事与水厕无大相关联，现在的公厕也可设在地下。但地下沟渠一经有系统的组织之后，地下设厕所，工程更省。若如今日之地面公厕所，远远几百步之外，便闻得臭味，使你不得不注眼此中之所在，而见了这些场所，也就令人满身不爽快了！

第三，说及经济一方面为益更大，集中与统制起来，大城市每年可得百万元之收入，数额之巨大，实在占了市财政收入之一大宗，以此款为各种建设费，可以做出许多事业来。

我于国民经济漫谈中，先写出这件"臭事"，因为凡人有食必有"拉"，拉在人生与食占了同样的位置。可惜，我人最讲究的是食，而最忽略的是拉。每每有钱人餐餐八珍盘，而屋内无一适宜之大小便所。有能力建筑了一间十几万元之大屋，常常寻不到一间至下等之更衣室与洗浴所。又如广州市说，几条大街上也算入于近代化了，但一行入小街暗巷，那些路道、沟渠与厕所尚是保存了十足的上古时代！在近代城市上，地下工程与地面的同样重要，由此而论，我国的城市，只可说做了一半截的功夫呢——一半文明，一半仍然是野蛮！

以上所说的，仅是城市中一方面，我今当再来说及乡村的大小便问题。

我国乡村之肥料既然以屎尿为大宗，故对此道甚重视。不过保藏与使用两方面都尚未得其方法。先说他们的保藏有些是缸藏式的。若我潮州则多是厕所式。缸藏式的，每用缸，或破缸、瓮、破瓮等，因盖蔽不紧，以致臭气外溢，每到乡间，便有五步一臭，十步一酸（亚么尼亚酸味也）之概，也可说是步步臭，处处酸。每当我人住久城市后，想往乡村散步消遣，就因到处这些臭味所熏倒，以致乘兴而往，扫兴而回。至于厕所比较为佳。尤其是潮州区那些极深极大与有瓦顶及门卡那样设备，臭气比较深藏，雅观也比较好。不过对于使用上，我们乡下人都是把大部分好肥料糟蹋去了。

今后我们乡下大小便之处置法，最要紧的，当使分开保藏与分开应用。因大小便含质不同，使用也异。以小便说，它的最适用日期在放出后之三日至五六日间。初放时因有酵质，于浇物后烧根，致其死灭。尤其是对于那些根基稚弱的植物如名花之类，最为忌讳。俗有"花神怕尿"，便是此理。至于尿放出太久后，又多走了气，浇物不生效力。今我国农人有识此中作用者，也会分别大小便隔开利用。于当日小便多渗水料分薄酵质，也不至于伤根，其效力尤较厚。说及大便，不但于放出后，发生效力之时期比小便为较久之不同，且用法也极差异。所以大小便混为一气，极不经济，且也用法上发生种种不便。如浇菜蔬之类，当以小便为佳，因其发生肥料之效力极迅速，故极适宜于菜蔬。至于大便则因发生肥料之效力较缓，故极宜于五谷及根类，如浇萝卜、薯芋等及豆类。

在把大便作肥料时，我国农人普通作为"水肥"，极不合算，最合法的使用，乃为"干肥"。即把大便和家畜所用过之睡草，或家用的脏草料、菜料，或为"绿肥"之草料，及那些肥土，如烧过之土块，或池塘沟渠之土，或家内街上扫出之脏土合共一气，把此中一切充分打碎混杂，然后密封起来，听其缓缓发热、发酵，经过相当时期，取而压藏于植物之根下，或铺在其周围。这样处理，大便免至在缸内或厕内，生虫发气，既可多得效力（不但使自物多效力，所掺入之土草、杂物也同时发生效用），且免臭气飞腾，又免妨碍观瞻与卫生。

又此项肥料，统名为"农肥"，价钱便宜，又比机器肥为佳。机器肥价贵，且结果酸质存留于土地，致使土地变瘠，又使菜蔬五谷等物变成酸质，于食之卫生极不好。至于"农肥"增加土地肥力，又使所出产的物质不变为酸质，而多养料，与维他命素。

把小便藏于缸内密盖起来，按时用出。又把大便藏入穴内与什料混合密封起来。又于大小便所在地,多种香蕉、甘蔗、花卉,使成为悦目之地方。这些,就是改良乡村大小便最重要之方法。

使农民尽量利用便的肥料力量,勿使大便独立变虫,这是增进农村肥料最大之国民经济。

谁能知道粪中也有经济在中间,粪也是人生一个大问题,城市中极关重要之行政,乡村中一个重要之人生关键,谁能知道这些,研究这些,谁便可称为"经济博士",也可称为"小便博士"或"粪博士"了!

二、脏 泥[1]

昔有咏烈士之头颅被砍者,其中一些好句子"落红不是无情物,化作春泥更护花"之类。我每读后,气为之壮,神为之旺!砍头,至野蛮之事也,到今日已改为枪毙,溅出红血,也不见得比杀头少。血入泥成为肥料,也成为有用之物了!然则最无聊的,也可说最不经济的为缢杀,连一点血也无,死得未免冤枉了。

昔时欧洲如普法之战,其中战场所埋尸骨,一连好几十年化为肥料使五谷一律丰收。到这次大战(一九一四——一九一八),兵器比前厉害何止千万倍,当我到战场凭吊时,但见高高的连土根拔出来,低低地把土面挖入去,如山岳之高,如海洋之低,这样战场,须经过一番大人力,又须过了若干年,始能恢复先前普通园地之种植。在此中所见到的,一个空头颅几条手骨脚骨头,也不成为什么有用的肥料了。然则这番大战真太无谓了,连一点肥田料也收不到!遑说其他。

这些话未免说得太荒唐了。再来说些天然的肥泥吧。这么算非洲

---

[1] 本文原刊1937年《广东经济建设月刊》创刊号,后又发表于1937年《时代动向》第1卷第11期。

尼罗河最著名，当河水退时，两岸就留下了许多肥泥，田园得这样天然的肥料，当然极丰收。可是，一看我们的黄河，那样浊流，每斗水八升泥，水害年年有，肥田一点无，大自然似乎也专与我国民作对头的。岂但是黄河，可说我国的一切河流，都是这样不经济，把山上，地面好的泥滓，刮得清净，一直带到海混入盐水，或留在河底，增高河床，拥塞不通，徒见水害，未见泥利。

于是乎，使我联想起了北平之泥，又不免肥得太厉害与多得太"交关"了。"风起如烟壶，雨落似墨盒"，这是北平即景诗。据外人所统计，住北平者每人每日要吸入这些脏泥几钱多！这可算是一种"天然的鼻烟"。可惜这不是提神振气，乃是毒气。试想北平置都已经近千年，暗沟不通，日日就将洗身水、洗脚水，一切脏水，不少连屎在内，血、脓也在内——一年复一年，大轮车辗得如粉碎，飞起来又堕落去，这些脏泥，其毒比毒蛇猛兽尚毒得好多。故住北平的人常常患喉病、痧症，最大的痘疤痕，最多的肺病，几乎无一个市民，时不时不哼了几次肺之病声。

于是乎，使我想起中国人真是傻子、笨夫，怎么主持北平市政者不去注意这些脏泥，本是极易做而且极经济的。譬如备几辆大货车，把街内的脏泥载出郊外，为农田肥料；同时把空车载回新鲜美丽的黄泥铺填脏泥所缺之地点，这样轮流周转，在郊外可得了许多肥泥，在街内又得到了美丽的黄土，一举数利，如能好好经理，每年不知找得多少肥泥入息呢。

于是乎，又使我想起广州市及一切的城市，怎样不好好把街泥，尤是如广州之河涌及沟渠之水底及两旁之脏泥，利用为肥泥，即可清除河床之拥塞，又可免因此而产生了毒蚊及恶蝇，又可得到肥料之利益，一举也可得到数利了。

我在第一段说到广州市应努力建设暗沟，这虽是根本的办法，但恐一时办不到，故今日治标方法就在清理阳沟，铲除脏泥。这不是小事。本市内的蚊子真多真厉害，东山区尚有好些疟蚊。本人现住的东昌大街也算是阔地方，但入了夜几乎不能用功，那些大且黑又恶又毒的蚊子，咬得人痛彻骨髓，这些乃从临近之脏沟水与泥土所繁殖而来的。只要把这些沟水流通及那些脏泥清除，蚊子及苍蝇就可绝迹，最少，也可消灭十分之八九了。我在汕头时曾这样做过而得到好结果的。

于是乎，又使我想起，我们的乡村，如能做一番有系统的清泥工作，保管肥料可以多得，而清洁及卫生可以兼收了。乡下人对畜屎固然不肯放松，但是对于猪尿、牛尿，以至于鸡屎与其地面的脏泥，是无法刮取的。这也当如我在上面所说之办法，按时把干土（夹些幼砂）铺上乡村内，待其经过人畜践踏一些时间之后，自然脏黑，就可刮去为肥料，而再铺上鲜土，这些都是至简便的方法，而所得的极大呢。

我今来哼一二句不成调的腔子作结束吧："脏泥不是无用物，取作肥料胜黄金。"

三、废物利用[1]

文明愈开展，用物愈多，废物也愈众。利用废物所以成为极重要之问题。最低劣的如那班瘪三爷"姆姆夫夫"在街上拾"香烟屁股"，当然能够"自给自足"了。如筹备了几个月，自任为常务委员，向上海街上土行购上一副一块大洋之"装烟机"，尚可大行制造，向外推销；这当然不能算为"统制政策"，只是"计划计划"罢了。大城市之废物，除香烟屁股外，仍然极多，如要制成一个调查表，包管任了三二十个委员，负责调查几个月尚不能填完报销。例如大酒馆之蟹虾壳、鱼刺介、猪羊牛之骨头渣滓、菜蔬剩余、汤汁、残饭、茶渣，等等。似乎茶渣已有大批翻造，为下等茶店之用。残羹余滓也收集起来

---

[1] 本文原刊1937年《时代动向》第1卷第12期。

为牲畜之需。可是此中尚不能物尽其利。如将骨头煅化为灰作为肥料，不如用机器把它榨碎和以香味制成为汁料；或成小方块物，可以为极有补益之汤料。计大市如广州市能够有这样制造厂，而旁搜于香港澳门等处之骨头原料，这一笔利益当然极可观。又如菜蔬之头须，外叶之萎黄硬窳，通常一概抛弃者也极可惜，如能连类集合，可以熬为牲畜食料，或也可制成极高贵之人类食品。

一国愈文明，化学工业愈发达，一切废物利用也愈完美。德国有好几千种化学食品。我们这样穷，大战又将临头，眼前已成饥荒世界了，将来大战一开又怎样度过饿鬼道。故设立一间"废物利用研究所"，实在极切要的。

我们当然不能即时要求跨上化学工业，制造出什么稀奇的食品，但就天然品充量利用也就可以救一些急了。在这层上，我极钦服广州人的食蛇、狗、猫、田鼠，等等。广州食蛇，每年由广宁县运来蛇类数十万条。这不但贪食者得了一批异味，而食店也多一番生理，且地方上也少许多蛇害。印度奉佛，对万物一视同仁，遇什么毒蛇不去打杀，以致毒蛇横行，每年被咬死数万人，这是至愚蠢的勾当。蛇本是鳝类，味道比鳝类更好。鳝为佳品，蛇更当为上品了。蛇之毒不过在牙液，一经煮熟，毒质即灭，况且许多蛇种，根本就无毒，极不用怕它。总之，南中国是卑湿之地，毒蛇丛生，应当有系统的剿灭，始免为人畜之害。而有系统的食蛇，乃是最好的剿灭方法。故各地方当如广州人一样之大胆食蛇。蛇羹与肉我也食过的，实在味极好，有说多食可以疗风病骨头湿病，所以市上有许多蛇酒、蛇膏药，利用之普及可想而知了。

谈及食狗不是广州人的特别嗜好，别的地方也有好食的；德国人也食。一只肥狗好几十斤，宰起来不是小事的。现城市上狗满街走，有的尚发狂乱咬人，外人对狗的监视极严，每只狗每年纳税极多（掌门狗较便宜，玩耍狗甚贵），出街时必须人携带，并挂上纳税牌，否则，巡警就可没收打杀了。狗肉，我少时曾食过，也未见得怎样"补阳"——或者那时尚未有阳,不过,到长大时我就不愿食;为的是在乡下狗多食屎,看此后不免有些不敢食其肉。在城市之狗当然不至如此之穷苦,有些随阔主人肉食,满日食得饱饱的,比乡下人更好食用,当然其肉极可贵重了。狗肉或许极难消化,故食狗必须同时饮酒,且也不可多食,以免上狗当!

猫在广州食品,也占极重要之位置,与蛇配起来,那班食店夸说为"龙虎会"。若把猫和香料作为腊味,腌肉尚不大错。

本来,狗乃人类最忠实的伴侣;猫又是最有美态的家畜,宰杀为食类,似乎未免于残忍。不过它们那样多生殖,尤其那样缠人,听其自生自灭,于家庭经济上甚不合算,故择其太普通的种类作有系统的消灭,也算解决其麻烦之一道。

至于鼠,可厌的鼠类,咬坏家具及农物,且为瘟疫之媒介,打杀它极是正该,有计划地烹食它也不算为过分!

以上所说,无非为人民——尤其是乡下之穷民谋一点肉食之方法。城市人不必说,尚有点营养料。至于我们乡下人,每年食肉不过几次,且食得极少,只用菜蔬,及咸芥菜、咸萝卜根度日,实在不够养料,以致面黄身弱;所谓"民有菜色"就是食菜过多,且乏油料,每每闹成乡下人至普通之胃酸症及贫血症。实在,城市人除工人外,可多食菜蔬,较合卫生。乡下人多做苦工,多出汗,应该多食肉,可是他们实在无能力多食鱼肉,我今就来提出几个较易寻得的方法。他们之乡下极易寻得蛇、狗、猫,尤其是他们的破屋,小鼠,是不怕会绝迹的。得这些肉食类,也可补充一些饥肠了。说及乡下人,尚有一事应带说者,他们尚有许多许多人迷信牛肉不应该食的。实则牛肉(指那些专养为食肉之牛),比猪肉极便宜,又较无毒,一只牛那样大,比起狗好几只。牛又是食草的,只要有好草料就足养成好牛肉,不比猪须靠五谷始能养活。故今日我国应当竭力提倡食牛——尤其在乡下,以补猪肉之不足。(乡下人也能利用废物为食料如食病猪,甚至瘟猪,这些又当绝对禁止的。)

四、瓜棚豆架[1]

春夏时候，炎热迫人，城居者虽有高楼广厦，但苦无花园树木扶疏。乡下人尤苦了，茅屋拙陋，日光猛烈，风与空气都缺乏，毒蚊广集，日要做工，夜又不能安眠，乡下人在夏季比别的季候更惨得多了。

然我人也有安慰之法与经济之道以消遣长永的夏天，这就是我所要谈的瓜棚豆架的生活。

我去年夏时在汕头，住居有晒台，费了十元搭起了一间小竹屋，屋外种上了吊瓜，瓜叶瓜藤蔓延了竹屋之四围，青翠之色，悦目骋怀，又生产许多瓜，可食可玩。午后在竹屋内看书。偶或一觉，凉风袭袭，浮云悠悠，自以为羲皇以上人，忘记了城市各种嘈杂之气味。故住在城市，譬如广州说，也可以享些田园之清福。因家家有晒台，即可以如我在上所说的方法去布置了。

在我人这样热地方，得天独厚，只要一些肥土放入于高广数尺大之竹篾筐，便可以种活了各种各式的瓜与豆，这些瓜豆之根能吸入空气肥，只于水分上时时注意，就可以繁盛了叶藤与果实。同时又可以吸引许多蝴蝶小鸟。一间小小在晒台之竹屋或亭棚，恍然成为自然的世界。又可以坐起其间，举头看看青天、明月、白云、繁星，夜间也可以睡眠于其中，比在高楼广厦之房内更是别有一番滋味，若在租小屋之人家说，由此可多得一间临时的房子，这也算是经济的好结果。

就乡间说，这些机会更多了。在屋前几尺见方之地上，种几株瓜，搭成一棚，不久之后，瓜藤上棚便得阴凉，只得几株之瓜实，一家数口，便在生瓜期间，尽够食用。瓜之叶、藤及花与果，又是那样美丽，居然成为一幅美图。于美趣之外也多了一层卫生的利益。

瓜的种类甚多的，而最美与奇怪的为葫芦瓜。至于豆类更多，可

---

[1] 本文原刊1937年《时代动向》第1卷第13期。

惜豆不如瓜之蔓延缠绕，若作为瓜之围篱，最能相映成趣。于此间养了多少小鸡，切切碎碎作小鸟之娇鸣，尤觉增加了许多兴味。

在此藤蔓中，我最喜种的是葡萄，这东西，在广东也极宜于培植。现在广东所食的葡萄有些是山东的，但大多数是美国物，一年消费何止数十万元。若广东能种，当可代替此外来品。葡萄干占地极少，棚上所占的天空极广，既经济而极美观，又很清爽阴凉。试看果实累累如串珠，谁也会欢喜的。且葡萄极可口，又极卫生。昔人有"五亩之宅，树之以桑，五十者可以衣帛矣"之训。若屋宇周围稍宽绰，种上几十株葡萄，则数年之后，每年可出息千数百元，全家之生活都有着落了。

大丈夫既不能出来轰轰烈烈做一番大事业，家居也当养出一批好大瓜——东陵瓜吧。当此盛暑时，又使人羡慕那些好西瓜，冰藏的或浸在冷水里，看那粉红或鲜黄的瓜肉，比起冰淇淋并不怎样逊色，且价钱便宜，有益于营养。所谓"浮瓜沉李"为消夏之雅事。

穿起制服，终日埋伏公事房，看了等因奉此之文章，满身浸了臭汗，且蒸出一身臭油味。试想与二三野人，在瓜棚豆架内烹一杯清茶，吃几片西瓜，谈论些世事人情，有人间天上之别。若使一班高等流氓们，回想家乡的趣味，比起了终日在城市营营逐逐之无聊生活，当然如陶渊明即日赋起《归去来》了。

城居实在毫无意义的，在晒台上虽然布置上了一些野味，终是虚伪假装。何时归去听树头蝉声、池塘蛙鸣？从一瓜叶缝中，凭眺那宇宙之万千气象；从叶上一点露珠，讨论那变化无穷之气象学；从静静的瓜蔓下，会神于六合之内无穷大的空间，与无穷尽的时间。

蜘蛛网上，研究世事之成败；蝼蚁穴中，请看谁称王称大将军，原来是南柯一梦！夏夜之梦至美丽的：请看天后向牛头求情，朦胧迷离，到底来谁假谁真！我极愿在瓜棚下做了一番夏夜之梦！请你去听莎氏之夏夜催眠歌。

怎样使广东富？
——以经济组织法代替官僚政治[1]

大纲：
一 略论官僚实业之失败
二 除舞弊外，官僚实在不晓实业之道理
三 实业系统组织法——研究与执行同在一个机关内

一 略论官僚实业之失败

以官僚办一切事，都必失败；以官僚办理实业，当然更必大大的失败。我近来接头了多少官厅，更加起了大悲观。先前以为官僚政治，事实虽无，总有些官样文章。殊知一按实际，连官样文章也不可得。譬如那些省营工厂，如你要知道一些内容，请托它的主管机关下了命令着它报告，等了好几个月连一点报告也得不到。这不是它们不肯办，实则机关内根本就混乱一团糟，临时要拿出一点稿件，就寻不到有专管人与那些可抄的档案。我常到大官厅要找一些案件。到主管机关一看，里面虽然坐了十个八个人，但都无事做，终日只有谈谈天，或看报看杂书，对你所问的常是不知所答。往往要寻一件平常档案，便寻不到；至要一些稍有系统的文件，当然更如登天之难。我于是而知先前所说的官样文章，到如今连这件期望也知不可得了。深刻

---
[1] 本文原刊1937年《广东经济建设月刊》第5期。

说，官僚政治连官样文章也不能办到，还说请他们办实业与经济呢？

我今再来举出一些事实以证明官僚之办实业只有失败而已。例如以糖业说，因在关税保护之下，我省糖业利本极厚大，前政府设了几间大糖厂，若照经济法去管理，本来可以获大利的。但先前都是用官僚之法，以致不但不能获利，而且赔了本。你要知道他们办得是什么事吗？据我所调查的就有下几项。这些事如犯了一件，便办不好，况且件件都犯着呢。首先，他们不讲环境是否合宜，一味乱行安置糖榨机。例如新造已有一副日榨五百吨蔗之糖机器，本已无蔗可榨了。乃同在一水岸上相离不上十里之市头，又安置上一副日更榨至一千吨蔗之糖机。这样乱安糖厂，真是骇人听闻。他们那班办事人，实在也不至十分蠢，怎样有这样蠢事。这其间自有许多难言之事作怪了。试想市头榨蔗机价值至百数百万元。闻诸先时其中技术人员说，那副机器是老家伙。把老家伙做好物算价，一折扣便可得百数十万元。故当时经手人就不管如何，只管购货，购后只好乱放，其他就不管了。横竖他们有利可得，公家亏本，于他有何关系。其次，一间糖厂，每年有蔗榨的不过三二十日，余的时候，就毫无一点出息。但厂内用人常常超过所需要的好几倍。并且全年到底都要给薪。所以"食官"，比蝗虫来得更厉害，公帑自然是要空空如的，连向外借债也不够他们蚕蚀了。再次，糖机乱放在什么处，虽然寻不到蔗可榨，这尚亏本不多。有些官僚再想些好花样，就是借名放款于蔗农。这也有一件极有趣的事实，容我报告出来。某地有蔗厂于某年放出蔗农款项数十万元，大约以四十万元计算吧。在放出时他们虽收了四十万元收据，但实在只放实款三十万元左右。一转手间主办者已得了十万元在自己荷包中。可是接受者那班土劣也有用许多转折方法。他们分出几万元为现银借款，而拿出十余万元购肥料，渗入十分之几成土泥于肥料中，论斤两也抵得二十余万元，实则被他装入荷包中也好几万元了。到了蔗农那方面，也学得乖。他们指定了一些蔗区由土劣转购糖厂准为借款抵押品，声明如将来收成不够还借款时，放款机关不能追债。那班土劣及糖厂已经得了利益,自然可以允许。于是那班蔗农,明知肥料渗入许多泥土,也就假装不知。但挑去的不是下在所指定之抵押蔗区,而在他自己之农地。这样农民也有利益,但到底之结果,看者诸君就可想到了。那几十万元之抵押蔗区,到砍伐时值不上一把干薪,公家所收入的比他所放出之款,不够百分之几。横竖公家赔累到不堪,那些经手人中饱得面团团如富家翁了。在官样文章报告上,不外说这个年头太旱,蔗区不好收成就完了。

先前糖厂办事人尚犯了二重大毛病,即一则他们在开办那样大糖厂之时,应知道组织了"糖区运输系统"这件事极与糖厂有直接的关系。因为每日所榨蔗量多至数百及一千吨,则周围供给之蔗必须要运输极便利,然后始能源源接济。且蔗砍伐后,必须及时上榨机,如过一日,就失去了许多糖质,过二三日后,可以说大部分之糖已经消失,故运输系统,必要有完密的组织,然后蔗在砍伐后能限时到厂。先前冯锐任农林局长时因为运输不便问题,致新造糖厂方面之蔗农闹起极大的风潮。事后,冯在报上说当于运输方法努力改进。我当时看后不觉大笑,笑他们这班官僚怎样不知道这个至浅显的道理呢?第二,他们所犯的大毛病,就是看糖厂为官衙门,殊不知道这是工业与商业的场所。因为看作衙门,所以厂内的人多浮于事。且完全不负责,一味只知偷懒找钱。因为不知看作为工商机关,所以对于蔗农不知如何联络,交易如何公道,只知一味敲剥。例如蔗农蔗到时不肯好好收受,不肯好好称重,又不肯好好支付价钱,遂使蔗农种种食亏,以至视糖厂为仇雠,不肯卖蔗与糖厂,宁可自己榨蔗。

这真可惜!如我省能以经济的方法去组织糖业,而力除官僚政治之恶气习,则数年以后,我省可以年出二万万元以上之糖利。公家得十分之一吧,则年可得二千万元,这个办法极易做到的。

第一,现在之六副大糖机,应安置在蔗区中心地,揭阳之曲溪原有糖厂,不必他移。这糖厂的失败并不是地点,乃在官僚政治。高雷应有一厂,由市头之机件移置。琼州应新置一至二大糖厂。惠州的糖厂照旧，顺德、东莞的也应照旧，然而有三件事应该充分注意的，一为改良蔗种与蔗肥，二是运输系统之组织，三为行政上之刷新，务必以工业组织为依归。这样的十数大糖厂，每年获利已不少了。

第二，可是，我省交通尚不便利，大平原又极少，当然在一区域内之蔗区不能过大，故制糖机以小型的为适用于合乎经济。计廿二匹马力之榨蔗机，全副不过一万元毫洋，年可榨得数万元蔗糖。又可改为泵水机、榨油机、磨米磨粉机，通共不过加上数千毫元，便可变成为几重机器之用了。就我省蔗区说，每年出数万元之蔗糖，到处皆是，且有多少地方，只一个乡里，便不止这样出息，另可装上四十匹马力的榨蔗机，出息更大、更经济了。

若能从这样小型榨蔗机提倡推广，又从蔗种、肥料及除虫害着力，则我省即时年可出糖七八千万元，数年之后可增加到二三万万元（二三亿元），即此一端，农村已复兴得几成了。我县有多少乡里，二三年来，用旧法种蔗与土法制糖，每年可收十余万至二十余万元，先前破产的农村，经过这二三年之糖利，已救济一些了。这可见如能用新法讲求种蔗与制造，其利益更可得到许多，农民愈可多得救济了。

最困难的问题，就在怎样于每一蔗乡或一蔗区中去购得一副廿二匹马力或四十匹马力之榨蔗机器，本来蔗民可以合资购得的。但因缺乏智识，不敢尝试新法，又乏指导人，又无团结精神，不能集合资本去购买，故今后全靠政府之力量或由合作委员会出资代替人民购机器，或直接由经营糖业之机关购买，而派出人员指导与抽其机器之租税，这样人民可以乐于利用而公私均得其便了。只要政府肯出千数百万元先行购取千数百副榨蔗机，租与蔗农，不久之后，蔗农见得新法比旧法多得利益，则蔗农当自行购置糖机，或由政府之机器转卖与他们。这样，使数十万以至数百万农民知道利用机器，使这样大多数之人民加入新工业之努力，当然比几个糖厂机关或以少数官僚的实业家来得力量更大、出息更多了。

二　除舞弊外，官僚实在不晓实业之道理

当然也有好官僚。可是官僚办实业，无论他们怎样不爱钱，但也苦于无方法，因为最好的官僚，只知道做官样文章不肯到民间去实行调查，又不肯从事实与学理上去研究推敲的。

例如广东省几年来的推广稻种：主理机关的并不知道我省所适宜的是何种稻种，以致费了许多购买稻种钱银，终于无一点收成。诚如我省种子专家丁颖先生所说："前此增产计划之失败，就愚见所及约而言之，当不外以'言官'方式骤降而言农。在事实上如欲以一稻种而骤推行全省或以北方豆种而骤移植于南方，凡稍有农事经验者固期期以为不可；而略涉农学教籍或少具生物学智识者亦均知农业特重保守之原因，及特种分布之殊异。即就水稻而言，以个人观察所及之两广稻种凡五千余，中国全国优良种凡百余，外国优良种亦百余者比较之，亦未发见有一可以通植全省各地而悉得优良成绩者。而前此偌大之农业增产计划竟贸然定之，贸然行之，此重覆辙不能不盼后此者作为前车之鉴也。"丁先生所指"贸然定之，贸然行之"者，乃指前时那班官僚政府"期以一品种推行全省，期以三年，使本省米足以自给。因之每县推广费多者万余元，少者亦四五千元。然三年已过，竟因效果不著，不得不全数取消。至廿四年冬，复以二十万元购买江浙之豆粟种子分配于全省农民，然其结果则有滞留于官署区署至植期已过尚未发出者；有虽经发出并未播植者；亦有虽已播植而终于有花无实者"。

于此可知由官僚办农业，结果总是无计划，不内行，只有贸然又贸然。终于失败而已矣！有说笑话者，谓稻种到衙门被了那班衙役剥做粮食用，那又不但是贸然又贸然而已了！除了官僚办农业为外行汉之外，他们又犯了一种官样文章敷衍了事。例如我前二年遇到了一位大县县长，他极得意说他县今年有了数十担好谷种发出。我说这极不够的；我说那么大县份，须有数千数万担好谷种才够用。区区数十担尚离题太远呢！我常到各县去，他们的新式稻种所谓实验区不过一二

亩田地，但经过数年之后，仍然是这样实验地方，至于民间，根本就永远不尝见到这件新稻种在何处呢。好的官僚不过做官样文章，但对于实业根本就外行，怎样能办理得好呢。

又如，造林这件新政，在我省也已提倡好久了。试问其成绩几等于零。其间岂无一二好官吏，专意想办法办得好，无如他们外行。因为造林之种种手续，完全是专门家之事业，贸然行之，未有不失败的。以我经验，现在提倡造普通林尚嫌稍早。最好就在按地方之情形，先造该地方最有出息之水果林，或桐林，或竹林，或杉松林，此中尤当注意于果子林。因为水果出息快而且丰，人民极乐于种植，加以政府提倡，自然势顺而事易成。待到三二年后，人民已知果林之利益，然后再推广去造普通林，自然易于成功了。又如造林，先当制定山权，与及薪刍及牧牛地，这些都须同时兼及，然后始能着手。不是如今之贸然造林，以致生出许多阻碍。

又如以官僚办公路说，我省虽有二三万里公路，而无一不亏本，又无一区域有系统的路线网，更不必说全省能组成有系统之公路网了。例如东区公路，自二三年前已经在官样文章中规定一早从汕头起程，当晚可到达省城。究之永久未有一次实行过。为的无车辆、路上有盗劫、路面不好、旅行不便利等等，遂使旅客裹足。宁可海行，宁可受香港关差及一路转折之磨难。可是在他们官僚，永久不知如何补救之方法。实则是极容易的。到了现实时始着实办理此项之交通。但又不知仍然犯了前此之毛病呢？或者此遭实在能够从善改进呢？

总之，无论省营工厂、公路，以及农林、水利、蚕业等等，先前官厅已经给社会许多事实，证明事事失败。或因贪污舞弊，或则敷衍了事，或则外行不知怎样办法。故我敢大声呼喊，要办好实业，须脱离官僚政治，而将全权托付于实业家。使实业家一方面能出其专长去研究讨论一件实业之利弊，一方面能用其全权去实行他们之计划。这样，实业才有成绩。我今来提出一个新组织之方案作为参考吧。

三　实业系统组织法——研究与执行

同在一机关内要达到学理与实行一致，我认为各省应设立实业院，院内设该省所需要之实业区。院与区之主任人选，均以实业人才为依归。而该区之主任更须以对该区事业有擅长者为主。这样实业归诸实业人才管理，脱离了官僚政治，一省之实业自然得蒸蒸日上了。

今以广东省来说，最好就是设立实业院——其组织乃直属于省政府，与各厅为平行机关，内设正副院长各一，办事若干人。其内容分为二部，一为研究，二为执行。大概恍似大学院与中央研究院，及江西之农业院，完全为学者及学问家之机关。所不同的，大学院纯为研究机关。至实业院，同时为执行机关。凡所研究得者制成方案提出省政府会议，通过后，即可执行。这样研究与执行同属于一个机关，自然不会如大学院所研究的不能见诸事实，不免于空言无补。又免如官厅之徒能执行，但外行，毫无学理，以陷入于盲行与武断之毛病。

在院之下，就我省情形说，应设下列各区及各厂。

（一）农业区

（二）林业区

（三）糖业区

（四）烟业区

（五）畜牧区

（六）矿业区

（七）水产区

（八）水果区

（九）特殊手工业区

（十）蚕丝区

（十一）垦荒区

（十二）各工厂

各区与厂内设主任一人及办事若干人，内容组织与实业院相同。

不过区有特殊事务，应加注意于专门人才及特殊办事手续。至于院则总其成。区则注意该管之事务，而院则兼及其行政方面，此外公路处能附设于实业院更佳。因为交通与实业，息息相关，如能统筹一气，则又较为合算。

诚能照这样办理，使实业脱离官僚政治，而专属于实业人才与实业组织法，则我省之富裕，可以计日而待，料在二三年后，则年可出息十万万元。五年之后，可出至二三十万万元，十年之后则可跳至五六十万万元了。现将各件分拆来说。

第一，农业。如由农业人才全权办理，则于改良稻种（适应于各地方之各类优良稻种，并不是一种统一之稻种）、铲除虫害，只此两项，每年可以多收入一二万万元。于广州区三角洲、潮汕三角洲，改良水利与种植，年可收一万万元以上。于高、雷及琼州开垦荒地年可收数万万元。将所有山丘及荒地开垦以种各种杂粮，与实行冬作物，则出息之大更不能算了。我省每年所缺米食不过一万万元，苟能照上各方面作有系统之改良，则即日可以自给。二三年后，可以多量向外输出了。

第二，林业。我省山地共有三万万平方公里，每人可得九余平方公里，计可得了一万多亩，除老幼外，每人实得山地三万多亩，这可见我省山地如何之多了。假使此等山地，留出一小部分以之为樵采及牧牛之用，又留一部分如山窝、山脚可以种杂粮植水果林，与种莨麻、大麻等之外，又留一小部分如山顶种茶之外，所余的全种有用之林木，如杉，如松，也可以为制纸之用，其余如有加利及本省原有之美木，则十年后，每年单就林利一项可以出息数十万万元了。这个惊人之数目，并不虚扯，乃照林学实实在在可以得到的。

第三，糖业。糖业之利我人已在上说及了。初年可得数千万元，数年之后可以多至二三万万元了。但"二年蔗，一年豆（花生豆）"之间耕，已成为农民之根本经验，则蔗利之外，可以多出一大批花生豆之利益。且我希望兼种糖萝卜以制糖，更可增高了糖利之出产。据我友前在巴黎留学者所调查极言我省极适宜糖萝卜之种植。糖萝卜之糖味虽比蔗糖淡，但极清爽。又蔗糖可以不必全制为白糖，实则白糖已失却了糖之精质。最好是，蔗糖的多数制为"黑糖"，而留白糖的地位为糖萝卜之专品。

第四，烟业。此项利息也甚薄。因为纸烟乃普通人之嗜好。计单一英美烟公司，在我国每年所售出之纸烟约有二三万万元，其每年净利多至数千万元。可惜我国人只知吸不知种与制造。例如我省南雄烟业已极著名。实则潮州各属以及高雷与琼州都可种烟，若能选种与讲究制造，装潢及推销之术，则我省之烟叶足以供给全国，每年可以得利数万万元了。

第五，畜牧。我省山地既如上说那样多，则畜牧之利自然极大。所谓畜牧者，当包含了家畜。如能有系统去经营鸡、鸭、鹅、猪、兔，以及牛、羊、马，不但肉食充足，蛋也有余，其毛与皮革及乳之出息也是无限大与极需要的，若问每年全省出息可多至若干，则我只能答一泛数，大约是极巨大的。

第六，矿业。我省山脉既多，矿产也富，计有煤、铁、金、银等二十余种，尤著名的如恩平之金、北江之煤、紫金与南路及琼崖之钨、东西沙群岛之鸟粪矿。如能有系统去探查与有雄大的资本作有大规模之开发，则我省不致每年溢出煤款六七百万元，而且可于各种矿中得到极巨的利益。矿产之丰富是不可计算的。如开发得法，每年数万万元也可得到。

第七，水产。我省海岸线甚长，自来鱼与盐之利甚大。如能用新法捞鱼、养鱼及制盐，其利益比现在可多好几倍。盐之为用不但为食味，而且可为工业原料，其利甚溥。此外，海藻等物如作有系统之探取可用为食料又可为肥料，所出息也不少。池塘一事，也当多多开掘：（一）可为水利；（二）可养鱼；（三）其土泥可为肥料；（四）于居民及家畜之卫生尤极有好影响。我极望在水产上面讲求水利，一举可得两利。因开沟渠、凿井、治河、浚池塘等等，既可得水利，也可得水产之收益。

第八，水果。这项须设专区研究与管理之理由，乃因我省处在亚热带，极适宜于各种水果之培植，一切水果，如能由专家经营都可出名，而由此收息极大的。例如荔枝、龙眼、柿、菠萝、柑、橙、橘、柚、李、杨桃等等已成为我省之特产。其他如葡萄、桃、橄榄、梨等也可改良，使成为名品。在此项上，我人又当讲求保藏的方法。例如美洲橙实在万万比不上我省的橙与潮州之柑。可是他们能保藏得全年都有货物，我们则过了生产时期便告货尽，不能不出高价去买酸的美洲橙了。故我省之水果与菜蔬保藏仓，应行迅速设立，其裨益于民生及经济甚大。

第九，特殊手工业。此项工业在我省极多。举其要的如汕头区之抽纱，现在每年出产多至千余万元。如能提倡得法，与自己直接在外国销售，免外人所操纵，则年可望多至四五千万元。他如瓷器、漆器、夏布、各种土布，尤其是麻布，在我省这样热地方，最为适用，如能织成为洋服原料，销路必极广大。手工制的纸业、玻璃业、葵扇业、皮箱业、竹器业、席业、象牙等等都有独到之处。业务虽微，但极普通，综合一算，其数额至为巨大。

第十，蚕丝业。前时兴盛时代已出息至一万三千余万元。可惜近年来一落千丈。今后如能着意经营，则不但能恢复原状而且可望超过于三四万万元之数，因先前只有顺德及南海二县有蚕利，实则如潮、惠等地也极宜于种桑育蚕，若能照顺德一律提倡，出息自然不可限量。

第十一，垦荒。我省荒地甚多，尤其是高、雷、琼崖一带。垦荒，乃将不毛之地，使之变成为一切资产之源泉，这是一切实业之根本。此项工作，可以利用民力，即用征工之法行之。但使出力者各有其垦地。实业院，则仅立于督促及指导之位置就好了。

第十二，各种工厂。我在上已说及先前省营各种工厂失败之因由了。综之，失败乃由于官僚政治，并非工厂自身之过。以政府之力量，与资本之雄厚，苟能经营得法，省营各工厂每年之获利甚厚，可多至数万万元吧。然而此项工厂，当使完全脱离官僚手腕而投入于实业家之胸怀，始有出息之可能呢。

读者，只要看上所列之节略，便可想象我省之富裕可以达到极惊人之地步。我再重说一回，只要三二年后，则年可出息十万万元；五年之后可至二三十万万元；十年之后可以达到五六十万万元了。今假定为六十万万元吧，若以三千万人算，则每年每人出息也不过二百元，其数额也并不算怎样惊人。但在我人常受困穷灾厄之下，如得此数，岂不比上天堂更快乐吗？

四　后　话

看者诸君，或必以此为理想。因为实业脱离官僚而全由实业家主持，在现时情势之下万万是不可能的。说者必谓全国尚在官僚政治之下，实业安能特别跳出其范围。这确是实情。但我人也想可以将此理想成为事实之可能。因为我人虽不敢希望全部政治及时入于正轨，但仅求实业一途勿卷入于官僚之漩涡。这个有限制之要求，似乎易于办到。因为除实业外，尚有许多地位可以为官僚活动之可能呢。故私人只求实业勿卷入于恶劣政治之漩涡而已，并非敢要求一切政治均即入于轨道。因为以实业还诸实业专家，而以实业方法去组织，这是唯一救中国实业之途径。否则，若许官僚加入，实业必至于一败涂地，国民经济固然破产，而国亡种灭也随其后，这是如何悲惨之结局呢！窃谓今日，我国不振兴实业，必至灭亡。要振兴实业而托付于官僚，则实业不但不能振兴，而且亏累不堪，灭亡之日期也愈加迅速。所以独一救国之道，只在将振兴实业之责任须托于实业专家之手。

征工与国民经济[1]

我前数月主张征工政治甚努力,可惜见阻于前政府而不能成为事实。最近我又上一条陈提议组织征工委员会,以省主席为委员长,以四厅长为委员,而加入有征工行政经验者三数人为委员。此种组织,乃视征工为极重要之建设原动力,故须有专管机关与郑重其事,然后建设方能迅速成就;抑且能于极少之费用中而生出极大之效率。近日看到山东省征工服役实施委员会之组织,不觉无意中相同之点甚多,今特为标出于下:

第一条,山东省政府为征工服役之进行便利起见,特组织实施委员会。本会对外,以省政府名义行之。

第二条,本会以民、财、建、教、各厅厅长及省府秘书长为委员,并以建设厅厅长兼任委员长。

即此二条章程可以见其组织中之大概了。此中好处就在看征工为一要政,用省政府全力以赴。他们规定省内男子在十八岁以上、五十岁以下者均有应征服工役之义务。其应服工役之事项为:(一)修筑城防或楼堡,(二)筑路,(三)造林,(四)兴办水利,(五)架设长途电话。这也可见服役之范围颇大。而此中最可注意处,并未遵照行政院所限定每年三日至五日之功令。因为三日至五日之期限太短促,实在不够敷用,即如我在上期多介绍之普宁征工浚河之日期,每人也

---

[1] 本文原刊1937年《广东经济建设月刊》第5期。

至十余天。以我经验,每人每年于农隙时做工个把月久也不妨事。必要这样多干与苦干,始有相当之成绩。

据山东省征工专号所报告,山东征工成绩甚有可观。去年所完成之工作与今年所计划,极见有远大之规模与颇好之成就。反视广东省真愧不如!

我前与某厅长谈及征工建设,他似乎听不入耳,似乎一心只在借款建设。又与某厅长谈,他说这不是他的分内事。又一厅长,说他只能立于帮助地位,当由主管厅长办理,并反对一切任何征工委员会。总之,前期政府大多数是反对征工的,这大概乃因我省太富裕,不屑为劳力之工作吧。

总之,征工为一极重要的经济复兴事业,中央与省或一区域当极郑重其事去做。敷衍了事,反不如勿做为好。我省政府如有意征工,也当如山东省政府一样,全体动员,定可收到极大的成绩,这是我人所极希望新政府最重要新政之一了。想我振作之此届省府当能孚我人所望。

章程国与怎样立章程[1]

我前已批评过纸上之建设了。实则"纸上建设"也不容易,我们是被人称为章程国:为的章程太多且立得不好。中之最麻烦与最不适实用的为官样文章中之章程。例如我国现在农村合作社放款章程,便有许多不能实行之处。据我省东区某县长所说:现在省农村合作委员会已请中国银行对东区各县农民放款。立意本来甚好,可惜其手续层层转折,譬如农民要款,须请本地主管机关登记,由这机关转呈省会合作委员会照准,然后函请中国银行查照,再由银行调查确实后,复函合作委员会,由委员会准其发给,然此后又须经过许多手续,农民始能领到借款。这是何等官样的章程!

我们的农民并不晓得这样手续与什么三年五载之计划的。他们偶然要钱下肥,或别种需要,都是"临时的"与"即刻的"。今须经过这样多手续,即是经过许多的日子。譬如领款买田肥吧,待款借到,下肥之期已过,事实等于无收成了。且农民最怕的是官与衙门!他们对这样新式的官吏,怕得更厉害,宁可不借款,胜于将来吃官司。

所以一件章程须要照事实去订立。无论外国抄来的不合用;即北方的未必适用于南方;虽同一省,东区与西区,便有许多人情习惯不

---

[1] 本文原刊1937年《广东经济建设月刊》第5期。

相同，一例的章程往往走不过数十里便行不通，于是而知立章程之难也。大端说，一件事情有他的"个性章程"。例如对农民，当然手续愈简单，条例愈少愈好。对待土劣，无妨繁文缛例。对商人市民也无妨周密些。这些"个性章程"，当然须聚集该业的专家，各就地方的情形为之筹谋签订，这些极望于今日之立章程条例者。

经济的声音[1]

在这样暑气,夜间入睡极难,大约午夜时才闭眼,一转瞬间,不过晨四五点钟吧,便被那些叫卖声音所搅醒。可怜他们这班小贩,叫得声嘶喉哑,为生活不得不叫,我们这班有暇阶级被其连累更为小事了。

我常想他们为何不用代替物件以表示呢?我曾闻有用竹板打声者,有用铜片相击成音者,在国外也有用音乐箱手琴,等等。如能由官厅制成各级的和谐悦耳之声音,如买面包点心者为一类,水果者为一类,蔬菜者为一类,汤食者为一类,凡此等等,均不准口叫,只用一种喜悦的机械音调,在小贩免辛苦,于市民免为野声音所搅扰,尤其是低年小孩入睡时免因此惊醒,这于各方面均有利益呢。

扑灭无谓的声音,在外国城市上已成为一种公安极重要的政令。例如汽车所用之汽笛,须受主管官厅之检查,务以温和者为主,且限制在某种场合始许用笛。我国也应有此项政令与运动,这也许是新生活极重要之一项运动吧。

我国人在平常谈话时,每每不节省喉力,大叫大嚷,在客厅内似乎打架一样,扰乱别人,妨害自己,都是不好的。外国人讥笑我人说:"对一人谈话,则叫得千数百人听得到。但当对千数百群众演说时,反行喁喁得似乎在一二人时尚听得清楚。"

夏之晨,何等清爽,让我好好做一美梦吧。让我耳旁如听仙乐之音、美人之歌唱吧,让那些野音杂声远离远离,勿来搅我的清神。

---

[1] 本文原刊 1937 年《广东经济建设月刊》第 6 期。

粤省水利与征工[1]

大纲：
(1) 大河上游多开支流，下游引淡水入塭田
(2) 多开水池与养鱼
(3) 如何食好河水的方法
(4) 水利征工应兼利用船夫

水于农利，好似身的血、市场的金融。农村水利不讲求，譬如身无血一样，不但血脉不流通，骨肉也枯槁了，当然生机消灭，要活也不得了。

明乎此义，就明白我国黄河流域，怎样先前为富裕文化之区，及后，河床日高，河流日涸，富裕与文化也逐渐消退之理由了。

水利在农村中不但于田园、牲畜有直接关系，且于人民的饮食、资用也有许多密切的交连。这不但生产问题，而也是人民与牲畜的卫生问题。所以本人此次到第五行政区指导国民经济的建设，就先从水利入手。实则，此事本区胡铭藻专员也已先想做，本人不过想加强其执行的力量而已。

第五行政区水利的重要地点为潮安、饶平、澄海、汕头一带之韩江流域。韩江为岭东区第一大河流，发源于福建之汀州，一流到潮安

---

[1] 本文原刊1937年《广东经济建设月刊》第6期。

城，关系尤形重大。由潮安以上，水患尚轻，水利之为用尚少，自潮安以下，汊流甚多，沃野千里，水利水患二者所关都巨。故自来治韩江者均以潮安下流为中心，其上流大约稍予炸滩、筑堤及防沙泥即足济事。至于下流，则估计工程，须有二千万元，始能成为新式的建设，即此可见其工程之巨重了。

　　治韩江之根本办法，大约不外防沙（例如于上游山地——造林、种草与编篱）、筑堤、建坝与码头，及挖浚河床。而此中有一重要方法，似乎为向来治河者所忽略，即于沿流处，凡可以开小河渠、大水池潴蓄水量者，应尽量开掘，使田园多得水利，而也可减煞下流的水害。每条新开河渠及每个水池，当然直接于水利有益，而且所储藏的泥土（每年清理一次）可为肥料，这层利益与农家关系甚大。又有鱼利，每年收获也极多。澄海与饶平之低洼地，每年塘鱼，已有数十万元，若水池更有系统的组织，每年可至数百万元也意中事。总之，于河流上头多开小河、通渠及水池塘，乃极重要的治河工作。非洲尼罗河，便是用此法而收巨效的。在英人未治此河之前，尼罗河也是一样的天然河流，即是遇大水时，四出泛溢。幸而尼罗河所溢出的不是沙，而是泥，所以水退后，田园先前所受水患的损失，尚可取偿于留下之肥泥。然而这不是水利的根本办法。近代水利的整理，便是利用科学方法，即以人力而战胜天公的。故到了埃及入了英人统治之手，英人于是在尼罗河上流多开支流，这与埃及之热地、田园多患旱灾，实在有建设这样水利工程之必要。每条支流备设卡闸于正流的连接口处。遇到支流需要水时则放开闸口，使正流水源得入，以资接济。遇到不需要水时，把闸关闭，使正流得以尽量宣泄，以免泥土滞留河底。此外，又于河的两旁之堤岸，及其他整治方法，也应完全一律整理，然后始有水利而无水害。

　　若说到韩江呢，真是闹成一团糟。自潮安县城以下，每年总是闹水灾。旱与涝两重的水灾。自潮安以下，韩江初则分为三大河流，即北、东、西三溪。以下，汊流更多。我曾见潮州治河分处之计划，主张封闭这些支流,以便集中水力,使河沙得以冲出海口。这也是一种办法。但他们只知其一不知其二。我以为封闭支流,当以这些支流利少害多者为主。若那些需要水利灌溉的地方,不但原有支流不可封闭,而且要尽量开辟支流。例如浮洋市一带,因无水源,遂至地价低落,这地带乃在韩江之岸边,若能多开支流,即时灌溉有着,地价自然提高了。

故如能于韩江上流,多开数十以至数百条支流,在平时,正河水少时,就把支流的闸闭起来,使水量集中,免如现在之正河搁浅。遇到水大时,则把支流的闸统行放开,使正河之水,流入支流,当然下流不至于泛滥无归,而成为水患。且支流之闸,既于盛水时开纳,当盛水时,所挟土沙,特别多,把这些土沙,归入支流,正河本身自免淤积。由此说来,支流既可灌溉,又可容纳水源与土沙,旱与涝两灾同时全解决,岂非一举而数利俱备呢。

所以我在此特来提出一种治河的新法——或者仅就我国说的所谓新法,在外国已成为极旧的方法了——即在河的上流,多开支流,而以水闸管理水之盈缩。这不但治理韩江如此。凡一切的大河都应照此法办理。此外,凡自然所成的支流,即由水势的乱冲横撞所成者,往往所得的水利甚小,而被沙碛所淹没的地面甚多,对此种支流之办法,或把全条流道塞住,即用正流之沙,移入其中,既可清除正流之壅塞,又可填平支流之河面而为平地耕植之用。或则在这种自然的支流中,有些少的水利可为灌溉,或水运之用者,则当缩小其面积。至其岸的两旁,也如上法一样,把正河所掘去之沙和以黏泥,填入其中,使成为最简便的堤围。

韩江自有河以来,除以人力筑成堤、坝、码头之外,余的完全听自然水力之移动,以致沙积甚多,河床比两岸地面都高。现在虽有北堤的新式筑造,但只是一小段之治标方法。又有潮安一段之三利溪从深开浚、使韩江的一支流穿过潮安城者借三利溪之清理,得以引导出城而宣泄于三利溪,于潮安内沟渠积水之清理,极关重要。因韩江水入潮安者演成为城内之各种小沟渠，其尾间便是三利溪。故三利溪之清理，便即是潮安城内沟渠之清理，于人民卫生及街道清洁上均有极好的影响。

至于韩江下游入海处的整理，都当用三角洲引淡水洗咸田的成例。此中工程极大，但其利益更大。今引邓植仪先生论及增益碱田之灌溉水一段的话如下："假就番禺、中山、东莞三县所有之沙田而论，若能改善其水利，则每年增加六七百万担谷（值价三千万元以上），当属可能之事。而此增加之数已足给养全广州现有之人口而有余。其裨益经济粮食殊非浅鲜。然则如何而增加其灌溉水耶？是在整理其江水来源之途径也。譬就东莞城南至虎门一隅之田土言之，为东江下游之低下冲积，其中大部分因受潮水之浸渍月久而富碱质。近代来筑围成田，其间港汊交错，密如蛛网，东江支流穿流其中而归于海。倘设法于海滨一带之围，连合筑成整个之堤防。复于上流江水流入之处与下流出海之地，设闸总司其出纳，则整段沙田之水，可由人工调节，则使早春可以开耕，秋后仍储足淡水以供灌溉，则两造水稻可以如内地淡水田之耕作而培肥收益不难加倍也。"（文见本刊第一期）

我抄出这位农事专家之高见，所说完全本诸事实的。推之，韩江下游之穿流入于澄海各处，如能筑成整个的堤防，复设闸总司其出纳，则眼前之咸田一变而为两造水稻可以收成之肥地了，那么，所收成之利益甚大。此外，凡饶平、朝阳等县之碱田都可照此法办理，则收入当极丰富。

论及水利的整理，不但为灌溉与运输之用，又不但可以避免旱潦之两层灾害，此外有一事也极重要者，就是多开水池。凡与乡民讲水利，他们未免漠视，因为一条长江大河，整理得好，他们看起来与他们利益毫无直接关系。然与他们讲在他们的田间，或在乡之前后，或在其尾宅之左右开了池塘，他们即时起了兴趣。因为这些池塘与他们——尤其是在我们这样亚热带的地方——实在发生极密切的利益。举要来说：有了池塘，可以取水浇菜蔬，旱时可以浇溉田园，妇人们可于其中洗涤衣服家具，而此中最有利益的为可以养鱼及每年于冬底清池掠鱼时可以得到池泥以作肥料之用。池鱼比海鱼别有一种滋味，且肉嫩比海鱼易消化较合乎卫生，有些地方与海边相离太远交通不便者，全年几乎靠池鱼为鱼品食料。故池鱼不怕多，不会不销售的。这种辟池塘以养鱼之利益，乡民大都知道了。说及土泥作肥料之问题，于今日我国的农民关系更大。我国今日农业问题，最难解决的为肥料缺乏。或者希望今后能自己制造机器肥（我省便已经营此项工业了）。可是，机器肥无论如何，总是昂贵，且所包含酸质太多，于土地不相宜。故土地最好的肥料为植物质（如大豆饼之类）、农家肥（如大小便与脏土腐草混合一块之类），而此中比较清洁极宜于菜蔬者为"土肥"，即各种肥土，池塘土泥尤为佳妙。所以池塘有了这两种重要之利益即鱼与肥土之出息，农人大概极为重视的。虽则将至好田园挖为池塘，彼此相较，池塘所出利息并不比地面低，有时尚且超过好几倍呢。故先前在我县时，我极提倡此项水利，而农民都极乐于从事的。

在我省这样亚热带的地方，需要水蒸气甚多。池塘即是供给这个资料的最好场所。可惜这层卫生利益，人民因为眼看不见就不留意了。但有大池塘，人民可以浴澡其中，家畜也可以洗涤，这是公众所能共见的利益。又于池之周围多种美树名卉，池中也可种莲、茨实、鸡头肉、莲角等，不但有实利，而且极美观。

总之，池塘之利，一言难尽，它乃包括水利、鱼利、肥料、卫生、美术各种利益。所以每有数十人以上地方，应该提倡开一池塘。人数愈多，当应照其比例多开池塘。当然以茨贵之地为挖开池塘之所，然必要时，好田地也应改挖。

水利除上所说之外，尚有一件重要事者，即食水问题。例如第五行政区属之揭阳城内居民所食的水，乃是榕江所穿入之小渠，其水质的恶劣，令人看后就不敢下咽，可是揭阳城内将近十万的居民，每日所食的便是这样的脏水，这可见我国尚有许多地方仍然是过了初民的生活。饶平的黄冈区，居民也是靠黄冈溪水为活的。故清理揭阳城之水渠与饶平的黄冈溪便是清理人民的食水道，这是何等关系重大的水利呢。

至潮安城内居民，所食的水为韩江，可见整理韩江不但为免旱与涝，并且为人民食水着想，可以免却消化系病、肠灾与瘟疫，这于人类与牲畜的卫生所关甚大。

以今日我国的穷困，在每数千、数万，以至十廿万人的城市，当然不能创办自来水厂。但遇到该地井水不好食饮时，势唯靠于天然的河流，这件情状，不知我国我省有多少地方尚是如此生活的。我于此种地方，曾下了许多的考究，希望在极便宜的费用中可使居民得享好水的食用。今于揭阳城中已得一个可以改良食水之实例，即是：购买一副吸水机，约值百余元，建一水池可供给七百人食水之用者约百余元，余则输水的铁管及材料等与用两苦力每日用手抽水，约年须二百余元，总共设置与人工，头年不过七八百元便足。若与今日揭阳县城人民之雇挑水夫者，若照七百人用户算，每年也需七八百元，是则新法建设，直接由外河水引入水池又经过消毒后，始供给用户，这样的水质比他们挑夫从城内脏水渠取水者大大不同，但其水费仍彼此一样。故无论何人都知我们的方法是极好采用了。况且第二年后，免用机件设备费，只须工人薪资，及些少消毒品，为费不过二三百元，当然比向挑水夫买水的费格外便宜了。

这个新式吸取食水的方法，便是最简单的自来水厂所用的方法。这件设计极望揭阳、潮安与饶平黄冈的居民，及各地同一状态之居民从速采用。或先由该地政府实行一副水机为模范，然后由各区富商及稍优裕的居民，聚集六七百人合组一社，共同办理，以期逐渐推及于一般人民，使人人均有好水为食饮之用。

在此水利问题上，关于征工服役的方法，有些少，与别项征工方法不相同。举其要的，如修理一段河道，应于这段河道两旁若干里内之人民全数服役之外，并须兼及对此河道有直接与间接关系之人，也应使其一致服役。例如饶平黄冈溪之整理，当将此溪两旁十五至廿里内居民一律征工挖河底、建堤防等事。但有许多船只，凡经过此溪者，当一律使此等船夫服役，或者比住居溪旁之人民服役期略短，如居民为十天，则船夫为六天、五天之类。

又水利征工，当以水利工程师为主，非可泛泛用一工程师或各种土法便足成事，一切工程及器具之准备，当以水为标准，然后始免于用力多而收效少。说及此，故从事水利的工人，最好以船夫或习于水之工作者为最佳。

今日我国所有之河流，都是听其天然冲决，毫未施用人力。最具人力而收用极大者仅为堤坝，然河沙不去，虽有堤坝，而河床常常比平地为高，以致堤坝之效力甚微。遇到大水，堤坝崩溃极多，而人民田地遂受其殃。又因沙多，每条河流，遇天旱时好似沙漠一样，不能容水。以是涝与旱都受其灾，故今后水利之工作，关系于我们农业国甚大。挖深河底，分浚极多的支流，于下游入海处有系统的建堤坝卡闸使淡水洗涤碱田，以成为好耕种地之用。他如每乡多开水塘，于田间多开沟渠。这些，都须采用有系统的征工制以从事于重要水利的建设。

附一　修浚韩江支流三利溪绪言[1]

韩江支流之三利溪，为人工开凿之河流，发源自韩江下游湘子桥下南关镇海仔巷，绕城南转西北，经枫溪、长美、浮岗等乡，至玉滘市，达枫口，而入揭属之榕江。流长八十余里，关全潮城沟水之宣泄，岸旁良田万顷之灌溉，而潮揭两属之农产品，尤赖是溪以运输，

---

[1] 这篇短文与下面的《修浚三利溪揭阳段意见》一起，附在《粤省水利与征工》文后。

是以九百年前之先贤，不惜劳民耗财，经之营之，始完成此伟大工程。民元以来，完全失修，溪床淤塞，水流干涸，交通因而梗阻。自浮岗至潮城一段，长约十二公里，航路于焉断绝。就城区段而言，秋冬两季，溪床几成赤地，两旁岸线，殆多湮没，加以沿岸居民，任意占填，以致溪面缩狭，仅存数尺，年积月累，若不严行限制，行见现存溪址，无从认识矣。先人辟筑之，后人填塞之，诚可惜而尤可痛也！查全城水滞积之原因，皆由城区溪段之填塞，缘城内所有沟渠，暨归入城区溪段，故是溪疏通，则全城无滞积之秽水，即蚊蝇亦自绝踪，其有益于居民卫生，至明且显。至于乡区溪段，关系农田之灌溉，农产之运输，亦因溪床淤浅，水流涸竭，凡百植物，无法栽培，听任枯萎，其工本之损失，诚不可以数目计。再论潮揭农产运输之捷径，首推三利溪为最。此外，如由揭阳过汕市，达潮安，因航线过长，不独时久费多，中间经过韩江，更感困难，是以潮揭人士，对于三利溪之疏浚，提倡甚力。潮安阮前县长，有见及此，曾一度组织委员会，雇工疏浚，无如计划不妥，办法未善，实施工程，不及百分之一，即告停顿，其停顿原因，系在经费无着。复查三利溪疏浚工程，其中土方工程，占全部十分之九，其余属于灰石砖铁木等建筑材料，需用无多，工料费原有限度，责令沿溪两岸田主，按照亩数摊派。至于土工，则责令沿溪两岸城乡，按照丁口征派，且溪旁农田土壤膏腴，面积广大，沿溪城乡，人烟稠密，征派工款，为数无几，以民众之财力，谋民众之福利，轻而易举，故前贤王公涤以征派民工办法辟筑此溪，及至清末方公照轩依法征派民工，因是得以疏浚，前例昭彰，正可仿效，兹将修浚办法及计划分述如下：

疏浚办法

（甲）组织修浚三利溪委员会综理修浚一切事宜，委员会组织章程（略）

（乙）修浚三利溪征工服役办法（略）

（丙）修浚三利溪划分工段同时兴工办法

依照各乡镇区应征丁额，分配全溪应挖或应填土方井数，计算各乡镇区工段之长度，标立木桩，各工段同时兴工，依照所定溪床挖深计划线挖填工作时，由各工段监工员指挥工作，及至工程完竣时，再由工程主任勘对，如挖填尺寸有误，即行改正。

附二　修浚三利溪揭阳段意见[1]

概论考三利溪筑自宋代，至今将近九百年，溪源出自潮安县城南关外韩江流，穿城南走，西北经枫溪长美浮岗，至玉滘入揭阳界，直达枫口市而接榕江，为安揭两县灌溉农田运输农产之重要水利。计由南关外入口处至玉滘桥，长五十里，为潮安段；由玉滘桥至枫口市接榕江处，长二十八里半，为揭阳段。查潮安段自浮岗以上之溪床，完全淤积，六十余年来，变成废溪，浮岗以下直至枫口市之溪床，因上游水流不通，亦日形浅涸，每逢天旱，海潮由下游涨进，岸旁农田，因水含盐质，不合灌溉，听任荒芜，其损失之大，不可计算，若将全溪疏浚至相当程度，则韩江合溪旁各支流储水，归纳溪中，由上而下，川流不息，所有安揭两县沿溪农田，借溪水以灌溉，利莫大焉。值兹农村破产之际，修浚三利溪以兴水利，实为救济方法，关于修浚之计划，除潮安段业经订定兴修外，兹就揭阳段应行修浚之计划，分述如下：

（一）安揭两溪段，应同时修浚。查安揭两溪段，形势首末连贯，成一曲线形流，长七十八里有半，潮安段溪面狭窄而势屈曲，溪床多沙砾而壅积，揭阳段溪面虽较宽而势亦转折，溪床泥多沙少，水深常在二三公尺间，唯因上流溪段干涸，海潮涨进，不利农田，潮安段既

---

[1]　原文刊《广东经济建设月刊》1937年第6期。

已修浚，深度比前增加，揭阳段亦应同时修浚，依照上游溪床坡度（−0.0307）由玉滘桥起至枫口市衔接榕江处止，循序增加深度，使上游疏浚通后增加之水量，流入揭阳段，而揭阳段不至有泛滥之虞，此安揭两溪段应同时修浚之理由也。

（二）两岸界线应标定。揭阳段溪流而宽，由一百公尺至二百公尺，比较潮安段入口处最狭之溪面，几大三十余倍，上狭下宽，通合治河原则，岸线似无须标定，唯因全段溪流，逶迤曲折（自玉滘桥至27+00即后埔乡转成九十度角，至50+00又转成八十五度角，又在63+00至71+00曲折回转成一半环形，至96+00即下潮陈乡，又转成九十度角至113+00又转成八十度角，至123+00又转成九十度角，至140+00又转成九十五度角），自玉滘桥至枫口市中间，凡七转，推其曲折之原因，虽属本来之形势，而未始非由岸线不标定，以致溪床被人占填，岸线因之而改移，例如东岸某段填土突出溪床，水流受阻，转向封岸冲激，对岸因之而崩陷，此方愈填出，彼方愈陷入，一出一入，两岸界线由正直弯曲，此岸线不能不标定之理由也。

（三）溪床应修浚。查揭阳段溪床，就测量之从断面图观察，有突起如山峰者，有凹陷似坑谷者，高低相差，自一公尺至五公尺余，就横断面图观察，各横断面图分为中左右三段，形势不同，有左段高起而中段及右段深陷者，又有中段凸突而左右两段低凹者，或高或低，原无一定，以此足以证明帆路之屈曲，所以潮涨时舟行之方向，尚可操纵自由，潮退时因溪床形势不同，舟行由右岸转左岸，复由左岸转中流，方向无定，不特费时，且有时搁浅，发生危险，此不过就帆运方面而论，至于水流之宣泄，因溪床坎坷，大生障阻，而上游随水冲下之沙滓，因下游水流不畅而滞积，以致溪床逐渐壅积，是故欲使上下游溪床畅达，以资灌溉而利帆运，自应将揭阳段溪床修浚。

（四）溪床修浚之范围。揭阳段溪床之宽度，自八十公尺至二百公尺，如完全修浚，工程浩大，办理实难，拟以溪床宽度之中点做标准，左右各宽十二公尺，共宽二十四公尺，为修浚之范围，范围外之溪床，暂不修理。

综上四项而论，三利溪虽有潮安揭阳两溪段之分，其实同属一流，故修浚之计划，有密切之关系，潮安段现已兴修，揭阳段自应按照计划疏浚，庶免下游有沙泥停积壅塞泛滥之虞，然个人之识见有限，所陈不免有未周，尚希高明就而正焉。

工程主任林南枝拟

一隅经济建设实验谈[1]

我在此篇上，学做一种"报告文学"之体裁。"报告文学"本不是容易做到，为的在材料上如太枯燥就难做得好了。报告国民经济的材料当然是极枯燥的。所以这篇能不能称为"报告文学"，我实在毫无把握了。

我此遭承了粤省第五区行政督察专员胡铭藻先生之盛意，到区为国民经济建设指导员。第五区所属有九县、一汕头市与南山管理局，即前时之潮州府治域，面积甚大，人口有数百万，前有大海鱼盐之利，后有高山峻岭，山产极多，在南洋华侨也素占势力，这也算是对于国民经济建设上大有可为的地方了。

当胡专员与几位县长、市长在省城征求我同意时，我就提出先行健全组织各县市之国民经济建设运动委员会支会。即经费相当充足，规定大县每月常费五百元，中县四百元，三等县一二百元，意在于支会内安置一至二人较有学历经验为主干人物，而任三数人为调查员。此项人选须与我同意，总望有相当人才与品检，以免陷于一般机关之安置"饭桶"徒糜公帑，与一班办事人专事在外招摇之毛病。这二件事，即经费与人选有办法后，始望对于一地方之国民经济建设调查上及实施上有相当的成效。这些要求，及我到潮汕时，胡专员已下令各县市照办了，究竟各市县政府能否实行，需待后日去证实吧。

---

[1] 本文原刊1937年《广东经济建设月刊》第6期。

汕头市在特别情形之下，又赖市长兼国经建运支会会长之努力，当我抵该地时，诸事已有头绪，比较易于着手。此市之支会，每月经费有八百元。主任、干事也颇能干，我来不过计划加请一干事与几位调查员。所加之干事专任会务编辑，及向外调查市场情形，希望请三二间比较在汕头有势力之报纸每日辟出一栏专载支会会务及每日汕头市一切物品之价格。这后头一件事极关重要。我省国建分会也应即去做的。这样市场价格之收集极难。须有一专任人员，每日先与市场商人接洽材料，经过一番整理，然后发表出去。本来各报上每日固有所谓"经济新闻"或"经济情报"一类之专栏，内载票市，各种商业行情。然国经建运会目的，偏重在批评上。例如不但要知每日米市怎样涨跌，且要进一步批评涨跌是什么真情。譬如今日汕头市之米价，为何在政府运米免税入口之后，仍然不见得十分平宜，这其间有米供求上之关系呢？由奸商操纵呢？抑尚有其他原因。由此作有系统之研讨，定可得到一切之实况，与求得一定之结论，当可进一步求有利益之解决，这些与各报上之经济登载效用上显然不同了。

论及调查实为第一步扼要的工作。在我国向来毫无调查统计之社会，若不先行调查，势必无所依据，以致一事不能举办，或盲然举办而不能收其大效果，甚且至于失败的。故支会调查员当多派出，与人选及指导监督上当严格慎重。然后于国民经济建设实施时方能成功。苟在我指挥力所能及之内，我当努力从此方针进行，今写出来不过希望为主持各支会者做参考之建议材料。

汕头为重要通商口岸，人民有二十多万人，财力尚称雄厚，一切经济建设比较易于进行。例如我到此不过几天，便与各界商洽得"国货公司"之成立，"商库证券"之整理，与往新加坡船票舞弊案之取缔。凡此成效，唯有于城市上始能得有这样迅速巨大。

这也可与我在本月刊上期所论及城市建设在今日说，比乡村尤易为力，做一有力之证明了。今日乡村只有组织合作社，由政府或公家放款，始可得到相当财力；此外，独一建设方法，唯有利用人力，即征工服役，以从事于各种建设。可是，征工要有调查计划与准备，种种手续极为迟缓。至于城市，无论如何，于经济上及社会组织上比较乡村当好有几倍或至几十几百倍。故于建设上着手甚易为力，而且效果极大。所以我劝一班乡村运动者同时注意于城市运动；努力于乡村实验区者，同时努力于城市实验区，便是此理。现时城市人满为患，大城市中又多了一班"高等流氓"专门在钻营奔走，若有系统城市运动，引导这班流氓入于正轨，关系于我国人才之前途更大。闲话到此，复转过来说汕头眼前应有之建设。

第一，汕头国货公司，照定章八万元国币之股本，即日可以收足，公司已入于成立的时期了。此种国货公司在我国今日特为重要。因为这件事含有许多意义。普通只知国货公司，是提倡国货罢了。实则，除此项外，尚有别种较为重大之关系，其一，一个地方有一国货公司，便是商业上国民经济之大本营，由它为中心，零售有批发，而使所属的地方都受到其他货物流通之势力。又其次，有国货公司为采办国货之标准，则凡恶劣的国货当求改善，好的国货之价格也不至于受商人所操纵。且最重要的，有国货公司居中监察，则凡以外货假充国货者必有所忌惮，况人民由国货公司之指导逐渐得到真国货之常识，也不至于为奸人所蒙蔽。这些都是国货公司成立后必有的好结果。

且在我省说，有国货公司可同时兼营我省省营之各种工业品，免致为现时省营物品之包商者所操纵，例如以洋灰（士勉土）每桶每包由省营管理处规定价目若干，但一经包商之手每每高价至若干成，人民哀怨屡有控诉而多归于无效。今若由国货公司承办，因该公司乃依正当股份公司所组织，一切经理与督察均受一定之律例，势必不能舞弊，不是如包商之独自经营生理可以垄断一切。故省营工业用品，一归国货公司经理承办之后，可以株绝先前包商种种之毛病，而得到正当贸易之轨道了。

第二，汕头为通商口岸，金融问题尤关重要。先前因商人投机不景气而致市面破产，遂由省政府准许发行一千万元之商库证券。至今发行历三载，市面流通此项证券者实数有八百余万元，人民甚见乐用。查此项证券之办法约略说来，凡汕头市商民愿以地皮或铺户抵押者可向商库证券委员会登记，由会派员调查属实之后，准以时价十分之六成发券，而将其物收为抵押品，即凡一物时价值一千元者，折以六成，即由会发给业主者六百元之证券，而业主每年应纳每元借款之利息二厘。所押物仍然由业主管理收租。所以领到此项证券者大有利益，因既有证券即是纸币一样可以使用。所交利息二厘在汕市极为便宜，若把抵押物租出，每年最少可以得到七八厘。故无论何种方面说，领户之利益甚大。

可是，非分利益，不能长久受用了。此项证券收归期限本定为二年，即是到此期限，领户应备足先前所借之款缴交商库证券委员会领还契约，否则，该会就把抵押物拍卖，照所借给之款项收足，剩余的始还业主，去年五月已到期限，终于疏通再延一年。今又到期了。省政府限令于十个月内，每月照十分之一成收回。到十个月后，即行结束，不准商库证券在市场上流通。在政府为统一货币起见，不得不出此途，但在领户及汕头市民说，则值此市场景气尚未全复，领户既不能依现赎回，而市面八九百万元之地皮、铺户一时拍卖也拍卖不出，势必闹成金融恐慌与地皮低跌之险状。于是本市黄市长、陈商会会长及我辈一班人共同讨论下头之办法。

（甲）设立"汕头经济银行"，此为市立银行之性质。基金就以商库证券之利息充当。此银行如成立，就把商库证券委员会取消，但对于领户则课收年息加多厘二至三厘，即合先前二厘息共收四五厘。今以八百万元商库证券说，每年可以收入利息四十余万元了（因商库证券所定的利息乃按月算）。于此五厘中定二厘为汕头建设费，余三厘为领户储蓄金，到必要时也可以请求政府同意拨为建设费。可是储蓄金的利益仍归领户，由此可以逐渐减少将来赎回证券契据时之负担。即每年积蓄三厘六，假以十年则为三成六，如须以千元赎回抵押物者，则减少为六百四十元便可成事了。这样办法，金融、领户及地方建设三项上均有利益了。

（乙）如省政府不肯照上办法，则用别种办法都好，总当以上之原则为依据。即金融、领户及地方建设，三层都以利益为主旨，而使商库证券在相当期内仍然使用。

到此上，我要使社会注意的是，这项商库证券本为极好的制度。汕头商库证券所以受人攻击者：一因商库证券委员会之靡费，每年开销四万余元，特别费尚在外。一因此项办法，所得益的，只是领户，市上毫无所得，若把这二项改善，商库证券乃一至好之方法，我在本月刊第二期曾主张把此法推行全国各县市，如重要市份（上海等）可多发三数万万元。而此中最为重要的为各县之乡村。因今日乡村之金融极形枯竭，利率甚高，这些实为复兴农村上种种的阻碍。所以我主张如能大县中发行了我所说的"民库证券"五六百万元，中县四五百万元，小县二三百万元，则就我全省说，计可得四五万万元之流通证券。假每年为四厘利息，则人民以地皮店户抵押者所偿利息甚薄，而政府——假定由政府管理的，所得的利息甚多，可以为地方上各种的建设。至于社会由此可得众多之流通货币；各种事业借此可以成立振兴。这样办法。德国所办之"土地抵押信用协会"，已经成了好几十年，得了极大的成绩。故我仍尽可放胆做去的。这是把死的土地变成活用的资本，谁也知是有利益的。

所以，这回我人要求省政府暂时勿收回汕头商库证券，而听汕头公众机关收回此项之利息，成立了一种市立银行之基金，以为汕头市建设上一切基金之大本营。如政府肯准许，则我人在上所说的理想已入了实行之时期了。于此有一事附带报告而极其有趣味者，我在汕头提议将证券利息用为建设事业，而赞成者甚少，到了今日已成一致之舆论了。可见社会事变幻不定，今日不能行者，明日便可畅行无碍。昨日众人所要摔死的，一转换间便是今日之英雄。故我极望我人生所主张之"民库证券"在眼前被人讥为夸张者，不久可以采纳为极切实之事业了。

此外，我此次到汕头尚加入一件表面上似与国民经济无大关系，而底里则有密切相干连者，乃为船票舞弊案，此案发生已有数年久，事因从汕头往新加坡之新客票，既受英政府所限制，例如每月不能超出二千余客，而要往之人数甚多，因是生出供过于求之现象。那班代办船票公司及客栈遂而互相勾结暗中操纵，往往一张船票实价仅四五十元而乃卖至一百八九十元之谱。这班苦工不惜卖田、当屋以至于卖子女而筹得一笔大款，乃入于奸猾的买办商人之手，数年来业此者有发横财一百数十万元的甚多，以致社会责难日起，怨声载道。潮汕军政界为解除此种民间痛苦起见，以我为本地人，情形较熟悉，请我加入讨论取缔之方法，到现在，取缔方案已议决好了，只待实行的时期。其详情暂守秘密，待到实行后再来报告未迟，但今有一事应叙及者，就在潮汕建设上，要有迅速与巨大的效果，当求华侨资本之帮助。可是，要他们帮助，当先保证他们出入口及居留上之种种便利。对此点上，我们政府太不注意了。每每不但无帮助，而且尽量摧残。即如现时所说之船票舞弊案，便是对华侨极大的摧残，虽则是赚钱不是政府，但政府不肯出其应有的力量去消灭这个弊病，间接上使应受摧残华侨的罪责。好了，现时政府肯出力了，在我辈人民看起来，实在直接间接上都与华侨归国投资有极大的关系。使华侨欢乐，眷恋祖国，那么，归来投资便跟随而至之必有效果了。

以上所说三件事，如设立国货公司、整理商库证券及取缔高抬船票，乃属既成的事实了。在我个人所加入之力量实在有限，全靠军政当局及社会人士之帮助，所以能够在极短的时间得有这样的成绩。至于汕头今后应办之事尚多，如公用事业，最重要的为电灯及自来水与电话之整顿，如交通事业等等。此外尚有二事极为重要的，一为民食问题，当然是米粮入口及发售问题，应如何持平，使人民免致食昂贵之米，这件事也望在最近期内得一正当之解决。其二，则设立"侨乐村"问题。我们已说及潮梅富源在南洋华侨了。怎样使华侨归国投资于实业，第一当使他们归国后，得到极好的保护与极美善的生活。故潮梅各县都当设立"侨乐村",并附设实业区。不过汕头为岭东最重要之口岸,为华侨归国所必经之路,而且投资于此地较为有利益。故汕头设立"侨乐村"及实业区,较其他各县更为迫切不能缓之要图了。

除汕头之外,我此次所经过的县份只有潮安、揭阳与澄海。潮安县政府对于水利一项颇为努力进行,如修理三利溪,并拟修沟渠与筑水井。但此中有二件重要的工作,应行注意者,即改筑新式湘子桥与修理韩江。湘子桥之石盾占江面至四分之三,阻碍水流甚大。且此桥为交通要道,又为军事重要交通道,故改为新式桥,甚见急需。但此项工程用费大至二十万元左右,实非本地方力量所能办。或由地方公债,或由水利局办理,其事始能成功。至于韩江长流多有水患,修理太难。除北堤已有整个修理外,闻要从潮安修到汕头口一切整理完善,计须二千万元。这是等于无法可想,我想到唯有利用人力,即从沿岸人民中征工治河之外,别无他法。征工服务,则凡挖沙泥,做堤坝,与一切石料都可由人力担当。政府用了一些工程行政费、灰料与挖河机,大约全江(从潮安到汕头)为费不过一二百万元。而其余之千余万元人力费全由征工,这样分期筹办,当能成功。他如潮柑、枫溪瓷器,与各县农业,也极可以发展。

说及揭阳县,水利也极占重要之位置。这个县份地方卑下,不怕无水,而怕水多,故办法在竭力排泄水量使五谷不至于淹没。这县城内之食水,全由外河水流入城内沟渠而取用,故极不合卫生。改良方法,一再清理沟渠,而一在用抽水机把外河水一直引到人家食用。揭阳可耕地并不多,每人尚占不到一亩,但蔗利甚大,手工业如抽纱、夏布,大有出息,农业副产品如水果与葡萄出产也不少。而锡矿更有无穷之希望,苟用新法开采,于最近期内可得数千万元,此于国计民生关系甚大,不言可喻了。

澄海,水利也占重要位置,因它在韩江之下流,水利若不整理,不但于农业有妨碍,而且阻碍交通。这县之公路,因河面过大且多,遂致乏资造桥,至于一条整个公路,不能分开为几截,而靠船运为连接,以致只可载人,不能载货,使公路之利益损失甚大。故今后怎样筹款造桥,实在成为公路极重要之建设问题。他如海利、农利、手工业与池鱼利,也须统筹而兼顾。

以上,算为这遭来第五行政区所得的实验谈。缘来此不满十日,当然只有从粗枝大叶谈谈。至于详情当待在后头再说了。

我写此后之感想是第五行政区在李汉魂师长及胡铭藻专员指导之下,一些地方官吏极似有意努力建设。可是经费缺乏,难免巧妇不能作无米之炊。且建设乃专门的事业,而专门人才甚难得,有这两层困难,不免建设进行上受了种种阻碍。我个人所望的是,无钱也可办出事,即利用征工,从人力中做出种种事业。人才缺乏,可以从勤苦中补救,所谓"勤能补拙"。假使一班人能够勤苦去干,纵然外行,自可得到相当的成绩。且从勤苦中去干,自然缓缓可以学习了好些知识经历。总之,办事人如何肯勤苦又能利用民力,而行普遍的征工制,则无论何种建设都可成功,这是我个人向来亲身经验所得到的结论,还望贡献于我国一班之谋建设者。

监生与监死[1]

昨到揭阳县看监狱。这是新建筑的,在报上说费至万余元,我想这必是可为模范了。可是一经调查,就使人大大失望,这也不过是"建筑的建设",形式的,尚未足说到精神的造就吧。

我所见到的囚犯有二百余人,有无期徒刑者,有数年监禁者,有政治犯,也有女囚,其中女囚尚带了她的小孩,闻有八个月大就跟他母亲入监,今已足三岁了。这女监房尚宽绰,因人数不过十余人,地方尚足用,女犯自己向外领工作——轻微的手工挑抽纱之类。到了男监,就更觉得设备诸多不完全。散步只有一个稍大的天井,余的只有一条窄走廊,由十几犯徒挤在一处,这算是休息所了。住的是极不合卫生之小房,睡床太低又无蚊帐,以是所见的囚人身上不少有了疮疾和湿气病。

此中设备最大缺点处就在无工作场。他们都是壮年人,圈禁一起,终日无所事事,不但精神上痛苦,而因无工作身体越不好,精神上无所寄托与消遣而使他们愈加痛苦。工作不但可使精神上有所寄托与消遣和身体好,而且可找钱,可为监内设备上之辅助费。例如那班无期徒刑者向我说无钱买蚊帐之苦;若使他们有工作只要半月工夫便能找钱买得一二元之廉价蚊帐了。

欧美各国对于囚犯都课以工作,囚犯与公家由此均有利益。日本

---

[1] 本文原刊1937年《广东经济建设月刊》第6期。

之"监狱牌"牙刷，尤享盛名。彼国有一女监，每年各种工作所出利息多至七百余万元者，这可见囚犯之能力也极伟大。若我国所有囚徒使之一致有系统的工作，统共出息岂止有万万。此项做工所得余利，公家可得一小部分为监狱建设之用；而大部分则归诸工作者。这样囚犯将来出狱之后，既有一技之长可以谋生，又有余资可以营业，自然得以从事正途，不至于再犯罪恶。

监犯工作可分为二类：一在监内做各种手工业，一在监外任各种工作如造路、开荒、打碎石子、种植等。内工作宜于女犯与一班男犯之衰弱者；外工作则以有力者任之。若论卫生及消遣上，外工作比内工作更为重要。

勿太看轻囚人吧！此中也有不少伟大的人物。好好看他吧。将来他们在社会尚能做出许多好事业。故给予囚人有系统的工作，与精神的熏陶，这是讲求狱政与为国民经济着想者不能不郑重注意之事。

到水去！[1]

暑假学生最有趣之工作——浚河作堤与灌溉

暑假这样长又这样热毒，学生在夏假时住学校固然无聊，归家闲居更为无聊。我以为在此无聊时期中，最有聊之度日莫如去做水上的工作了。

近读蒋委员长为征集暑期农村服务生发表之谈话，其题目是："暑假期间对于救国最有效的工作是什么？"中有许多要意。最扼要的有："救国的工作，莫过于救民，救民的工作，莫过于到农村去服务了。"

可是，蒋委员长也知道："暑天的确闷热难受，农村的环境，的确是粗鄙简陋，一般人认为暑假的时候，正是纳凉休息的时候，你若果叫他在那么闷热难受的天气，到那么粗鄙简陋的农村服务，实在有点不愿意……"这些话确实说到学生的心坎呵！暑天，昔人所谓"三伏"天气，就是伏藏得紧密，以免受热毒。然而由今日之卫生方法看起来，伏藏不过是消极的，由一味伏藏往往生出了许多毛病。故为积极上之利益起见，应当出来锻炼消遣，这就是莫过于水上之工作了。

水在暑天，特别具有意义。到水去，乃是暑假期中最有趣味之消遣。到水边去工作，乃是暑假期中最有兴趣与卫生的工作。

到水边去浚河，做种种水利工程，如浚深河床，填补与建筑堤岸，有时并开小沟渠以利灌溉，于工作之暇，可以就地洗澡，练习游泳。

---

[1] 本文原刊1937年《广东经济建设月刊》第6期。

到水去，大家合在一起，于工作之余，组织种种会社，研究与讨论社会智识与诸种学艺。而此中最有趣味的，是设置广大的野幕，以领略天色水光之乐趣，及夜景之伟大。在终年幽居于学校之内，得此而进行解放，与离开乡村粗鄙简陋之环境，直接于大自然的生活，这是最好不过的新生活法了。

夏治水，冬治山，水动山静，智者乐水，仁者爱山，少年人喜欢水之活动、清洁、变幻。故学生于暑假期最适宜于本性的，就是向水边去，做水上种种生利与消遣之工作。当冬假时，转到山去，又是别有一番滋味了。

我国持久战的几种经济条件[1]

积极的
（一）怎样保存地方上之经济实力以建设国防
（二）重军需而轻民用
（三）战时的征工政策
（四）发行民库证券
（五）战时的合作制度
（六）改普通中学以上的学校为短期的实业学校或军校
消极的
（七）节省之种种方法
（八）市镇上实行需用票证法
结论　略陈牺牲带与建设带分开之必要

（一）怎样保存地方上之经济实力以建设国防

我现在就常居住在汕头市来说起，真觉可怜，这个拥有几万市民之岭东重镇，竟于敌未到时先行溃散！此中原因，固极多端，单地方上缺乏一种严密组织的战时经济能力，乃占最大的部分。依鄙意如汕市能于战事初起时，即行下头几种组织法，无论敌人未到时，不致彷

---

[1]　本文原刊1937年《广东经济建设月刊》第7期。

徨无措,即使敌机已投炸弹,敌舰已用大炮,而市民总不至于全部星散,市上经济断不至于一落千丈。这些组织法大概是这样的。

第一,分别等级市民中之有战斗力与无战斗力。所谓有战斗力者,乃就广义而言,即除开壮丁义勇队与义务警察之外,凡运输队、救护队、宣传队,当有大规模的组织,而此中最重要的为"资源队"。资源队也就广义说,既不是由商会会长与几个有钱者组织委员会便算,乃指一切之具有能源动力者,如银行、汇兑行、粮食行(最重要的,在南方为米行),如海味行,又如鱼肉菜蔬各店行、百货公司、五金行、机器行、运输机器行、汽油庄、药行、纸墨行以至于布店,一概服装行、鞋履店、报馆等等都要有最少一个主要人在行或店中负责,其办事人最多之准减少到平时的一半。如有违此者,就以军法从事,即枪毙其行长或店主与没收其家产。这样严刑,当然无人敢关店逃走了。

第二,凡市中壮丁(除壮丁义务队及义务警察外)最少当截留一半,编为战时服务队,如为资源队、运输队、救护队、宣传队,余的为军事后备队,除每日操演一二点钟外,当注全力于掘战壕、避难所,与从事于各种生产以助军需。说到"避难所",此事极重要。现在岭东各处的避难所,未免苟且。我想如能掘地窟最低限度至一丈深,其上再盖以沙包约一丈厚,对于轻量炸弹及炮弹,自可免生命危险。但此项工程甚大,故非由义务的壮丁队免费为全市作有规模之开掘,不能办到。他如材料费由地方筹给。这样市民可得到极充分的保障,自然免至于惊慌而逃走了。以本人之经验说,当前次欧战时,我适住巴黎,此时德机来袭巴黎之数目甚多,炸弹甚大,而且在夜间进攻;可是巴黎人民,连我辈一班外人在内,全数极镇定,这无非在上有抵御之飞机,在下有安全之地窟。现在我们假如在上无抵御之驱逐机,在下若有安全的避难所,也就可使人民相当得到安定的心神了。这个避难所的组织,虽属消极办法,但由此而可聚集市民的财力,进一步便以购驱逐机与大炮,而做积极的抵抗,此节当待在后文详论。

第三，凡妇孺固当尽量搬到乡下，但在此层须有二事特别注意者：（1）为社会有地位的夫人，应当尽量留住在城市为社会服务，且应进一步加入战事工作，如充当义勇军义务警察等。因妇人加入此项军事组织，定可使军士兴奋感动，而使士气百倍勇敢。前时太平天国之所以连胜满军者，便得利于妇人先锋队。现苏俄也极注意及此，此外，妇人最宜于为救护及各种慈善工作，应当利用良善的妇人参加，不用听其远去。其（2）闻此次汕头眷属往香港者有三万八，而由广州往者有十万人，这十余万人往港之消费，可谓巨大；耗消国内经济力，遑不必说，尚足"腾笑万邦"。只这笔费用若能用在内地消费与建设，当可做出许多事。故鄙意在禁止这班借租界为避难所之人民，应当先以恳切的开导，继以严切的阻止。因这班人都是有钱，走到外人的地方，不但是白白的消费，而且资金也流到外人手里，这班人在本地必有相当产业，故如劝诫他们不听，则应没收其产业，以做有效力的惩罚。

说到此，都未免是消极。今要市民进一步做积极的功夫，当用二途之政令：（1）筹集抵抗金；（2）征工。今先说应收其资本捐与房租捐之办法。其额数以能够购置最低限度的国防为定。例如以汕头说，如于战事初起时责令全市筹出一二百万元为购置高射炮及驱逐机，本是极易办到的。及到人民已起惊慌逃走之时，上项额数当难筹。是当扩大地方如责成全岭东之类。又当于全镇商户之外，筹集股户及田亩与向华侨募捐等类款项。这样二三百万元的筹集也不为难。筹款方法，一面向人民解释如各人能出百分之一财产，则可免却敌机之轰击。换句话说，即可保全其百分之九十九财产与其贵重的生命。别一方面，应用严法执行，如实在能出而不肯出款者，则没收其家产。如逃走或往托外国势力，则于没收财产之外，并永远取消其公民资格，使彼等将来永久不能归国。假如能这样去公道办理。包管岭东区极易收得数万万元。由此可以购相当有抵抗力之驱逐机与高射炮了。回视今日，因汕头无相当之驱逐机以致被敌机与敌舰肆意摧残，而使汕头数万万不动产与动产，或则同归于尽，或则不能活动，以至全汕变成"死市"。是则所爱惜的不过一二百万元，而因此悭吝，致使彼此百倍多的财产变成毫无保障，而且人命尤关重要。况且不止汕头，而潮安、揭阳、蕉岭、惠州、汕尾等等，也不免被炸！故我们人民如真知道今日空防的重要，则无论前方后方，当出巨款购机以求抵抗。至于前方，例如汕头、潮安、揭阳等市民，更当视这项抵抗为生死关头。断不可爱惜其少数资产，而致全部财产与人命同被轰炸摧残。且我所述的不止汕头一市，与岭东一区，举凡全省全国之沿江海各重要市镇当照此办法，即强迫该市镇与其所属之全个行政区域的人民尽量出资购买驱逐机与高射炮大炮。计小市镇与全个行政区筹出数十万以至一二百万元，本极容易，如大市镇如广州等则筹至二三千万也并非难事。若地方上筹得多款，不但可以购置防守的军械，而且可以买大轰炸机，以从事于攻击敌舰与敌阵了。

说及第二项之战时征工方法，我以为对于市镇上应有下列三项之进行。

（1）应从事于各种军需工业，凡本来有的，当使市民出其充分的义务工役从事工作，是军需一切物品比平时有十百倍以上出产，如本来无的，则应即行筹办。只有开办费，与原料，人工方面就不成问题了。例如以广东省说，凡石井兵工厂及省营各处工厂都应于附近人民中实行大规模的征工。此外，凡被服厂、军鞋厂、药棉花，及各种药料厂，与军食厂，都应开办，而全用民工，不但于军队方面有多量之供给，而于平民方面也可得到相当资助了。必要这样人人尽力生产，然后军需充足而为持久之抵抗。

（2）筑造战壕及一切军工，也当利用征工。因近代战争，火器猛烈，况且敌人军火比我的多且好，故我人求持久与省力的战争，唯有建造最坚固的战壕与一切防守的工事，这样工程极见浩大，军士只任打战，当然不能加入。雇用工人，政府又缺乏大资金，故唯有利用多量而免费的民工始能成事。

（3）建设大规模之避难所——我于卢沟桥事未发生之前已经发表过有系统的征工方法以从事于开地窟之主张。这项地窖当从大规模入手，即每个能容数千人，而且有极坚固之建造，以便于平时可做市场之用，而于战时又可为避难所，以免敌机轰炸之伤害。例以广州说，市上极少空地方。如要有近代式的市场，则需购地皮及人工费甚巨。今若向市民征工，政府不过出材料费，但这样市场筑成可以出租，收利当然极大，除可还清材料费之外，尚可得到许多余利。至于战时，则改为避难所，更可得到无穷的利益。因现在许多避难所实在苟陋简便，不足为安全之保障。所以敌机一来轰炸，人民损失甚大，而且平时足以引起精神上之恐慌，至于相率逃走，遂使繁华市镇成为荒凉之区。若有极坚固的避难所，人民知受敌炸之害甚少，自然可以安心在市做事。故以众人义务的力量而筑成大规模之避难所，乃今日防御空战不可少之政策，而于平时故为地下市场，也是近代式的市政与市容所不能少的设备。

总之，保存城市之经济力，一方面在以强迫式使市民与全部人民，多出资金以为国防之用，而另一方面，又当实行有系统的征工政策以从事于国防之建设。反过来说：充分聚集财力与人力以从事于国防建设，便是保障人民的安全，使其不致逃散，也即是保存一地方上的经济力量。两方面原来是互相因果的，这是谈战时经济的人所应注意的事。

（二）重军需而轻民用

一国有它的平时经济，也有它的战时经济特殊政策。例如以我国战时之粮食情状而论，若照欧美甚至日本之通例，便有种种不同。彼等一个城市如有十分之一甚至数十分之一，人民在数天内缺乏最低限度之食用，便有发生人民暴动或起而革政府之命之危险，前次欧洲大战时，德国所以失败，即因人民缺乏粮食之缘故。可是当苏俄成立时，在西方受了封锁，在东方受了敌人的进攻，且国内反对党也如蜂一样地涌起，终因红军坚韧抵抗，虽因缺食而致死了一二千万人，然也不至于发生内乱，而能安稳渡过难关。这些便足以证明同样粮食不足，而在德国不免失败，在俄国竟能支持，便是两国之后经济立场不同，故其结果也不一样。由此说来，日本纵能封锁我国全部口岸，断然不能致我死命。这因一方面我人向来是极节俭与受饿惯的。故虽粮食极缺乏，为能忍饥挨饿。试看那班乡民，便可见到他们是一向在饥饿线下挣扎的。平时既然如此，当其战时，更可相安无事了。在别方面，我们人民一向对于政府是极服从的。无论政府如何难为，人民总是忍受不敢反抗。平时既然如此，战时更可得其原谅了，所以我国此次战争中，人民方面粮食与其日用物品无论如何缺乏，都不怕的，所当顾虑的只是在军需方面之是否充足。鄙见只求军队与地方上有战斗力之人，一切需要充足，人民方面，暂时缺乏多少物品，是可敷衍度过的，故以粮食说，先当储备军粮，与为一切武装者，如巡警，如后备队、壮丁义勇队等等之需用，人民方面，可以缺食，但军队不可不充分使其满足。民食可以粗拙，但军队不可不求其充分精良，故各省之民食会，应注全力于军食。使军食充足了，然后求民食之充足。宁可饿死数十万人民，但不可使前锋之一军缺了粮食与军用品而失抵抗力。人民必要这样具有牺牲的决心，然后敌人之封锁政策始告失败，而凡具有战斗力者始能坚持到底，以求最后的胜利。

然则对此项政策之实施上，我以为在市镇除施行本文下头所提议的"票证法"，以限制平民一切需用物品之外，于乡村中则实行"物品征调律"。此项律例，在准许军政与人民合组之"军需征集委员会"对于军队所需物品（当然以切实之用额为限）有优先收买权。甚且对缺费时有用"公债票"强力执行收买之权。今日我国乡村固然困穷，但总有一部分可以牺牲出来救国。如抽征耕牛十分之一，使于耕作时规定农民互相移助之方法，要于农事不生大影响。然而军食可大行充足，又如乡村中有少数的富户、具有许多剩余之物也可征调为军需之用，因我们人民众多，只要征集他们最微末之物品，便足为军需之用。此事，全靠征集者之主持公道与相度人民之物力，当然你不至于大行骚扰，而作战的军队不但可以得到充实的军需，尚且可以得到精良的物品。例如欧战时德国人民所食的面包极粗黑拙劣的，但军队所用极优美。他如一切物品在人民则受极端的限制，而在军队，不但各物充足并且精良。因现时战争乃决胜于士兵的精力。凡充足与优良的物品，即是供给士兵直接的精力，也即是取胜的一最重要条件呢。

（三）战时的征工政策

我曾详论有系统的征工，乃救我国经济之不二法门。原因是我们百无所有，尤其是在破败的农村中。但我们有的是人力。我们既有这样多的群众，然因无事可做，以至不能生利而致富，反因各种消费以致贫，故人多是无用的。苟能使他们有工作，然后人数方不怕多，我国今日救贫穷与衰弱的方法，最要的在使人民有工作。可是我们那样穷，大资本是不能筹集的，故只有强迫的征工政策，使大多数人民被强迫去做有系统的建设事业。那么不用资本，就能做出许多大工作。例如我省数万里的公路，便是利用人力，不用大资本而做成的前例。我极望在平时用征工方法，使一切建设事业，如开荒，如水利，如交通、卫生、开矿、公共工程等等，都可免用大资本而全由人力创造出来，这是一种救中国经济的特殊政策，惠而不费轻而易举的。

可是战时的征工政策略与平时不同，大约说来：

第一，战时征工当注重军用品的生产，其次，始努力于民生事业；若在平时则当以民生为重，而以军需为轻。这其间的理由甚属显明。因为现时战争，乃全民战争，且其消耗量甚大，苟非用全力于军需品之制造，断定不能取胜。军事一经失败，人民生命财产，也就毫无保障了。故当战时，人民服役的目标，第一在是军事胜利。但要达此目的，必以全力从事于军需品的供给。这与平时的生产法大不相同，平时若注全力于军需生产，势必成为变态的工业与农业；结果则一国的经济也成为变态与病态了。

第二，战时的生产中在急速治标，而平时则需治本，例如平时征工去造林，至于战时为此缓不济急的迂徐政策，而最重要的则在开荒或用旧地，以种植数月可以收成的杂粮，平时固然也须注意杂粮，但总不如在战时之急切。就现时说，外米入国困难，而且奇贵，故如我省说，每年缺米常常至于一千万担之多。现值外米难以接济之时，若非自己急速生产杂粮以为救助，纵然有钱，也不能买到米粮，势必至于饿毙了。

第三，战时征工，重在服役于军事工程，而平时则为生利的工作，例如筑战壕、避难所，以及一切军工，都应列入为战时的征工重要政策，又如交通工作，也以有关于军事者为主，其次才及于经济的。

第四，战时征工对于工人同时应施以军事训练。这项甚为重要。我于前几年已经主张在平时，也当于征工中同时施行军训。缘由是单独召集人民军训，一切手续甚麻烦而且消费甚大。受训之人愈多，愈无办法，勉强做去，势必成为有名无实。我省的陈济棠时代之后备队便犯此病。故如"寓兵于工"，即于征工时于每晨做工前先行军事训练二点钟，譬如每人每年征工二十日则受训四十时，若行了三年，便得了一百二十时之军事常识，无论学术与操练都可得到相当的程度，即于必要时可以募集为兵了。这样"寓兵于工"之手续甚简单，只派出一训练员，有时此训练员便是征工队的队长，使兵与工合为一气，更可得到效率了，这样"寓兵于工"的方法，使人民于生产中不知不觉而养成军国民资格。这样兵愈多而愈能生产，愈能生产而愈多军队。简言之，兵即是工，工即是兵，工兵民三者混为一气，自来军队多消费，一变而为生产的组织了。这是穷困的国家而要组成为全民皆兵之独一方法。

第五，战时征工之时间，当比平时更要长，我曾说行政院所规定，每年三日至五日之短期服务不是救济现在我国经济破产的办法。

依鄙人经验。每年征工总多至一二个月久也无妨碍于我国小农制之农民工作。必要这样多且耐苦的工作，然后始能迅速救起我国这个衰落的经济，我对平时的征工既如此主张。我对战时的征工，更要主张服务的日子愈多愈好。因为前方的军士那样不顾生命与肉搏，我辈后方人民纵多行一日的苦工，也是应该的。而且怎样苦工，总比军士之劳苦省了好多倍的。别方面，现值我国受敌方之普遍轰炸与摧残，及全海面之封锁，我们内地人民若非多行工作，不但不能接济前方之军需，连人民自己也缺乏最低限度之需用品了。然而，征工一事能否有效，全靠征工机关的组织是否严密与能否实事求是。依本人经验最紧要的当注重"工程部"。一方面即注全力于工程之组织，不但机关内之地位及经费，工程方面应占最大部分；尤其要是应派出有经验与有作为之工程师到地方去，就地指挥与监督。就我省说，最少应于九行政区各派一人。最好是一县或二县就派一人。这些工程师就地调查可以实施之工程后，直接与征工机关主持人及工程主任商量，即要求所在地之官吏协同进行。如该地官吏不肯执行时，若能单独由征工机关命所派出之工程师做去，则当单独做去；否则由该机关向地方官吏之上属机关要求实现，必要时则请省政府责令该地方官吏照行。必要如此，然后征工始有成绩，始不免为敷衍的官吏所挂误而变成为有名无实之官僚机关了。

至于战时的征工组织多派出的工程师，除应具有工程学识外，最好并选其有军工常识者担任，最低限度，也当于出发前授以军事建设之常识。又当工作时，与官方官吏协作外，同时应取军事机关之意见，以求于军工上得到充分之协助。

（四）发行民库证券

这是一种对于现时中国经济上之理想。这个理想有二方面：一是这项理想如能实现，可使我国经济即入于繁荣之程途。一是这样制度，在我国人胆怯之下，终久不敢去实行的，而终成为理想了吧。

这样制度，我于二年前已作有系统地提倡过。现值战事之秋，此事实行，似觉比平时更为需要。此项大纲是这样的：凡大城市，相其经济力量，可以发行此项证券数千万元以上。至每县可发行自数百万至一二千万元。计全粤省算，可以发至四五万万元。以我全国算，可以发至百余万万元。其办法是每地方设一证券机关，凡有不动产者可向其登记为抵押品，而领取其实价约十之六成之证券票。所领证券票便是该地方之正式银币，在地方上充量使用，证券机关则收取领券人之年息约为四厘，这样利益若就大概说来，则有：

第一，我国城市及乡村骤得百余万万元（百余亿元）之流通，通货筹码即时极形充足，由此工商农业得以发展，对于战时军需及人民经济裨助必极巨大。

第二，地方上得其利息，如某县发行五百万元证券者，年计可收利息至二十万元，于公家需要及建设上之助力甚大。尤其在战争时期，百凡需款，地方上得此助力所裨极多。

第三，人民领券者所出年息四厘，比现时之高利贷或通常利息甚见低微，由此可以发展其各种实业。

第四，现在内地交易尚多白银，这因中央纸币仍感缺乏，且人民对之还存怀疑，今若各地有这样多证券做筹码，又所担保的乃本地之不动产，人民对之自然乐用，则白银渐渐可以收入公家。专事对外汇通之用，于财政上极有裨益。

第五，到必要时，中央政府可使这百余亿元全数组织为军需建设之用。这比现在所筹之五亿元之效力显然更有若干倍大了。

对此计划，我知所以批评者甚多，计其重要者可得三点如下：

甲说：这是货币膨胀之一种政策，其弊甚大。可是这虽是货币膨胀，但证券后头所保证者，虽不是现金，但确是极切实而有真价值的不动产业。故货币之筹码虽多，不特无害，而且有益，因为我国农村最缺乏者是流通之金融筹码，以致利息过高，甚且借贷无门，遂致百业俱废。假若有这样多之筹码，则利息自低，信用上的金融极形充足。那么，百种事业当能振兴了。

乙说：此项发行证券所通用之范围，以全国或以一省或以一市一县为限呢？笔者先前主张以一市一县为限。因通用之范围缩小，比较易于周转与保障。但每县市或县，须同时统制对外之汇兑权。此事未免涉于繁碎复杂。有友财政家者，对我主张的证券政策甚表赞成，但主张以一国为使用之范围，并且同时对于各种合作社主张组织成为有整个系统的关系，这本是极好的办法。总之，若有方法使全国统一发行与作有系统的合作制度，当更为我所赞成。

丙说："民库证券"即脱胎于汕头之"商库证券"，但汕头商库证券百弊丛生，现时且几陷于停兑与不能流通，那么民库证券又何必再去试一遭呢？这个批评甚为重要。但据事实而论，汕头之商库证券本极有利益的制度。顾其中弊害可得而言者，第一，它不是普通的贷款而是操纵于少数商户。第二，所得利息，不归地方的实业建设，而掷于浪费之途。第三，监察制度不完密，以致估价不实，及其他种种毛病。第四，省政府不肯承认为省库事实，而仅视为汕头一地方上之特殊金融政策。遂至比率不定，银行不收，以致市民怀疑不用。第五，最重要的是商库证券机关不照德国土地证券银行之组织，以致市面上形成证券与银行纸币之对立，故我意若要使民库证券有利无弊当尽反汕头商库证券委员会之所为，而一以德国的土地证券协会为标准，即是由：

民库证券机关同时组织银行。由其银行为自己证券兑换国币之所，对于社会则为自己证券之交易所（有时且兼营保险及收买各种证券之事业）。是则民库证券仅在市场做交易品，而社会使用上则一律为国币，这与汕头之流通市库证券大大不同，免使国立银行暗中排挤，且汕头商库证券委员会自己无银行为后盾，以致缺乏经济中心的力量，不能自己救济自己，而一听于市民之信用与银行界及汇兑界之流通与否为决定证券之存亡。所以当陈济棠政变时，人民对商库证券有信仰，遂使证券票比银行纸币更有价值；当时每一百元商库证券可换银行纸币一百二三十元者。及到现时，则因中央与省财厅对于商库证券与国币之比率未能迅速决定比率，并且银行及汇兑界不肯收用之故，以致证券一落千丈，甚且几乎不能通用。若论德国之土地证券制度，本与汕头商库证券根本相同。但因自己组织银行为金融中心力，遂使自己证券票额常常高出于国币之上。更能使自己银行得此余利，及其他一切溢利为资金。银行实力愈见厚大，而自己证券当然永久不至受社会信仰之动摇而至于贬价了。

我今时写出这个"民库证券"之根本有利益之方法，因我在二年前所发表的，尚未顾及此点，先鉴汕头商库证券之倾败，使我有重行厘定先前所拟的制度而特行加入此项银行组织之必要。

（五）战时的合作制度

合作制度的推行，在我国虽有多少成绩，但尚未能得到大效用。在此战争时期，更有许多不能适合之处。鄙意要使与日战争持久，合作事业极占了经济上的重要位置。假如能实行民库证券而推行合作中的信用制度一项，必可收极大的效果。但此项证券在我国恐不能一时实现，故我国的"战时合作事业"大概应偏重于强迫的生产、消费及运输三项。所谓"强迫性"的，就在命令人民必要照政令所颁的条例做去，不如是就要惩罚的。鄙见对于强迫的条例，大概就是一市或一县为单位，组织一合作的中心机关，就从最切实的方法调查该市县的殷户、祖尝庙产，或各种社会慈善机关的产业之后，即令各应摊派出若干股份，别省不必论，单就我省说，殷户并不少数，所谓殷户，并非限定在本地置有产业若干为标准，乃以在南洋或美国及各外地之财产为定，大家都知我省华侨的财力甚厚，无论若何小县总有多小富侨户。故就此项殷户筹款，即准为合作股份，各县总可得了数十万元。加以祖尝及慈善机关的产业若干份加入，其数额当极有可观。此项股份不但免去丢本，尚有微利可收，大概为三二厘吧，则彼殷户等出款，既可在社会做好事，尚可得点微利，也算名利兼收了，一地方上如得到此项款之后，即可对于下列各种合作事业放款了。

第一，为生产的合作事业。但只限于速成的生产为放款的条件：如种杂粮，数月内可以收成者，又如牧畜，如鸡、鸭、鹅、猪、牛等，一年或数月也可收利。至于提倡菜蔬更易见效。此外一切不能迅速见效者，当然不可放款。此项事业，能与征工政策打成一片，其效更大。

第二，消费的合作事业，战时的消费当以人民最需要的物品为限，一切奢华品或不急要物，均可勿办。又战时浪费的物品，首先，必须以本国货为主。食物则以本地的为佳。如勿用洋米而用本地米，不足时则用杂粮。其次，一切物品以粗糙为好，例如粗米粗麦。不用精品以省人力而能增加物料的为主。又其次，用物以节省为佳，如日用物三件者则节为一件或二件。

第三，为运输的合作事业。此项在战时更形重要。务使各地运输有严密的系统与科学方法，俾得以极省得人力而得极多的货运，又使各地能够充分交易。同时能够储藏羡余的物品，以为需要时之用。

由此可见战时与平时的合作制度不能相同。以现在时势说，合作社的股本，政府既不能全出，当用强迫的政令使殷户等认股。至于生产方法，平时可以放款于长期事业者，在战时则只限于速成的项类。浪费一项在平时可取宽义的商业，在战时则专在限制上做功夫，论及平时，运输事业可听商人的自由经营。至于战时，则当由合作社担任发展与有系统的组织。

（六）改普通中学以上的学校为短期的实业学校或军校

当此次抗日战争起时，有人主张停办中等以上学校，得其经费为战费之用，我也赞成此项主张的一人。因为假定战事延长一年半载，这些学校纵然停办，于学生学业本无多大关系。然我今进一步主张将这些初中以上学校全予改办短期的实业学校，如农业工业渔业之类。这个办法于战时养成生产的人才与平时建设的首领，更关重要。本来我国这些普通中学已嫌过滥，已有改变之必要。今乘此战争时候，改变方向，更为适合。又现值全民参加战争之时，国民军队，如后备军，如义勇军，如义务警察，人数繁多，当然需要许多下级将领。故将普通中学以上学校选择学校之良善者，改为速成的军事学校，无论如何，比之普通中学生毕业后，不过多几个上等流氓，当然比较上为有益。

我在此层建议上，骤然看去，似乎与战时的经济无甚关系。实则，养成建设经济的人才，乃从经济上之根本入手。不过这些速成的实业学校，应当使学生半工半读。务使在学校时得到所习实业之切实功夫。最好是以学生实习上所做的功夫能够供给其自己之生活费。故如以学习农业说，当使学生多养猪，养鸡、鹅、鸭、蜂及一切能在数月内收成的农作物，使学校得此一批之辅助费；而于学生之实习上也可得到切实之学业，即于社会上，尤其是在此战时也得一批之出产品。

（七）节省之种种方法

以上所论六项，乃就战时经济的积极方面而说。若论消极方面也有许多方法。现就其重要点条列起来，则有：

第一，应用糙米。这项提倡已久，可是收效极少。这因我国米厂无法统制，尤其是民间自己舂米，无法监督，即使这两项办到，而对于南洋之米厂极难使之就范照办。故对此项提倡要有相当成绩应分三途进行：其一，以命令式而严行监督国内米厂实行制造糙米，与在市场上调查此项功令之是否执行。这项办法本极易做到的。只要政府决心即可成功了。其二，对于南洋米厂当通知照我国政府所规定之米式制造，否则不准其入口，或抽其重税，此项较难办到。因南洋米商可借外人势力实行阻挠，而我国关税尚未达到真正自主之地步。实则最难办到的，即属第三途之民间自行舂米者，这非政令所能家家去强迫执行。对此一途唯有出于宣传的一法，即普遍地去内地宣传，使人民知道这糙米比精米可多出十分之一二多，糙米要比精米多维他命质，多裨益而少毛病，又糙米比精米难咽口，但比较有香味，尤其是煮为粥时，而我乡村人民大多数乃是食粥者，于事实上更为适用。若能广为宣传，定得多少人去实行。最重要的在社会上一班领袖人物，如肯先去实行为人模范，自有许多人民肯去附从了。

第二，应以杂粮掺入正粮或代替它——所谓正粮，在我国南方为米，在北方则为麦。当欧战时，参战国所用面包除军队所食仍照平时纯正原料外，民间则用米或番薯与麦做成。德国甚且用麦秆舂碎与上各物混合而成为一种"黑面包"，几乎不能入口。故如我国要战争能持久，所有杂粮，最要的为番薯，应使玉米或麦混合一起用为日常之食料。或则每日三餐中，腾出一餐专食杂粮。例如番薯汤为朝食之用，本是极好的。现在政府正在竭力提倡杂粮，我省尚且每县由省方特派出一位督种杂粮专员。这恐怕是官样文章敷衍了事。如果能从事实做去，如督种番薯、各种豆类、麦、黍、稷、玉蜀黍等，则我省杂粮定有大收入。不过督种杂粮，政府于此破天荒提倡之时，应有具体的计划与切实的考成。鄙见以我省说，凡山系以我饶平论，每一山谷能去开荒种植各种杂粮，并且兼种水果，还可以养活一小家庭。计我县至少当有一万个山谷，那么可以养活多一万户了。山谷好处，就在谷底有肥泥，且气候阴凉，水利充足，与我省亚热带之气候极相宜。除山谷外，山之下方也可以开荒种植。至于平阳，则大多种稻，只有于冬隙时提倡冬耕。但除山谷外，山脚与平阳，须用多少肥料，此事政府当应为人民设法。其次，种子与科学的种法，也须由政府助力。

第三，除上二项之外，节省之道，尚有多端。例如一班妇人们勿用奢华品，一班老爷们勿浪费，尤其是广东人之好食，应当力行节省。如能如德国提倡"一盘菜"之类，那是最好不过了。所谓一盘菜者，居家人每餐只用一盘菜（当然是普通的菜，不过一碗百元大鱼翅），即遇最高级的公务人员请客也只限一盘菜。至于社会请客，当听其便，但对酒席捐应比现在所抽者加若干倍以示限制。

要之，凡节省的意义有二：（1）节省平民之浪费，乃使可以加倍送给战斗员兵之用，这层我已在上说过；（2）人人节省，正所以使人人得到最低限度的生活，这层较详细的办法，应当于下节分论。

（八）市镇上实行需用票证法

这是前次欧战时各国已实行过而得效用极大的良法。即使凡日用必需品，如米或麦或五谷之类，又如糖油（猪油或花生油与灯用之各种油）与洗漱以至炭柴等等，当就人民之需要最低限度为标准（此中当分别老人、小孩、病人、残废等等），而给予票证。人民得此票证后按期向市上商店购货。商店收集此等票后向政府报销。政府得此以定其交给商店多少物品之额数。这个办法可得利益种种：（1）由此可免有钱者浪用；（2）无钱者可免买贵物，因许多必要品如食粮、油盐之类，由政府定一定价格（或由政府给货与商店更好）；（3）一市镇上食物与用品有一定数目可以预先筹备；（4）人民不论贫富，彼此都是一律平等领受，故虽怎样缺乏与劣品，彼此均受之无怨与免生妒忌之心；（5）由平民这样的节制，可以腾出许多物品为军队之用；（6）政府得于其间统制与从中取利以为军需之用。

这个"用物票证"初始为德国所采用，其后欧洲各国都来效仿。别的不必说，单就我个人在欧洲亲身所经历，欧洲当时有许多国家不致因食物闹事，或致起内乱者，大半得力于此法。即如德国不至于迅速起崩溃者，也是得此法。这可见此法效用之如何重要了。

结论　略陈牺牲带与建设带分开之必要

我在昔时对于战略曾主张在我国应分设为二道线之国防，凡敌舰能到与敌机能久停的地方，设"第一道防御线"，凡敌舰不能到与敌机不能久停的地方，则设"第二道防御线"。第一道的地方，则纯用有系统的破坏。例如以汕头说，在妈屿设活动炮队，与汕市高射炮，在妈屿以内满布水雷。如敌将上岸时于市内满埋地雷。所有驻军均为敢死队，务以与敌同归于尽为目的。所以商民于必要时，当使全数离开。所有货物，在决定牺牲之前若干日，全数搬到第二道线上。故当敌上汕头市时，我敢死队与之巷战，不胜时，则全开地雷，虽使全市粉碎陆沉，也在所不惜。总使敌人得汕头时必受极大的牺牲。而得汕头后不过一瓦砾，竟无所得。这即是我国古时"清壁之战"。俄罗斯前时所以败拿破仑而使这位枭雄不能复振，也是采用此法，我想全国海岸线及长江沿岸大城邑敢用此法，日本遇此必定牺牲损失了不少。但这不过是消极方面。我人应当进而采取积极战争，即组织"第二道线"。在这线上，完全采取攻势。譬如岭东区说，这线地点当在大埔、梅县、紫金之一长带，平时就将岭东区精兵及司令部设置在此带中。譬如以岭东区驻防军三万说，驻汕头、潮阳、汕尾等不过数千人，而驻在第二道线中应有二万多人。举凡一切军械厂及军需厂及一切军事民事之工业，交通以及纯粹的民间农业及百凡事业都从积极上着意经营。又最要是这二万余军兵，平时即为岭东全民之军事训练人，到战时则为他们的先锋队。故在必要时，全岭东可出数十万兵士跟随驻防军向海岸打出。这样力量乃极厚大，不但敌人不能进攻到这第二道线上，而且我们能够向先前所失之第一道线上反攻。

这个战略之作用，第一，敌人比我人强的是战舰与比我多的是战机。若到第二道线上，这两种利器全失效力，而只能用陆军。以我方防地之广大与人民之众多，我人自战胜了。第二，假如有系统的组织，使沿江海城市之经济力量全移入第二道线中。一方面从敌人得到沿江海的市镇也等于无用,而我们一方面先用第一道线的决死队以挫折其精锐。再用第二道线的强盛后方兵力,以歼其残余。第三,在第一道线上之地方太隘,不宜多设军需品之各种工厂与民间之工业。至于第二道线,可以延长至数百里,则凡设备之地点极多,致使敌机不能集中轰炸,一网打尽。第四,在第一道线,人民都知危险,一朝有事如鸟兽散,不但经济消减,而且壮丁逃亡,极难得到大多数的壮丁,以编成军队。说及第二道线中,举凡数百里内的城乡壮丁均得按时分开编练。第五,现时我国农村破产已达极点,若注全力去建设国防于第二道线,这线左右周围便是农村,又假设我们一切工商均集中于此线,所有交通,以及军需都在此线集中,则农村定见振兴,以上所举五利,浅显易见,可知我国对日本的战略完全当用第二道防线上之有系统建设方法以取持久战的胜利了。我说"有系统的建设",因为如不能在内地集中经济力量与全民军事之组织,则走入内地虽到四川云南贵州,终无异于自杀。这因我们的第二道线上之作用,不过暂时之防御政策,而最终目的则在"反攻"。若我们的后方兵力不能反攻,而遇第一道线已全失守时,则虽敌人不能打入第二道线,但究之在他们永久不受损失,而我们终于必失败了,故最要紧是我人自度力量,既然于第一道线上我们终不能取胜,则不如改易战略,使第一道线上不过为先锋队,而主要目的仅在消耗敌之精锐,但第二道线之兵力,则在扼敌的死命。然要达此目的,非集全力于第一道线之极端破坏与第二道线之"极端建设"不可。

以上所说,乃是对于战事策略而言的。若说"经济策略"即在持久战而使敌人失败的方法,也应采取与上约略相同的手段,即是应分开一个"经济的破坏带"与一个"经济的建设带"。也如上所说一样,凡沿江海的市镇,为敌舰炮力及飞机能够久炸的地方,应采用经济破坏的策略,即应使该市镇的经济全行移动到内地之所谓"经济建设带"中去建设。观现在许多沿江海之市镇或被敌人竭力破坏,或则市民自己惊慌,先行逃散之情状,愈觉我这个主张之必要。因为自己不先去作有系统的经济破坏，而事实上也等于破产。但最惨是这样破坏完全等于破坏，而毫无建设。例如，前次汕头市民的逃散，以致变成为"死市"，不但汕头本市经济破产，即全岭东及全国均受损失的影响、结果无一人有利益。单单一班大富者走到香港与一班小富者走入内地去白白消费罢了。所留存在汕市的仅是一班贫户与失业的人民！若我们有系统去组织，即是在汕市仅留一部分与军事有关系之经济能力外，其余全市经济力量当移到岭东内地各各就地作有系统的建设事业与投资。例如业瓷器的，到枫溪高陂去经营与投资；业水果的，到出水果的地方去。

山的面面观（小叙）[1]

在我国，我敢夸为深知山的一人。陶渊明诸人得到山的诗意而不知山的实质；山水画家得到山的画意了，而忘却了山的作用。金圣叹似是千古善山游（见《西厢记》批序），可惜不知山的系统。至今日造林者、开矿者，已进入了山的皮孔与骨干，然而山的精神与灵魂，彼辈连梦想也不到。究竟山质与山魂，利用与鉴赏，面面俱到的，我将在此小册子予以简单的提出。

论我国，对于山起兴趣的也大有人。大概可分为下四种。

（一）最无聊赖的而且是山川的罪人，乃是"风水先生"与那班迷信风水者。他们昏头昏脑地，看见山脉起伏，便胡说是行龙住穴，又有什么叫做左青龙，右白虎，面前是什么案山。费了许多心神财力，惹起许多官司条件，阻碍多少水利与山利。对这等人，如能使他们读粗浅的天文与地质学，使他们知道地球从何而来，地质从何而成，怎样有山峰，怎样有溪谷，他们根本就再不会迷信风水了。（本书末附"怎样有山"的介绍。）

（二）说及第二种人是僧尼道士，所谓"天下风景，十九为寺院所占住"。这些人因迷信宗教，务期脱离世累遁居于山林间。彼等并不知山水的美丽与大自然的鉴赏及山利的开发。只知关寺门，念经

---

[1] 这篇文章是系列文章《山的面面观》的开篇之作，该系列最初连载于1948年2月28至4月25日《大光报》上。《大光报》1941年4月由广东省主席李汉魂创办，为广东省政府机关报。

咒，辜负了好风景。对待这些人呢，当使其自食其力，向山利自食其力，不许卖符化缘，以免社会多养这班寄生虫呢。

（三）至于第三种人为图画家。"山水画"乃国画中最占重要位置者。前时国人对写生术不大讲求，裸体与解剖学不大明了，故我国的"仕女画"不大高明，即动物的写生也未大出色，独山水画，尚能自出一格。画人总不免游玩山水，对大自然的领略较为深刻。这些人对山景不但自己感起兴趣，并且由图画而引起了社会的共鸣，可算于山川多少有贡献。他们可惜只知鉴赏，而不能于鉴赏之余，提倡对于山一些实用的工作。

（四）末了，对山起兴感者为一班隐逸之流。最著名者如"竹林七贤"与一班清谈之徒喜欢在山林间盖起竹屋茅舍。又有一班阔佬如袁子才辈，在他"随园"造好了几十样名胜。近代如西湖，如桂林等地常常套上"八景"的典雅名字。这等人算是最能享用山川了。可惜是个人的、豪华的享受，不能为普遍的、大众的共用。

对上这四种人，我们要以科学方法，一方面破除其迷信，一方面振兴有系统的山利。我们又要利用普及的艺术，使群众能够享用自然的风景。

我国山那样多，不必去说东北西北，即就西南诸省说，山的面积已够惊人了。我们广东在西南省中人口最密，但平均每人尚可得山地一万亩之多呢！说及耕田，每人仅得八分。无论如何去改良总免不了挨饿的。若能利用这无穷的山利去种粮食，种水果，养畜类治水利，开矿产，造大林，那么满地黄金不怕不富裕了。

说及风景住居区，更是人生不可缺少的物。山区是最适宜于住居的。那样好空气好美丽的环境，好便宜的地价，只要交通上多少去整理，周围有出息及林木的培成，一切山谷均成为住居区的最佳地。我国所谓"仙"即是"山居的人"的意义。故要享用"仙"的生活，当从山去着力。我们不但要叫口号"到农村去"，我们还要多多叫人"到山村去"呢！

山的面面观（小叙）

  作者，生长于群山围绕的农村，又十余年来已归依出生地，故深知山的种种利益。希望在这小册子《山的面面观》，引起了一班人去注意山，去利用山，去鉴赏山，入山生存，而为山死亡，与山同体，与大自然打成一片。山乎山乎！希望你堂堂皇皇出来与世人做一个亲亲爱爱的见面礼吧。又希望世人对于山做一个真正而且切实的鉴赏与利用的方法。

  时三十七年，在明媚的万山春色春容中

山的面面观（续一）

这样多的山，纵种荆棘，亦有利于民生！

第一，我们山那样多，又是多方面可利用的。

（甲）说起我国的山，真是无穷多呵。计自东北至西南，一边是海，一边到内地，仅有些少平原，其余都是小岳。据翁文灏先生所统计："我国自丘陵至高原到山岳共占总面积之百分之七十四。至于平原及盆地合起来不过百分之二十六。"就我们再加详细考核：第一山是立体的，第二是凹入与突出曲折形如"折扇式"的，故将这二种特殊形体计算起来，其总积不止百分之七十四，或且是超过一千至一万倍以上呢。今就西南诸省说，山积的数量更为惊人了。现就广东为笔者所较熟悉的省份说，山比现时的耕地多至万倍以上呵。

如读者不怕麻烦，我就把广东省的山积列表如下：

（一）中区——三千五百八十三万余平方公里。

（二）东区——六千四百十六万余平方公里。

（三）南区——六千三百四十八万余平方公里。

（四）西区——五千九百六十九万余平方公里。

（五）琼崖区——四千八百三十九万余平方公里。

以上五柱总计共得二万七千一百四十七万余平方公里。其已造林者约三千零九十四万平方公里尚不计算在内（见中大教授利寅先生在十年前笔者主编之《广东经济建设月刊》第三期论文）。

以这样广大的山荒，无怪利先生骄傲地统计说："全粤人民不过三千万（或说有三千五百万。——笔者），以三千万对二万七千余平方公里，岂不是每人可有九平方公里乎？每平方公里相当营造尺之亩数一十六顷七二余，九平方公里则一百五十顷余，约合排钱尺九十七顷余。三千万人均分之尚如此其多。若除老幼与不能开耕承垦者外，作仅得一千万人担任分领而垦之，则每垦户可有其三倍地为二百九十一顷余，亦即二万九千一百亩余矣……"

利先生又叹气说："以这样多之山地，纵然去种荆棘，亦有利于民生矣！"

可惜是山地虽然这样多，但除山民利用为烧灶的柴草外，多少牧羊外，其余到冬时则放火烧山，以致满地童山濯濯。有山地而不能利用，故山民特别穷困。在我国的农村固然是尚在中世纪时代，至于山村直是太古时的野蛮生活了。

若说及可耕地则少得可怜，与山地一比较，真是天渊之别。就广东可耕地计仅有三千万亩，故每人不过七八分田。即使农业怎样改良，即使"耕者有其田"，人民终是食不得饱。大饿小饿，终久在死亡线挣扎中。广东每年从能入口一千万担白米（战前平均数），仍然有一部分人饿死，大部分人虽未饿死，都是不够养料，患了普遍的贫血病，缓缓归于死亡，永久不能长寿的。况且山地不理，水患特多，又就潮属说，据老农告诉我每十二年尚要大旱一次（似与太阳黑子周期有关）。总而言之，火灾旱灾轮流夹攻，故遍地永久是贫穷，是饿死，是患贫血病与此连带而生的各种病，这就是我国农民的普遍现象！

所以我国今日的农政，首先固在是"耕者有其田"与"平均地权"。但使这二端达到，而人民尚是多数的饿死。因为没人数分田，怎样能够养活呢！故我人今后最急需的，是在整理山地。山荒不整顿，人民永久不会好好地生存，反而言之，只要将一部分山利开发，则民生即时富足了。就原有田地食现成饭，长久不会超生的。若肯向山荒去造产，则全国经济可以充裕，岂但本地的山民呢，造产造呵！造产第一！"平均地权"与"使耕者有其田"，不过是暂时的部分的解决民生的办法，唯有从广大的山地去造产，才是长久的、根本的办法。

例如广东在西南诸省中，人口算为最密，然每人尚得山地一万亩。若就福建、广西、云贵诸省说，人口极为稀微，而山地又那样多（浙江、湖南、安徽、四川一大部分，山地一样多），那么每人可得数万亩了。不必带及东北西北，即就上所说的西南数省，若回就我们下头所说的造产方法去实现，则不但本地人民富裕，即全国生活也可得到优越的调济了。

又按我国平均每人仅得耕地二亩零，故不独广东，不独西南诸省，即全国说都患耕地不足。所以向山荒垦殖造产乃属全国普遍的需要，不是广东一省为例外。笔者在这小册子中所论列的大部分虽以广东为对象，实则其大纲可以推行于全国呢。

读者在此须紧记的，我国农民占全人口百分之七十以上，就其微薄的入息，尚且不能自给以过最低限度的人类生活。此外百分之二十以上的人，又向农民剥削使农民生活愈感困难。今若向山地进行造产，到了能如美国农民一人可养活廿人时，那么，全国衣食不但充足，尚且有多量的羡余可以运出到国外了。故今日我国于既有农业固当全部科学化，但此尚不能解决生活。唯有广开山荒，从各方面多量去造产，不但民富而且国富了。所以造产为第一急需，而向山地造产乃为独一出路哪。

山的面面观（续二）

张良从"赤松子"游，我当与一切果子游，我将为"果食派"以终我身。

（乙）山那么多，又有多方面可利用的。

我前列出我省山地每人可得一万亩，其他西南各省，每人平均尚比此更多呢，又以这样多数的山地，若比平原的地方出产更有多方面，故山地与平原格外富裕。这可由文明国的出产率去证明。因为平原只可种粮食及多少衣服材料，至于山地除此之外，尚有好几样的利用为平原及海边地方所无的。我今举其荦荦大端的已有十一种之多呢。

粮食与衣服料。未进化农业，在南方只能利用水田。我就本地方说，凡无水的地方多数被弃为荒地，殊不知许多粮作物在旱地也极可种植，例如"山禾"即旱稻，在山阜及山嵩极好收成。十年前我与刘志陆省委员曾试验过，那时的山禾种为似糯米质的红米，极好食料，若照手续好好耕去，每亩山地可出一担余。因为这个谷种下地后须七八月久始收成，又耕作方法未讲究，那时各处又种的太少，鸟虫损失得厉害，故未引起农民的注意。我数年来，又在本地得了一种好山稻种，只要三月落山地，六月便可收成，在这样短短的三个月间，又是春天，雨水尚可沾润，故收成极好。稻收后晚冬尚可种薯、豆各类。故假使每人于此一万亩山中，只划出二十亩来种这样山稻，一家有二三壮丁共同耕植，每亩假使最少为一担谷，则每家可收数十担，此外尚有各种杂粮。如能照此做去，一二年后，人人可有干饭食了（不似今日农家人人食稀粥）。这个山稻不怕水灾，因为水流不上山的。这个又不怕旱，因为这个种子甚有抵抗旱性的。（数年前甚旱，我有宗人在山阜种此谷者尚有好收成。）

每个农家大概有二三壮丁，尚且今日的农妇也能任艰苦的工作，故每人于农隙时就向山地去开垦，一年中每人总可得到数亩地。我们尚希望将来可利用机器，则每人每年可开得数十亩数百亩呢。山稻种植尚要多少肥料。至于山薯（又名树薯）粉质甚好，确为杂粮中之至易培养者，不怕旱，不怕土瘠，有种就有食，潮属经过前说的刘委员提倡后，已有极好的成绩了。

我在此当写些来纪念这位刘委员。——刘志陆。他出身陆军，向来是任军职的。在抗战时期任了粤省委员兼潮属自卫团主委。他忽然高兴起来，于军事之余，注意农业（或者有些受我们所提倡的影响），他那时提出"三山运动"，即上说的山禾、山薯及山塘。我当时戏呼他为"三山大王"。而我呢，则自称为"三山土地"，彼此合作了些时（我此时也任为饶平自卫团主委），可惜他也如我国一班阔人一样，过分肥胖不免中年就死去了，这真可惜。他虽是军人，而晚年能提倡农业，实为不可多得。记得有一次他来饶平乘小汽车，我在山中车站接他时，他劈头第一句话，手指所提毛榉枝问我："你知这什么可用呢？"我笑说："可以烧火呵。"他说："此外呢？"我这个冒充老农家已被他难倒了。他缓缓笑说："凡有这些毛榉生长的山地，就可种植山禾呵！"他就将山禾介绍给我，叫我多多提倡了。如今刘委员已死好久了。这个纪念如在眼前，将与毛榉及山禾同样永久生存于山间与人间！

说及杂粮可种于山间的甚多，如各种薯类，尤其是各种豆类，黄赤白红各种豆都是宜于干地的。今日豆价那样贵，一块豆腐成万元，若能利用山地去种植则满山可收。豆质又是极富资养料的，它的根菌能食天空肥料，不用多下肥料，自可多收成。且其根又可转为肥料，这是一举而数利兼收的。我园中常养有美国种的"观音豆",一粒如鸭肾那样大,其形状也极相似。只要数十粒便可煮一大碗,其味清、香、甜,又娇嫩得如其名称"观音娘"似的!又有我国著名的大豆,我们此间叫做黄豆的,大黄豆本地不相宜,但小种黄豆则随处可栽培的。豆类真是多种,可惜此间不能利用山地去多养。尤是地豆,可食可打油,山园种蔗后二三年,就转出来种地豆,格外可得丰收呢。山地尚有许多种可以培植的菜类,又如姜——稚且嫩的姜,英美国人嗜好的如生命。它只有在山地培养得好,又一种冬笋,也是山地的特产。至于山芋、山薯等,为我云贵等山民(苗种等)的日常生活品呢!够了够了,我不能再一一举出了,仅仅在使看者知道即就粮食品说,山地有许多的特产物,不是平原的田地所能生出的。

我今再来说衣服料,在山地的特产品吧。第一是棉花,也宜种在山园的,又有蚕桑可以养蚕,丝品是我国固有的佳品。前时江浙一带最为著名,但在西南诸省说,例如潮梅说,有一老农曾向我说他会养蚕,每年可以收丝多至十次的,我们的山园能够多多去种桑去养蚕,丝业就不会让江浙专美于前了,就不会如近时为日本抢夺去了。如苎如麻,也是潮属的特产,也可变成为山地的特产品呵!

就我省每人一万亩山地说,我将划出数十至一百亩为种植粮食品及衣服料之用,则衣食可以大大充裕了。衣食足,乃"王道之始"。一切文化可以提高了,我又再提出最少数——一百亩山地吧,为种植各种果木之用。你想人人可成为富翁了!

提起水果,我就神飞眼舞起来了。这也是一种最好的食粮,可惜被野蛮人忘记了,我总希望有一日,什么物都不食,只食果实与些粥饭及面包,外国人已有这类食物专家者,叫做"果食派"。菜蔬也不用了,果实种类多着呢,有甜者,半甜酸者,有干质者如胡桃、栗、榛之类,有半干质者如香蕉之类,有全水质者,其形状种种色色,甚形美丽,其养料比任何物多含"生命素",又易消化,又无毒质,可生食,可熟食,可以储藏。我希望一班人,至少一些人来做"果食派"。包管你无胃病,无毒病,能长生,尤是精神上能高尚,思想上能超脱,能深邃,这是仙人的生活,先前张良愿弃万户侯从"赤松子"游,这是别有深解的。我在北平曾食"赤柏仁",口有余香,心头永久甜甜,我希望有一日不只从"赤松子"游,当与一切果子游,我将为"果食派"以终我身。

今就于一万亩山中抹出一百亩来种各样果木吧,首屈一指的,当来种柑橘。

山的面面观（续四）

　　山地特宜于产生我国各种药品，四川云贵乃中药的供给地，而多由山地搜集而成。中药中最宝贵的为各种参类，如高丽参、人参、洋参、党参。这真可惜，这些参大都由外国输入。洋参为美国出品，乃由人力所培养。我们的高山深坡也可种植的。如能有系统与科学方法去培养这些参类及种种药类，也即山利的一样大出息了。

　　中医可不必提倡，严格说来应该禁止。因为他们读死书，况且那些医书古老，丝毫无科学根据，中医生学习这些书后连中学生所晓的普通生理学也不明白——例如中医说，"子宫"为"直肠"呵！

　　可是中医别有一种作用。西医虽有许多科学知识，但西医除少数有用外（如消毒药及疟丸之类），大部分是无益而有害的。因为它们由化学方法提制，这些"化学品"，人身实在不能吸收，不能利用，只有刺激、伤害与发生恶劣的反应。我说此，并非个人捏造，是由外国名医所揭出的。

　　至于中药——我指是那些青草药，不是那些混账的人中黄、人中白，那些不合理的屎尿之药料。这些青草药也如菜类，也如果类，乃是植物的原料。如知其特别性质，以之治病，实有一种效力，终比普通的西药（化学品）好得多多。

　　问题就在这些青草药的实质，究竟是什么？这因我国向来无科学根据，只凭一些经验，故何药治何病，毫无一定把握，故须经一番科学试验后，始能适用。近年来，我国已有一部分人提倡用科学方法对我国药品重新估价了。但我想将来如成就时，不必仿西药一样的精制，只照青草原有的状态去利用就好了。（除非一些必须提装外，如樟脑之类。）

人类当靠卫生，不可靠药品，这是近时最有理性的"自然医生派"所大声呼喊的。如能从饮食、运动、各种锻炼与精神去修养，当然能够"祛病延年"，可是人类，总是大多数愚蠢而且怠惰，若要身心一齐去刻苦，极少能做得到的。故在这新旧人类交代的中间，人类总要生病的，有病他们总要食药的，但能使药品"乃一种有益的食品"，这个病问题，可就多少解决了。

怎样使"药品成为一种有益的食品"呢？我前说香蕉可以治便秘，香蕉甜甜，岂不比泻药苦苦为好呢。泻药用后，要再用，不用，大便又秘了，香蕉食了又再食，香甜又香甜，岂不比常用泻药苦涩又苦涩更好吗？泻药用后胃肠极形刺激，有伤害，不想食。香蕉食后既好病，又多资养料，身体格外好呢，故以香蕉代替泻药便是药品变成为一种有益的食品了。即是说，食品便是同时可以做药品用了。前说的杏仁治咳，也是一例，希望我国一切青草药，将来可变成为一种食料，呵，我儿时最喜欢食"五味汤"，此中有薏米、莲子等，加以冰糖做成一碗好汤，这样的药品，实在为人所欢迎，多食也无伤了。

于高山深坡中，多种我国的药品，尤是高丽参、人参、洋参等高贵药品，占地甚少而利益甚大，高丽参、人参，现在贵得可以，一两就要百数十万元。将来多种了，可以做普通的饮料，有如茶一样的便宜就好了，做起薄薄的饮料，味道甘甜清香，刺激而且提神，也值得一饮的。实则参类也如茶类一样，不过刺激提神罢了。在我国则迷信为"神品"，未免过分误用了，外国补品，并不用参类，连药品也无这类名词，可是他们比我人更强壮呵。

高山深坡在我西南诸省中甚多，除种药料外，最要的极好种茶，茶是我国著名的出产品，自家用外，尚占国外输出的重要位置。可惜近来种法无讲，种地不广，以致世界市场被日本与锡兰茶所夺去了。茶实在为极好的饮料，又与西南诸山峰特别相宜，武夷山及安徽诸山即其例证。我饶的凤凰山茶叶也具有一种特别好味道，故利用山地区种茶，也是一种大收息。此外如可可，如咖啡与其他各种饮料，也可从山地培植的。

山地的利用除了上所说的，要算造林一项为最普遍了。一种农作品，当然要求一种特别的山地，但凡是山，就可造林，故森林利益为至普遍而且是极易经营的。

我上说今日造林，应当着重果林，因为果实的利益甚多，其木材也大可用。不过有些山带，一切果木不能生长的，只好去培养各种林木了。

普通林中，在我国现在最需要的有三种，即桉、桐及纸树。桉木可做铁路的垫木，即铺在铁轨下面的。将来我国铁路发达，需求桉木甚多。此外它也可做槛、柱及器具之用。此木发达快速，我本人所种的不过十余年已可为小槛之用了。桉叶可以制药粉，香味浓厚，富消毒性，这树又名"除蚊树"，又名"消毒树"。

说到虐病，乃人类的普通病，尤是我西南诸省人的永久恶毒病，患者数人中就有一人，有病至数年久、面黄身瘦不能工作者。专靠疟药贵且不够用，我们农人又无钱去买的。今若多种桉树，乡村中与山村多去种植，树身高直，树叶荫茂，美观上甚好，且可免有居民的疟病。这是何等利益啊！这个消疟病的特效确有根据，我乡村人来报告，他村自种桉树后，村民相比以前的疟病已经减少到零了。

说到桐的利益，谁人都知道的，我国近年出口货物，以桐油占首位，国家的利源靠它支持了。桐木种下不过数年便可收成，桐木白质而芬芳，做起木具，西人叫作"白木具"，专意不油漆，自成美丽的。我国四川、湖南、安徽等省，为产桐要地，可知与西南诸省山地，特别相宜了。桐油之外有桐，可为肥料，多种桐，肥料也得一部分解决了。

至于纸料，在我国今日特别缺乏，专靠外国货，成本那样贵，以至用品尤是印刷品受大影响，一国文化更为受累不振了。所以今日造大纸林，乃我国极重要的工作。我国纸料专靠竹，不见有多大出产，今外国多用树木。我西南诸山中，如可制纸的马尾松说，随山可种，即在至枯瘠的山岭，即在石头旁边，也可长大的。若我们肯去大量种植，只要数年至十几年，纸料可以大大地充裕了。这不但经济上得到解决，即文化上也大有裨益的。

除上所说的桉、桐、纸树外，林木在我地尚有两种特殊的作用，一为樟木，一是枫树。樟脑，现时为台湾的独一出品，我饶周围的樟木都是极易养与极茂盛的，可见西南诸山极与此树相宜的。樟脑粉与油为药中的极重要者，故为中药计，也应当大大去提倡种植的，至于枫树可以养野蚕，野蚕丝在外科中极贵重，且野蚕如多饲，可以为衣服材料的。

造林除经济外，尚可为风景区，为卫生区，又可以防风，更重要的，可以保存地质与防水患。水患哦，我们农业的相害已经够了，若各山林去造林，则水患可减少，同时又可免旱患。森林可以保存空中水分，催促天多下雨的。

你看林木竟有这样多方面的利益，可惜我人不知多方面的利用呵！

山的面面观（续五）

如今再转到第七项的山利中，应算为矿产了。

我不知我国山有多少矿，我更不知我西南与我省我岭东山还有多少矿，因为除一二处发现外，都是无系统的调查与切实的开发。仅就我们小小的饶平县说，已据报告二三十处有矿产了。究竟是什么矿产，更无人能晓得，我柜中保存了人给我一小块黑致而发光的石块，由数里近的山采来的，是铁，是钨，抑或是可做原子料的铀等，我不是矿家，只好一味胡拿了！

我只知满山是矿质，那条近我溪的沙，满处在发闪光。十一年我曾请先前一位学生而省委员者，向粤省府建议组织一调查矿产队，出发各地探究，终于言者谆谆，听者藐藐了！

须要候到山的矿藏尽量开发时，山的骨与山的面上种植者一齐收利，然后山的精华始能一一呈现，然后山民始能富裕。

一个至穷乏的山区，初时或者无人或者无几家，但遇有矿产开发时，不数年就成为数十万人的繁盛场地，这个例子在外国是司空见惯的。有了大矿源，交通也得有系统去组织。"白手成家"，矿的巨大利源实在使人羡慕不已的。

开矿当然需机器，但小规模去单用手工也可经营，揭阳锡矿单用锄头也有利益。多少地方如东三省，如台湾的淘金沙，也是纯用人力可以度生与致富的。以我国多余的人力，只要求有日息的工钱，纵用手去开发也值得做了。

如上七项，若把衣服料在食粮中划开，又将茶料在药品中抹出，可以说有九项的山利，可见山利是无穷的了，是多方面的了，若比平原的单纯作物，又与海边仅有鱼盐的比较，可见山利是极复杂的、多方面而又极有兴味的。

可是，以上所说，不过仅就山的"物质"一方面，他方面，尚有比此更重要的，是在灵魂与鉴赏诸方面的享受，比这物质的享受，对人生更有万倍的重要。我今就来说住居区吧，养病区吧，风景区吧，旅行区吧。

就大端说，山民的体格与品性比平原的农民好，农民比市民好。外国大城市如举巴黎，据统计家说，居民极少能延长在这法国京都到过三代以上的。这不是说他们不能迁移到别处，乃是说，他们不能挨过三代就死亡绝种了，可是巴黎仍然是保存数百万人的居民，乃是从田间的农民来填补的。可见城市乃死亡的坟墓，愈大城市愈是"死人窟"，万种罪恶的城市呵！它们不但是肉体的死窟，而且是灵魂与精神的堕落所，浪子，娼妓，狡猾的官场，投机险诈的商人，惨淡连日光空气尚享受不到的可怜工人与一切穷困的居民，喧嚷、号叫、混淆与不能安居的交通及社交的场所。这些就是城市的一切罪恶的渊薮，到这样城市来住居，来寻职业，不到数年连自己个人的身体与精神已堕落消损到零度了，生命也不能长久了，纵有子孙，一代比一代更衰弱，更堕落，故不到三代种族就绝灭了！这是何种悲哀的统计报告呵。

今若来说居山区以山为生存的人民，那么，人种一变而为壮健的身体与纯粹的心灵了。外国军官曾向我说，或我国军官也当一样承认，历来兵卒就我广东说，以山民及农民出身者为最好。他们是好人种的祖宗，是填补市民灭绝者的供给人，是道德的模范者，是大自然的代表。

让我今就来说山居的种种利益了。

山的面面观（续六）

山乡的房屋，论理应建筑在山上、山阜或山侧山窝的。但在我知的山乡——我邻近周围以至极远的山村，都是靠近田边建了住屋，这真奇怪，寻求其中的理由，或许是治安问题。但聚族而居，在山与在田一样不怕恶兽与盗贼呢。或许为工作便利吧，可是山脚与田边相离仅咫尺，况且小农制的工作并无什么繁重，似在山间佳居到田园工作并无什么不便。推究主因或许是风水迷信的问题占大成分。因为风水先生总胡说是山间摇播，龙穴当在山下面即是在田园地了。这些山民虽然可惜不知卫生，不晓风景然而他们极晓得计较利益的。他们知山地的便宜，比田园地超过了数十倍，怎样硬要去建屋在田园而不去在山间呢。这或许也是风气，他们看见他人建在田间随而照样做了。这真可惜。在山乡的田园已经那样少，又被用了一部分去建屋，田园成数更加少了。故今后转移风气，当使一些山村逐渐移在山间，而政府也可规定建筑山村律例，非在山地建筑是不准许的。

我最怕见的是江浙那些乡居，那样矮，当春天那样湿霉，住夏天那样热气，故一入这样农村，我真头痛了。可是他们无山丘，也是无别法可设想的。至于山省如我西南之类，山丘、山阜、山脚那样多，又去蹈袭这些恶劣的住屋法，这不是经济、交通与治安诸问题，而是知识与文化的程度太低下不识利用天然的利益了。

在文明国，除城邑外，凡住居区都是依山建筑的，又最兴趣的乃在山顶与山谷间，一切卫生、风景与精神的超逸都俱享用到了，我们今后的山居，就是要尽量利用山地去建筑。（一）是地价便宜，根本，山的荒地那样多，通常屋地连一分价钱也不用出。（二）是山或高或低，在山阜、山脚，即至在山窝，总是比田园间为亢爽，雨季不怕霉湿，夏季不怕热气，空气那么流通，日光又那样多，即在秋冬季候，也不会比低地寒冷。在这个"亚热带"的西南，纵在严冬也不至怎样难受。故避寒不成问题，最要的乃在避湿与避热，这些山地的建屋当然比田地为千万倍优胜了。又西南诸省，常患水患，在田地建屋常易于罹水灾，在山地就不忧怕了。

我曾在拙著《美的人生观》中提起美的住居法，乃在与大自然相合一。山中建屋便极易得到这个环境的条件。我们现时虽然贫穷，但这个天然建筑法极易实现的。只要有些木料、竹材，土石随地都有的。多少土块，一些竹木，瓦有更好的，无则有草有茅可盖屋顶，这样那样临时就造一些竹屋、木屋、土屋。开门见山，凭窗看星，鸟鸣虫叫都能透彻屋内，山花山果，屋中伸手可玩可摘。日月星辰，风雨霜露，一切大自然的物象，取之不尽，用之无穷。月影花影能射到枕上。屋宇与自然合一体，人与自然混成一片，这是多么美丽自然的住屋呵，人物呵！

依山为家，靠自然为生活，山业变成农业化，农民也成山民化，这样的农民山民，便是大自然的儿童，为一切城市的人种的供给。山丘成为新兴的民族发祥地。山利到此，一变而为精神生活的场所了。经济尚是在次要的位置哪。

山的面面观（续七）

且住怎样近代化文明国只有农民与山中人民向城市去，而市民不向田中去呢？这其中要使从上方面去逆行，须要从新思想新组织去提倡去鼓动，又要有一班先觉者去实行，去为别人作模范。

城市确有种种快乐与文化不是乡村所能及的。近代城市有许多工厂、商业、机关与娱乐。求职业较容易，一切生活较满足，又是一切娱乐及社交较有机会的享受。又因是人口集中的地方，教育的处所多而且完善，文化比田间较高，古时希腊文明源于雅典，近代各国的首都与大城邑也是文化发达之所在。因此种种因由，故人类明知到城市去比乡居多磨难，多苦恼，多摩擦，多忧患，多死亡疾病，可是抵不住物欲的引诱与人事的交缠，情愿多到城市去，不愿困守在乡村。

数十年来，社会家、慈善家以及建筑工作家有一最苦心焦虑的计划，就是如何使"城市乡村化，乡村城市化"这问题了。彼等外国人的经济已相当解决了，故对这问题，虽然未全部实现，但已多少有成效了，瑞士乡村大都已城市化了。反之，繁盛与古老的伦敦，除其中心点仍然那样恶劣街道住居外，其远僻的市区大都有一点乡居式的。一些面临街道的住屋，入门便有花篱，屋之周围有树木扶疏，另有一片青草地，中有小亭，家畜各项的巢窠。这可使居人觉得住在城内不见全有市廛气，尚有些乡间泥气息土滋味呢。

怎样使乡村城市化呢？这比较困难，大端上应使交通格外便当。欧洲大城市于数十以至一二百里的范围，大都交通便利，四通八达，每日做工的、做生意的都是朝去市中，暮归乡居。要看戏吗，跳舞，各种娱乐，上饭店吗，时虽深夜，尚有各种交通可以回家。故在这样的乡村中同时能享城市的生活了。

可是一片全是乡间山间，与城市隔离太远，那就非有特别的组织不可了。这些组织方法，在欧洲尚难具体达到的。大概应于相离若十里远的地方，择一中心地，使各种生活、工作、娱乐及教育有一集合的所在，而周围的人民借交通的便利能够随时享受一切城市的福利，而又免却了城市一切的罪恶祸害，最难处是在择定这些中心地点了。

我们山区与农村今后的组织，因为有这样多的山地与将来有众多的出产物及多方面如水电与交通的便利，这中心点比起欧美工业化的国家较易觅到的。又因收音机的普及，我们利用它与外界相接触，与人间文化及音乐唱歌等等的吸收，到此时候虽在山间与农村也不至于如何寂寞了，且在不久的交通事业必会普及航空化，由山间到大城市去，也是极容易的事，故助以种种的生产与交通的便利，"乡村城市化"在广大的山区间与平原间，都是易于实现了。能够这样组织，山区一变而为经济及文化的地方了。山民一变而为最优秀的人类了，因为市民脑袋较好，而身体及品性甚坏，至于山民与农民因日受大自然的陶养，又少却与恶社会相接触，身体又极好，既得到了城市的文化，又得静静的研究与学习，无论从各种方面看，山居总比城居为优胜。

所以欧美一班稍富裕者虽在大城市做事，而多方在其左近的山野盖造别墅，满山满谷都是些别墅，当然这些享受尚是不普遍的、不群的，若我们的理想实现，满山满谷都是别墅，都农家的别墅，这些建筑虽比那些富豪的为简朴、节约，但享受山川间大自然幽静超逸的秀气与灵气，尚要比他们的多到亿万倍呢。

养病最好是山居
——山的面面观之八

> 裸着身体卧松下，静穆地听鸟声虫鸣，与自然合一，接受山川灵气……大腹贾阔佬，脑满肠肥，到山居可保长寿。

养病与教育区

山地最适宜于养病，此中最重要的为人类最普遍而最危险与死得最痛苦的肺病的治疗，肺病到今日尚无特效药，但初患或患未深时，若能不靠药而专依自然抵抗的治疗法，可说全数能复原的。

我在上已说到马尾松可以制为纸料之用了，这个松林，据治病专家说，又最适宜于治肺病，因在山中的空气已经清洁了，又经过松尾的茂密滤过后，更加干净，且松有清香之味，泌出一种沁人心脾的质气，吸入肺腑，天生成是一种杀毒菌的好物。

马尾松在少时格外秀丽，到老来变成为夭矫屈曲的姿势，它的皮成为"龙鳞形"。"松龙"确是名副其实，愈老愈有趣，百数十年后的松树更成为图画了，无怪国画家常常借为重要的背景。又有"松涛"随风而生，大风大浪有如海涛一样雄猛，小风则成为微碎的琴音，你想在这样美的书画中与天然的音韵中来住居，来养病，来潜修，还怕精神不愉快，疾病不复原吗？山中又有清绿的日光，与紫外线的日光更为治菌的圣药。所以在山中丛松的日光下，裸起身体来静静躺卧一些时吧,眼光向上看看蓝的天吧,四围周遭只闻鸟声、虫声与松涛,静穆地,觉得自身为自然所同化了,与自然合一了,那时别有一种彻悟,一种大光明的心地,似是身内的五脏器官向外,向自然剖开起来,领略大自然的气味,接受了山川的灵气,吸收了日月星辰的精华,到这时尚怕肺中的微菌不被消灭吗,精神不战胜物质吗?

静坐与静卧一些时,在静极思动的时光,起来行多次的"深呼吸",或打些拳头,或做些柔软体操,或缓行或急步走,需要一些动的工作,然后先时静的修养始有效果,始能相映成趣。我不反对那些静坐法,打太极拳,我只反对他们太做这些静功夫,不肯去做艰难的工作,我们不只要动的,尚要从激烈与有生产的动作,如手执锄头,或持斧锯开山斩棘,一头一身满是苦汗,全身毒气也就泄出了。这样苦干,患肺病与一些病者也当逐渐量力做去,如能这样去静养,去运动,去工作,包管肺病不能长久病下去,无论什么病包管不久也就好了。工作之后,汗流气喘之后,好好地去洗澡,在山中有温泉的更佳,无则在山泉山池中好好去洗一些讲究的澡,洗后饮温泉或山泉,又哪怕有病不治好吗?

> 肥老病与肺病一样尚无特效药品,须到山中始能医治,山区最宜为教育区的建设,如汕头应将学校改在礐石一带,如金中应改在龙空涵左近,学校设在市内。觉得市侩气息,神经刺激病,在山区住养,定能好转。

山泉有含镭气,有病的更为良剂的饮料,无病的饮后有好精神与好身体,故山泉尤是温泉,乃是养病的最佳山区。(外国温泉区都由国家经营的。)

就潮州说,丰顺有汤坑,揭阳等地也有温泉,我饶平就有三处组织起来成为疗养区,可以治肠胃病,可以治五脏毒、血毒、一切皮肤病、眼病,尚可治白浊病呢(我个人也曾在我饶汤溪成立了一个具体而微的"清社")。在山区适宜治病的，尚有一桩就是医治"大肥病"。我人穷的要命，多少是瘦弱矮小，只怕无食，不怕大肥的，可是有一班大腹贾阔佬的大官僚，他们脑满肠肥，终日终夜食大餐，满汉席，一桌就有百几十样鱼肉，一食就要数小时久，他们又无事做，只是做做官态，批批一些公文，以至于腹太大了，一身全是有肉。可惜这些人本是社会代表人物，但多是不能长命的，一位有经验的友人在桌上曾对我们说，他所知的大文武官，都活不上五十岁，总能活到也不能康健，多少有痼病缠到终身的，他又添几句话："他们也食够了，早死也不冤枉了！"

可是我呢，我真为这些"肥佬"可惜，他们花费了多少食料，冤枉了许多食费，而结果只有肥病，只有短命，这实在太冤枉了。可是对这样肥佬病也有治疗的方法，外国人也有这样的病院，最好是在山区，有温泉的山区更好呢。肥佬的医法也是与肺病一样，尚无特效的药品，他们只好多去洗浸极热的热水澡，尚须用一种"蒸气浴"呢，务使多多出汗，多饮水，少食滋养料，多行山路，少坐，少睡，多做勤劳的工作，这些就是治疗肥佬的最好方法。这些方法须到山中始能实现，在城市的医院是无法救治他们的。

此外，在城市左近的山区中，乃最适宜为教育区的建设。例如汕头，应将所有学校改在岩石一带，在潮安说，如金中的建校应改在龙空涵左近，这空地方有山有水，比在城内多万好着呢！

养成学生的学问与品行，应先在隔绝现在的社会恶气习。我曾任金中校长，向学生说："我们与市人完全不同的观念，我们所谓好的，他们认做坏，他们所谓坏的，我们认为是好的了。"这不是过激之论，譬如卫生问题，现在的市民完全是不晓的，这怎样能与代表近代文化的学校教育相合得起来呢。

故要好教育，先要好环境，与城市隔绝的山区，乃为理想的环境。在城市混杂的校地，虽然上堂时教员怎样谆谆教训，但一出校门，全被恶劣的社会所混化了。

至于一些学术家，更须离开市场，好好去住山间研究。学校区如能移在山中，我们有实验室，有图书馆，既有这些帮助的便利，在山区中自可养成一点心灵去深入学术的奥藏。

故学校区设在山地，如汕头的设在岩石，如潮安的设在龙空涵左近，不但学生有益，最要是教员，那班想研究学问的人更有益，必要有一个好环境，养成读书与研究的气氛，入其地中，无论何人总觉得有书香味与考究学术的兴趣。

我曾到英国牛津与剑桥二学区去流连，即到其中的小食店，也见有拿书册的学生来用餐，连食店的伙伴也觉染有一点书册味呢。但如我们□□□□□□市内，只觉得有市侩气息，学生教员们都……（报纸残缺）。

在山中设住居区，养病区及……（报纸残缺）。

风景区的设立与鉴赏

——山的面面观之九

若在今日要求我国之风景区,只有在荒山旷野中领略此中情趣于万一,至于城市或左近,因为大力未尽,所谓风景,不过东涂西抹,胡乱加上几个名胜字眼,便以欺骗世人罢了。

实则,风景区的创造于人类极需要,于我国这样恶劣的环境更加需要,我们主张,每一个城市,除市内一些公园仅仅可为市民憩息外,应多多开辟"野花园",由此才能使人民接触大自然的风光,我们又当进一步使一切山地均变成为风景区,这当然要先从山的生产与训练人民晓得艺术入手。

有了风景区而无"风景人",去鉴赏,去享用,究也无多大益处。反之,有了风景人,自然就有风景区了,所以对于国民,尤是山民与农民的一点至粗浅的艺术生活,也要同时再生产去教导学习的。

这些并不用求什么高深,只求教他编竹为有兴趣的围篱,盖上了一屋顶有次序的板片及整截的茅檐,以及瓜棚豆架,做得有艺术性就好了。屋内清洁、屋高低尚且勿去计及,屋外种花种草,在山村生活苦闷中自可得到一些的安慰。

今日的农民与山民都是为最低的生活费所困苦,自然谈不到什么去求艺术的生活,但这真可惜。他们从来不曾沾染一点艺术的美感味道,本来自然的美感如清风明月,野草闲花的鉴赏,不用丝毫本钱,只要人能去领略,尤是在山村,随处遍地,皆可得到的。唯其在困苦的生活中更须求一些免钱的美感,例如,乡村中入夜是无灯光的,但一月中有许多夜间,天上一轮明月满地照人,我在乡间最盼望的是从蛾眉月起,至望后数日,一轮明月头上,人间灯光全归于无用了。我在巴黎曾为这个美趣常常避开街中灯火,走到静静的赛因河[1]畔鉴赏月色星光与蔚蓝的天云。

故今后在我国先当造成"风景人",西湖所以弄不成风景区,就因为有市侩而无风景人之缘故。在山村中要养成风景人比在城市格外容易。山村的环境自然成为一风景画图,最要紧的仅在教人怎样去鉴赏法,与自己的小范围内怎样去组织法,由是而推广至全部的整理法,使自己的小范围与大自然互相配合。这就是使人得到小我及大我的整个艺术生活法了。

闻说希马拉亚[2]、长白与十万大山,以及五岳中多奇境,可是离我们太遥远了。庐山牯岭吧,我们又太穷不能住得起。实则凡是山区,便有一种"岳相"。登高岭一望总见有奇异的日光,比在低处不同,不必人人去登泰山看东海的日出;一条山脉自有从岭间排出的一条一条的山泉,不必到庐山始见有如珠檐的瀑布。山山有异景,谷谷有胜迹,只求有心去鉴赏,便觉满山的四时意境不同,朝暮不同,一山与一山又不同,必要满山成为风景区,然后始能达到群众的艺术生活。山既然这样多的,风景是无穷的,人类的艺术生活也是可普遍享受的。只要人肯入山肯去亲近山,当前便走艺术生活的享受,至于市民呢,对大自然的鉴赏有时连渣滓也受不到,纽约市的儿童不知天上有星辰,入夜电光鬼光。我们要享受大自然的艺术吗,要见一些星光与真正的月光吗,更不可不向山区去了。

山有灵魂么?有的,我见在晴时一条一条的如纱幕一样的云雾向山而升至天空,我见将雨时一幕一幕的黑影从天空坠到山脚来,我有时看到它的明媚的面容,知它在笑乐了,有时又看到了它的郁闷,知

---

[1] 今译塞纳河。
[2] 今译喜马拉雅山。

它在哭泣了。从空谷传出来的风声，从树杪传出来的鸟音，从地上叫出来的虫声，从四面八方发泄出的万籁，我可得到山的种种表情的状态了，山的灵魂便是大自然的灵魂，它启示我们的是伟大，是自然。人类的灵魂——不是宗教所说的，也是大自然的一体，我说是那些人尚未被社会教坏的灵魂。既然是大自然的一体，所以若多与山魂相吸引，久而久之，这个人魂也就扩大为大自然的灵魂了。这个山魂乃寄托于山的脑壳内，也如人魂寄托于人的脑内一样。山的脑壳固然各山不同，然总合各种山脑而成为一总脑也，由聚合各个山的小魂而成一体魂。人类玩赏一个山仅能得到这个山的魂，故须多多玩赏无穷的山，然后始能得到山的逐渐扩大的灵魂，而自己的灵魂也逐渐扩大到与大自然的魂合成一体了。这些虽属涉入哲学，也属于艺术，因艺术鉴赏有一定例，即"鉴赏人"逐渐与所"鉴赏物"混入一体。山魂所以能勾引人魂与大自然合成一体，便是依此条艺术的定例的。

论组织与根绝内乱
——山的面面观之十一

近人对内乱说得痛快淋漓的要算梁启超了,我今来节抄他的论说如下:

> 抑中国数千年历史,流血之历史也。其人才,杀人之人才也。历观古今已往之际,唯乱世乃有英雄,而平世则无英雄……盖中国自开辟以来,无人民参与国政之例,民之为官吏所凌逼,憔悴虐政,无可告诉者,其所以抵抗之术只有两途:小则罢市,大则作乱,此乃情实之无可如何者也,而又易姓受命,视为故常,败则为寇,成则为王,汉高明太,皆起无赖。今日盗贼,明日神圣,唯强是崇,他靡所云,以此习俗,以此人心,故历代揭竿草泽之事,不绝于史简,而其间承平百数十年者,不过经前次祸乱屠戮以后,人心厌乱,又户口顿少,谋生较易,或君相御下有术以小恩小惠,缴结民望,弥缝补苴,聊安一时而已。实则全国扰乱之种子无时间绝,稍有罅隙,即复承起,故数千年之史传,实以脓血充塞,以肝脑涂附,此无可为讳者也。……(见《李鸿章书后》第六页)[1]

这确实是我国历史上的事实,可是梁先生尚未说到彻底处,即是

---

[1] 张竞生所引略有出入,今据梁启超原文补正。

内乱有二原因：一在政治不良，一在民生不好，即经济不足，人民生活不能，遂迫而叛乱。政治尤在次要，最要的乃在民生一问题，故今后我国要根本杜绝内乱吗？要免使前此内乱的历史重演吗？应使人民的生活有办法。（就今日世界说，思想问题也当加入内乱之一因素。然外国自由提选去解决思想主张的出路，所以党派的思想虽有不同，而尚不至于内乱，在我国则不然了，因此属于复杂问题，故不在此论列。）

使社会经济有办法，在我国说，本是极容易做到的，我们人民虽然多，但资源也极富裕，如能从农工商矿运输交通诸种事业照西人一样整理，即时民生就解决了。例如渔业说，若能从海洋去运用科学的取鱼方法，则全国每人每年可分得鱼量六七十斤，这是何种浓厚的补助品呵，只要从近代方法——效仿欧美人现成办法，则在我国百业中，无件不是优厚的资源，还怕人民不富裕吗？人民既富裕了，又加以现代政治的办法，则所谓官吏凌迫，所谓政治思想诸问题，同时都有办法了，自然不至于再有内乱了。

所以我们主张"以建设消灭内乱"，乃最根本的办法，其余则是枝节的、暂时的。"稍有罅隙，内乱又复承起了。"建设固然多端，自教育以至政治，而尤是经济实业各部门应当同时并进，始易收效。可是在这些建设中，因为我国是农国，故从农事着手较为基本的办法。而农事中，又以从广大的山区中着手，更为根本的办法。这是怎么说呢？

因为从农业及山利入手，（一）是为我国的基本事业。人民近百分之八十都属于农民，尤是农业尚滞留于旧式，以至出息微薄，直到今日农村破产，民穷财尽，"司农仰屋"，徒呼负负，故从山利及农业入手，大多数人民的生活可以解决，而工业原料与商业货物同时解决了，这是从农渔林的发展，而百业自可同时振兴的办法。（二）是从农林渔入手费少而功效速，我国有的是人力，仅从锄头与手工，已可把一部分山地与农作物得到开展，而农作物大多可在数个月内收成，若从工业入手,势非大资本不可,且其建设,又非在长久的时间不能成功。例如三峡的水利建设,所谓"萨凯奇计划",叫了许久,若无外资帮助,恐永久不能实现。岂似我们的农林建设,只要政令能够施行,人民于农隙时,每年出了相当的长久工力,从无资本,逐月逐年便有收息,故在我国说,工与农的建设,难易判若天壤。

只要政府与人民有决心呢,能够去实现我们下头的几个政策与计划,包管农村经济与治安有办法,全国的经济与治安也就有办法了。仅是根本的政策,其详细自应再定。

就政府说,应该设立专管与特权的机构来管理山利与农村。

现在中央有农林部,各省有建设厅,县有农事推广所,我省建设厅之下设有农林局,算是对于农林的机构应有尽有,似乎不必再去建设什么机关了。实则这些原来机构,犯了三件大毛病:(一)是官场化不是实业化的,都是官样文章,并无实际的工作。(二)是行政机关,对于实际的工作,既乏专家的人才,又缺实际的经验。(三)这些机关并无实权,只好寄生于普通政治之中。我国普通政治到今日都是一塌糊涂,自然连累到实业的倒霉,譬如县的农业推广所,算是实际的工作机关了。但一切经要及办事手续,均须听命于县政府。而今日的县政府有多少去注意到这件农林的工作呢?故虽有推广所的专业人才,也就无法去工作了。所以我们主张应于中央到地方设一独立的、有特权的农林机构,其组织大约如下:

于各省区设农林专使。在其属内行使其农林的特权,例如凡有政令经过中央通过的,所有地方官厅与人民应予以切实执行,否则予以惩处。又应赋予其自身的特权,在其范围内,自可充分发挥其权力,不受地方官的节制,诸如:

一、它有直接指挥的林警权,遇必要时有征调地方军警权。

二、由地方制定征工服务条例(现中央已有),由它直接指挥。

三、有权照中央所定垦荒条例决断,不受行政与司法的间接阻挠,即是唯它对垦荒条例有判决权,别人则否。

四、所有一切农贷手续及款项，由它办理呈报直属机关，不受银行及财政机关所控制。（其中最重要的应以长期约二三十年为限之最低利息贷予山民及农民，现在的短期与高利息的官方贷款，是于农民无多大裨益，尤是将来为振兴山村的贷款，更无裨补，在外国的农林贷款——尤是垦荒造林都是极长期的与极低利的。）

五、如确切有心振兴农村时，这些省区的农林专使，且能按地方情形，发行区域的农林流通券之权，其价值与国币一样。这个在战前德国办理得甚好，他们这些地方流通券，常时比德国国币的价值更高，可以取为参考。

六、它是农林专使，同时对山村与农村也应有全权的整理。

七、当然除此特使外，其余人员应以农林人才及农村专家为限，以免蹈袭今日机关的官僚化之毛病。

论设立农林机构之重要性
——山的面面观之十二

所以必如此郑重在各省区设立农林专使者,因为我国的根本经济政策,如上所举应先着重于山利的开发与农业及农村的整理。我们现在应如王安石的注重农村政策,但当预防其弊端,而以现代科学化为着手,自然可坐收其效率了。

且今日最闲散的监察事务所,尚设有各省区的监察使,况农林事业的重要比它有万倍,安可无独立与特权的使命呢?

又今日的水利已设有专部,一切大实业,因事务的要求,都设有专管机关,如办一条重要的铁路,或重要的工厂,都派出专管的人员付以专权,然则今后的农林事业,安可无特设的机构呢?

我近廿年来已多少从事于地方农林的计划,久久未能见到我国的农林发达,推究毛病,根本就因无特权机构,而仅附属于普通政治内,以致农林事业无论大小,终究必至于失败。即如全国所注意的植树节,本是小规模的良政,也因无专管机构,以致植树节变为"死树节"了。

我十余年前眼见这种毛病,也曾草成一条《三年富强中国策》贡献最高当局,虽曾蒙其注意,但终久成为纸上文章,当陈济棠长农部时,我也曾去书促其在各省区设立农林专使的计划,也因其无实力与在位不久而终于不能实现。

故我们总希望有一日能够实现这个专权的农林机构,但在此期待中,我们人民也有方法去实现这个农林普遍发展的计划。这当分为四方面来进行。

（一）设立合作社

合作社分为生产的、消费的、运输的各种，在外国办得极好，动则集合若干千万人。今我国也正在提倡，各政府机关内且设有合作社等为督率，可惜现除多少城市稍有起色外，乡村僻壤都属有名无实，甚且连名目也无。政府看此为官样文章，人民看此为无足轻重，这真可惜。若我人能够从此为地方努力，包管可以大成功，这是人民的自己不用政治力量能去做的一事。

（二）股份公司

现在城市中的工商及运输事业都有公司。但为农与为山利，一因治安不好，二则属长久事务，不能即日收息，以至极少数人肯投资合作。殊不知农林为基本生产，凡经营工商者，应该拿出一小部分财产付托专家来经营农林，将来纵然工商失败，可以靠助这些额外的收获。我对此项已觉有多少人肯这样做。例如近遑罗侨领余子亮君等，已经投资在汕头设立中华柑橘研究院，又在饶平大开柑橘及果树的场所。又如有某人曾任政界者也拟来饶平创新村及开农场，可惜我个人事务多，不能为社会多服务，若能从事合作社与合股公司的鼓动，定能聚集多少人来合作。（又任治安怎样不好，苟有地方实力去经营，因为山利不是随时被抢得去，故极得保障的事业。）

（三）与外人合作

最好是与美国人合作，美人对农林具有经验的专家，又是富裕的人民。彼等对中国农业"跃跃欲试"，好久来，彼等想与我中央政府订约拟于山东以上为麦、大豆的经营，在湖南、安徽、四川等从事桐业，于江浙则治蚕作，在闽粤则为蔗与柑。设使这事能成功，当然为我民的福利。可是我国的官方办事，总是"缓缓，不久就等于无无的"。故与其靠官府，不如靠自身，我想有一班"洋务人才者"肯以私人向美人鼓动，彼此合作起来，再与政府订约，现我政府是欢迎外资来经营实业的，当然对此可充分赞成，故有私人与美国公司组合起来，共同来筹营农林事业，包管可以大见功效的，我本人近时极感这件事有进行的必要,尚待适当的时机去实现吧。

(四)个人的经营

到了这项,乃为最适合我国人的气质了,上说合作社,乃新兴的事业,人民总觉得扞格不相入。股份公司呢,农民多贫穷,商人多怀疑,且历来办公司者大多不诚实,失信用,人民对此不大兴趣,与外人合作吗?这非识得世界事务与外国留学生是无法实行的。唯独个人的经营,事便而易行。我观十余年来,经我人的提倡,多少已有人用自己单独经营的方式去造些果场、林场,或些杂粮场了。

我今希望一班毕业生,或一班小公务人员及社会一班有觉悟的分子,多多来入农村,入山村,努力奋斗,为一些垦荒事业,与整顿农村及山村而奋斗。

为一班毕业生计算的,你们可怜生在这个社会,"毕业即失业",故需全靠你们自己去生产去造产,你们出路是小公务人员,这是不值得一做的。或为各级教师,这也算一种正当事业,但为教师,尤其是一班乡下教师,极是不够养家费,而且枯燥无聊赖,故不如在自己家乡造产,从农与山地造产,较有希望,较为兴趣,只要能种植百株柑,或千丛桐,我国俗语说已"胜于封侯"了。封侯或者不能比胜,但总胜于为乡村的小学教师了。为眼前生活计,为社会服务计,小学教师也不可为而可为,但当与人合作或自己经营一些造产的事业,将来可不为教师而去专管这些基本的生产哪。

至为小公务人员计算,我近来最可怜是一班人,他们生活不够而且堕落了人格。学舞弊,学惰,学欺诈,学些社会最下等的习惯,除此别无所得,正直去干不够生活与骄人。学习舞弊,有时要坐牢甚且至于丧身首,这是最不值得做的小公务人员的事业了。

你们若肯来农村及山村努力,包管前途就比小公务人员大,大得光明。(1)因生活有着落,日后尚可望成为富人。(2)因你们多数是智识界,同以再用功求进取,可以提高精神以养成一个好人格。(3)则为公务人员者,多数希望将来高升做大官。这个梦想是万人中仅有一人做得到的，做到时也已不成为"人"了。且将来的民主政体，一切大官吏都由人民选举的。今来农村，长时与人接近，你们肯努力，当然是他们的首领，一切选举，你们包管有多数希望，故为官而言官说，从小公务员希望起，不如从接近群众希望起较为切实些。且真正为官说，不过为社会服务，我们既入农村与人民接近了，日日都是为社会服务，俨然说是一种官吏了，纵我们不做起机关中的官吏，事实上也是一样的。

可是，我最希望是向那班社会最有觉悟的人们说话，在这个社会，可说多数是"鬼混"，延长时日的死命，到头来还成为社会的寄生虫，或为高等流氓。至一班官吏政客们，大多数是昧尽天良，纵想做好，也碍于现实，不能做好。你们这些人如肯觉悟，不如放下屠刀尽量来加入我们的农村、山村、渔村，或矿区，多方面来造产，救自己的灵魂，并且救社会的生活。

我们有的是青山绿水，白云缥缈，群峰争翠。我们有的是飞禽走兽，名花奇卉。我们有的是山花山果与牧童樵叟及那些动人的山歌。若得山果食个饱，又听那些歌，又得"山花插满头，莫问侬归处"。莫问侬归处？便是我人一切人的最好归处呵！（全完）

附一小启事：本文随兴写出，并无重稿，故组织上，文字上，自然简率不堪，但意旨则与本人素所期待者无大出入，今希望作一试验，即望誉者对此文如何评价。并极希望是否有些同情者愿意从事山区开发，或个人或合作，或与我人合作以从事于农林运动，如有见教请直寄饶平县浮山交拙名即得。

一种新的社会[1]

近来我受女友影响，常常看到她所买那份《自然》杂志。这是一本有主义的刊物，提倡自然主义的生活；又因提倡者是两位医生，故极趋重于实际的自然生活与自然的卫生。

我本极崇拜卢骚式的自然主义；故听及有人要实行自然主义，不觉心头热烈，巴不得即时去加入。并且我近常患肠炎，背上也有轻微的皮肤病，自知若能实行"自然的卫生法"，包能治愈这些屋内久坐的文明病。

尤最要是使我想及创设"新社会"的方法有二种：（一）是得了地位，把整个社会从新组织起；（二）是由少数同志各去建设他们的理想社会。前的，当以经济、政法等为根据。后的则以思想为依归。实则，两端并不相妨害，而且有相助的利益：一面，有一个整个的好社会；同时，一面，若有各种的理想社会分头组织，则在这个整个社会之中，自然不觉有机械式及单调的苦闷。反而言之：整个社会未能好好组织之前，若有无数的分个好社会，不但可为个人上的消遣；并且可为将来建设整个好社会时的基础。

到此，我又要提出一个社会历史的新观察点，而为前此的社会家所未见到者，这是：社会建设的基础，固然在物质，而其表现的方法则有二种：（一）由物质直接影响而成者；（二）由物质升华为精神，

---

[1] 本文原刊1931年《读书杂志》第1卷第9期。

而由这个精神力转而统御物质者。例如因种种物质的关系而生出奴隶制。由这些奴隶服务的结果,而使一班思想家(就广义说)得有余力去发明各种"技术的工作法"。由这个省人力的工作法,而使奴隶制逐渐不需要以至于消灭。这个就是从精神而统治物质的好证明。

所以,社会愈进化,则物质愈失效力,而精神力愈见伟大。现时为机器世界,遂致产出资本家及劳动界之患害。然此不是机器本身之罪,而乃由制度之不善。所以现在又有许多思想家设法救治这个资本的毛病。

就我国说,现在一班人都说应从经济改造。但怎样改造法,这全靠一班思想家想出好方法由他们或由别人(实行家)去实行。例如列宁去实行马克斯的学说一样。我所以叮咛说及此者,乃在破除一班简单的人们,以为社会全靠于物质;殊不知这是初民的社会情形。至于进化的社会,则物质全受精神所驱使。例如"机器工业"之多出产,不善用之,则成为资本制的患害。若善用之,则成为全民的利益。此中善用与不善用,全由思想家怎样去调度。

我今于下头所记的社会,虽则不是完全合于我人的理想。但可见此中多少思想统御物质的方法。可见许多社会可由人类思想去创造,不是必定受物质所限制者。

在法国地中海一小岛名曰升者,周围数十公里。现由滔米医生兄弟二人向法政府买一地千法亩,组织为"国际的自然会社"。今将其组织大纲叙列于下:

(一)在这千亩地中,由社员分购建为小屋。普通为每人出五千佛郎购地一分,除建小屋外,各人尚有少许余地以为花圃、菜园之用。

(二)会社保存若干亩地,建筑各项公共机关,如公事房、娱乐部、学校,等等。

(三)岛中无论何地,可设野幕,以为会员无屋者及来客参观之用。每人每日给会社地租五佛郎、幕费六佛郎。但会员可自带野幕。

(四)会员一切充分自由。但不能完全裸体。男女最少均用片布遮住生殖器具及臀坑；女子并须遮盖乳部。此层上，生出许多辩论，待我于下头说及。

（五）岛中禁有留声机、无线电播音机，及一切音乐。社中并无一切书报。（只有会社出的书报，专门鼓吹自然主义者可以允许流通。其实，对于一切书报，均可自由购阅。）

（六）社中宗旨提倡素食、少食、禁酒、禁纸烟及一切刺激物。

（七）提倡多运动，海水浴、日光浴，每晨会操柔软操，多行路，游艇，等等。

总之，这社主旨在使人归依自然。他们指导的是医生，故一切衣食住，甚合卫生。他们所留意的是身体康健，及用自然方法疗治各种病。

总之，这是一种反抗现在文明社会的一种新组织。这是一种无政府主义。这是将文明人拉到野蛮人的生活法去。

所以，这种会社，在文明社会的旁边，觉得更为重要。故最好是每年在该岛中过了一二个月，领略了野蛮生活、无政府生活、个人极端自由生活，与其余的光阴在文明社会生活中，相形之下，愈觉其有趣味。

以下就是我所亲尝的生活啊！

此岛离马赛仅几十法里远。气候温和。初上岸时，使我最注意的为树上极多的蝉声满处鼓噪。这样声音，我数年来已未听及。今闻此音，极觉快乐；我少年在乡间的耳鼓，恍似起了回响，遂即忆起儿时读了这首唐诗：

> 西陆蝉声唱，南冠客思深。
> 那堪玄鬓影，来对白头吟。
> 露重飞难进，风多响易沉。
> 无人信高洁，谁为表予心。

这后二句，更使我现在对景，起了无限的感慨。又使我忆起是五六年前，我儿在北平西山某寺过暑假。儿时生不久，我由北平每隔数日到西山看视一次。每从颐和园那条路过，一直到其住地，都有蝉声相送迎。

蝉声固是单调，但其坚持到底、陆续不休之精神，使人不能不听，不能不提起兴奋。可说是：它的音韵深深打入你的耳鼓，不管你是知音不知音。我今写此，时在半夜，恍似我耳即时有蝉音在唱叫。这个幻音比现在所听及的街上电车声，当然大不相同。电车声使我刺激，不能安眠。蝉声刺激中使人安神，这是催眠的好音乐，这是仙童的歌唱使人心灵随它声飞到高高的碧霄。

我们到自然会社公事房报到后，即由管幕者领去看幕地是否合意。我极欢喜那张幕安在那座废墅旁边。我女友选择稍远较僻静避风的一幕。这座别墅，筑在山阜上，面前是海，在此看落日，天涯都生云霞五彩；海水影射了万道的各种光线，确是一个好所在。可惜这屋久无人住，现已成为完全破落。天花板都倾陷，窗户俱穿，只有西壁屹然，但上头也已剥落不堪。故入夜时，黑暗把屋遮住，隐隐然似有女鬼山魅于坏窗中露出头颅正在嘘唏叹息，为状真觉可怕。若遇狂风，则觉满屋震动飘摇，似与上涌的波涛一气来毁灭岛上一切人物！

我幕内只有二张小铁床，及一副被具，余的一无所有。因午饭在饭馆食太贵，晚间遂在幕内把自买的一点食物充饥。炉灶俱无，只好冷食一些葡萄干及几片烤面包，与饮了一杯冷水，即就睡床放下。因无灯光，不就床，别无去所。至于睡眠，实在一时谈不到。我只好在床内胡思乱想。

我想这样野蛮生活能够这样若干久继续下去吗？我们日日习惯火食。今一旦全食冷物，于口味能和合吗？于卫生上无妨碍吗？由野蛮人变成文明尚易，但由文明人变成野蛮真是难。假我现在到对岸的繁华场所，穿起礼服，与那些女子们跳起最时髦的舞，这虽与我野性不合，但尚易矫揉造作下去。至于现状，我从若干年无人汲的井水生吞下去，能保腹内不生蠕虫吗？满地黑漆漆，我要大小便，脚一出去，免为毒蛇咬死吗？此岛水蛇甚多且长大，虽说无毒，但它的冰冷身体只要一触及我的滚热肌肤，即时当使我惊死！这样一生破题第一夜在荒岛上过了野幕生活，不知翻转身了若干次。正在蒙眬要睡中，忽听一种奇怪的声音在幕外不停地叫喊。留神听去，好似一种鸟声。张目而视幕外，晨光已经曦微。起来，见昨晚那块放在外间的洗衣大碱子，已经失去。有人说是被鼠偷去，若它食下，不被毒死，定必大泄一番呵！

早上，女友租得火酒炉及买得火酒来。午餐当然得了火食。我们素食，此遭有鲜面包、炒白菜、干果饼。食后，又得了一杯红茶，居然一变而复为文明的生活了。

午后，出去，我穿的是短裤及短臂的开胸上衣。女友穿的是薄绒的海水浴衣。社中人都说我们穿的太多，不似"自然人"一样。

回视他们穿的；男是一片仅够遮盖阳具及肛门的布条；女的也同一样，另外，一布条遮住奶部。

这样装束，在公众上，算是一个破天荒。有一部分人说这尚不算彻底，最好就全身赤裸。德国"全裸派"确在实行。不过为社会习惯所限制，只能划定在一个私人地址的范围，又须周围高筑墙限，免为外人所见；如此，政府始能准许。但据这个法国自然派提倡者的意见，以为全裸与仅遮性具及奶部在卫生上并无大差别，而全裸实在不能在社会公开，反于进行发展上多所妨碍。故不如遮盖性具的装束较免为人所非难。因为他们（上所说的法国自然派）尚未趋于极端，所以该社成立日，法国卫生部长亲临主席以表赞同。我个人的意见：有些地方可以全裸的，如在幕内，或在岛中僻壤无人见到之地；其余地方，应当遮盖一部分。但其遮法，当求美观。此社所用的布条包住性具。其在女子性部平整，尚未碍目。至于男子性具高悬，用布包住，有如"布袋"挂在半身中，实在丑恶。故我取用白布短裤及短臂开胸上衣，自以为比他们为美。女友穿海水浴衣，自奶部隐约间到性部一致和谐，也比她们女社员上边遮奶，下边遮性具的两截装束为齐整。

"自然"全是好吗？这个未必尽然。一因自然的力量，断非人类的薄弱所能全受。例如日光是极好的，它能晒黑皮肤，浸入肌体的热力，使疾病消除，康健加增。可是骤然以娇嫩肌体向着热阳，势必至于皮裂。即习惯热地之人，苟受太阳过度射力，也有致成脑中拥血之病。故人类对于自然的归依吸受，当有一定限度，大概当取渐进，使个人能够逐渐与自然同化。社中男女，因其终日赤体行海水浴及日光浴，并受海风的刺激，以致他们白人的白色肌肤，不到一月即变黄色，久则又变成黑色了，但社员因受自然派提倡者的影响，都视肌肤白色是"病象"；而以黄色及黑色为康健之证据。这个观念，当然全与普通人审美的准则相反。实则，白色确是最美。但死白色实足怕人。我某日于海浴时，远见新到女社员的身体白色极动目。可是行近一视，因她的白色毫无光泽，反比其女友之黄黑肌肤者为丑了。白色而有光泽，尤其是在女子身首上，确比黄与黑而有光泽者为胜。怎样能到这地步？应当在屋内或阴凉之地多多实行柔软的体操。

照这社提倡者滔米医生意，要使个人得到充分的康健：第一，当少穿衣，常向太阳晒曝，多行柔软式的体操，多行深呼吸；第二，当少食，当素食，当多食青菜与水果；第三，当行精神上的休养，如少阅书报，及常时乐观。

在这岛上，第一项的条件都易履行。这个实在省费与简便。计我在此岛近一个月，未曾穿一次袜、一次皮鞋（常穿的是布或草鞋）、一次外衣服，未曾戴一次帽。在此衣服高贵及洗衣费大之时代，这个实在省了许多费用，而康健上确也有益。今就我个人说：我背上皮肤一年来觉得每晚非用水好好擦拭，则干睡时未免热痒。这个皮肤病乃由公共浴盆所染得。今于岛中每日浴海水，浴后听背上受日晒风吹。如此不到十余日，背上皮肤病就告好了。又我年来因多坐与久伏案头，以致夜间每觉肠中积郁。今于海浴后，胸腹靠在热烈的沙粒上，这样好几次，腹病也就好得多了。他如脚上常穿鞋袜而生的湿气，也因赤裸接受海水的洗礼与风日的吹曝而告愈。海水因含盐分甚多，其消毒与摄卫之力甚大。海风与日光，更是治病的圣品。

"自然疗病法"，即在利用自然的力量使他达到个人身体中，而由这个康健的身体去抵抗疾病。这个方法最好在疗治"痫病"。所谓痫病已证明其药物无灵。故与其为"药人",转于身体各部有碍,则不如摒除药物,专靠自己与天然的抵抗力以取胜了。(对于肺病治疗法尤见效力。)

所以在这些社员中,专门为治病而来的也不少,他们实不知什么是自然主义,只听其提倡者——幸而尤是医生——说这样治疗法甚有效力,故极热诚而遵奉了。我见一个母亲带来她的女儿约十岁间,乃有痴病的,又是哑巴子,她母亲每日和她常去海浴,浴后,又为她按摩与行柔软体操。这个疾女儿,就其母说,渐渐晓得道理,希望几年后,可恢复相当的常态呢。可见这个自然疗治法,不但于身体有益,而于精神上也有相当的效力了。

这个社,如上所说,主张要身体康健,不但要有合度的锻炼,与工作及自然的疗治法,而且要少食与素食。文明人因其富裕,常犯多食之病,其在我国,普遍群众,实犯少食之患。只有少数的富人,过分食鱼肉与多犯酒色。

就我经验,少食与多食不成问题,最要的就在相个人食量而以全能消化为度。个人消化的度数因时地与职业而异。例如在房内看书与在外做工,前后的消化当然不相同。当我初到岛中数日,因海浴与吸激烈空气之故,常觉肚内饥饿。在此情况之下,当然以多食为佳。因虽多食,也能消化,如此,身体自觉比常壮健。

说及素食一问题,尤为重要。素食有三益:(一)人道,(二)便宜,(三)卫生。此社乃单就卫生说法。这个确实也有注意的必要。肉食实在大不卫生。因为肉落腹后,未全消化,到了肠中便起毒害(食物到肠内,通常经过七八日始由肛门排泄)。故文明人的死亡大都由肠病。医者计算每方寸的大肠,含有百万毒微生虫。鱼肉比畜肉稍好,但也宜于少食,故卫生的食法,当以素食为佳。例如豆类最富滋养料,青菜及水果尤含有"维他命"的特质。

食的问题,近来因"维他命"的发现,而起了大革命。先前视物食所含的成分以蛋白质及脂肪料为重要。今则以维他命为根本。前二项的成分其重要处在供给身体的热力。但个人每日身体所费的热力甚有限,尤其在一班不做苦工的人。至于维他命质,乃是生机,乃供给食者的生机,它的重要在长大身体,多生红白血输,同时能抵抗疾病与提高精神。

维他命一质多在青菜及水果,极少在肉类。豆类新鲜的也含不少,但旧藏的未免消失了许多。青菜类可分为三种:(一)青绿色的;(二)白色的;(三)红色的。此中以青绿色的为佳,如菠菜(潮人名为飞龙)、芥蓝、葱、蒜、荇菜、香菜、蕹菜等等。这等菜有三益处:(一)多维他命质;(二)其青绿色,即是由日光素而成,故食者间接得吸收太阳的光素;(三)它们含有极多的纤维料,在肠内如扫子一样,把其中腐质扫出于肛门外。所以人当每日食此种菜最少一次。患大便秘结者更当多食。

不过要保存这些菜类的维他命质,当有特别的烹调法。如能生食者最好。但我国人不喜欢此项味道。可是煮得过熟,则维他命完全消失。故最要的在使菜只热到三四十度间(即半生熟)。我国固有一种"生炒"的厨法,如北方的红烧白菜,粤人的生炒芥蓝、菠菜之类。潮人贫穷者更得这项的天然法,即是他们所叫的"烫法"。这个就是待水滚时,将菜透入俟其熟时取出,加以油、盐,或仅赘以鱼汁。他们经验所得,觉到这样烫的菜比煮熟的为香甜。实则,这样烫法,即是比煮的较能保存维他命质及糖质。可惜,他们有时烫得过熟。最好,是要烫到半生熟间就取出。"自然社"现发明一种炊菜的橱盒。把菜放其中炊到半生熟间,即是保存充分的维他命。

水果,以极熟摘的为主。最好就在洗净后生食。又要的,当合皮食(当然以其果能皮食而言如苹果、李、奈之类),因为维他命多在皮与膜质之间。水果助消化与润肠。故每餐后,当食些水果。晨起食之,尤能清大便,与美容颜。

面包与饭粥,及薯,为食物的主要部分。这些物的使命在供给身体的热力。但除苦工外，普通人所费的热力原不多，故对这些饭料当少食为佳。又这些物，例如米说，通常太去糠皮，故虽外观觉得洁白，与味道觉得滑利，但实际上实不卫生。因为维他命质，乃在糠内。米太去糠皮，极难消化，而且缺少养料。所以合理的米，当仅去粟皮，而保留糠膜。这些"粗米"，煮得有物，而且极富维他命。"自然社"又发明一种"米酵"，即是将米煮到四十度间，而使其糠质（酵质）充分发展。晒干后，研成粉。把它撒在饭粥中些许，极助消化。（普通人于饭料及肉料，只要食些许，即够身体热力的供给。多食者极不卫生。）

"自然社"最新鲜的贡献是精神上的自然疗治法。而其方法尤见其特别。据提倡者意，最好就在使精神充分休息。故在此岛内，不见有书报。因看书报，未免劳神。不许有留声机，无线电播音机，他们视这些音乐与许多报告，都使精神不安宁的媒介。甚至有一女社员带她所常弄的"梵亚铃"[1]也被没收。总之，社长意在使人精神上完全静止，而注全力于身体的锻炼。

若使个人全年劳苦于精神的工作，到此来休息一月半月，或犯些神经刺激病者，对这个治疗法，固然极合理。但那班雇佣或工人，素常精神未曾劳过，则虽在此休息时间阅些书报，并未由此费神。至于那些在此岛久住者，若真受此项限制，未免完全变成生番了！究于人生何补？

我前说，自然不见得全好。我今推此意而说，文明社会也有许多好处。健全的人生就在吸取自然与文明的好处而去其弊。今就脑神经一事来说，"自然人"因其无受教育与人事的刺激，或者极见安静。可是，因其太安静了，未免等于物质，丝毫不能生出好思想。"文明人"的脑神经，或者太过于刺激，但使勿过分，脑神经受刺激，并非坏事。我敢说：脑筋极需要刺激，不过看刺激法如何罢了。儿童教育（可以说一切教育）最要的方法，就在使儿童对于所教的能有充分的

---

[1] 即小提琴的音译。

刺激。中中庸庸，教者不起劲，听者遂不留心提神。

　　说及成年人的脑筋更是常在跃动，并无一刻停止，虽在睡时，也未完全休息。故要使它安静，实在无效力的。根本问题，就在分别好的与坏的刺激。例如街声的庞杂乱耳，最当避免，而好的音乐，则当多与吸收。不好的书报与电影，不应看，而好的则当量力去看。（由此可见该社的极端禁止好音乐之非理了！）

　　再进一步说，凡该社及世俗所禁忌的刺激品如烟、酒、咖啡等类，也未免太过。苟能相个性而吸取，这些物品不但无害而且有益。我在此所谓烟，乃指纸烟、卷烟与雪茄。成年人有限制的吸法，可以助神气与补消化。多少苦力，终日辛劳，当其暇时，抽一抽其烟筒，何等安慰。人生要义，就在有趣味。太枯燥的人生，实在等于骷髅。在此又应提及的，多少大思想家，如马克思、爱迪生之流，极嗜好雪茄。有意大利某名人说："烟草能提起人类精神与大自然相化合。"这话虽说得过分些，然也可与太过嫉视烟草者相对照。烟草毛病，尚是经济问题。故我国人不怕多吸，只怕自己不能出产。至于鸦片，食上后，如死人一样，这因使身体太安静与颓唐，所以当禁止。酒之一物，少饮也可许。不过通常我国酒，多太含有酒精，所以当留意，不可多饮以免成酒精病。若美好的葡萄酒与极纯良的醇酒，则当良辰美景，客旧友新，一杯缓缓斟，一杯复一杯，只觉头蒙眬，要醉未醉之间，这是何等快妙。咖啡，最令人兴奋，甚有补益，可惜我人未能出产与采用。茶为饮料，只嫌太清淡少刺激性。我国人性，由数千年来农业所养成，以致太安静。故救治的方法，就在多给以刺激的养料。务使精神与身体上多多得了刺激，以成为刚强的国民！

　　要使刺激合度而免成为病患，则当相个人的性情，用逐渐的方法，使身体及精神上适合的吸收，积渐以养成极大的刺激好习惯。例如吸雪茄，初吸者只可用极温和的，而且不可多吸，逐渐而多吸，以至于终日吸，苟能吸好烟，而与个人的性情又相宜，则使脑筋终日受烟的影响而活动。结果只有多出思想与行为，这样脑乃极灵敏有益者了。至于我个人性本刚强，故十年来极愿吸烟草成癖，但终恨不可能。酒更与本性不相宜，偶逢一饮，即当罢休，否则便觉不快。唯有咖啡，尚能多饮与浓饮，它补助我工作不少。

今就我个人在这个自然岛说，因无书报可看，脑中常觉极空洞。以言身体，极多刺激，如海水浴，如风吹日曝，满面及身体都变黑，这样刺激的身体更与过静的脑筋不相称。最快意的，还是于食后抽了一条纸烟。可是我的精神何曾因无看书报而安静？我对朝霞梦想悠悠。我对松柏凝神。我终日听蝉声而和它同样悲切。我对落日寄托到远远的天涯景象。我于夜间更多幽思。多少夜，我几乎未曾合眼；星辰那种漂亮，月光美倩，风声、树影、鸟叫、虫鸣，以至鼠窜、蛇爬我都与它们一气联络，我何曾有一事放下！

撮要说来，这个社提倡者为医生，故最办得好的还算物质上的身体卫生法，而最欠缺的，乃在精神与情感上。我们在岛中不过数十人。论理，彼此既是同一主义而来，应当如一家人一样亲切，乃实际上，彼此毫无联络的情愫。各人视其幕如独立的部落。这是一个有主义而极无组织的无政府式的会社。凡在文明社会混了一年，来此过了一月半月的生活，觉尚有趣。若使终年住此，则不免野蛮无聊极了。

我的理想社会不是无政府派，乃在一边有一极美密的公共组织；而一边，在个人上又有充分的自由。在一个社会中，要达到这个理想的目标，应行划分物质与精神两项不同的建设。即在物质上，如经济、实业等，则行美密的公共组织。而于个人的思想及在其私人范围内的行为则给以极端的自由。可是这是极难做到的。故我想把社会分做二个：一个是大多数人的，则施行一种公共的严密组织法。一个是私人有其主义，而听其在一定范围内去建设的。我国岛屿甚多，高山峻岭，尤见甚多。若有主义者愿去建设，政府理应给以助力，使一班好奇及喜自由的人民有所适从，也可从此减少了内地一班反对政府的分子了。

饶平交通动脉的饶钱公路[1]

(张竞生略述)

饶平地势,南北较东西为长。从北到南(除沿海外)大都是山地。中间有一大溪流把东西的地势分开为二边。

饶钱公路未筑之前,已有饶黄公路[2],它是在大溪流东边的,但那时政治上腐败,这条公路筑了数年尚未完成。因此,群众要求交通的便利。所以另行提倡开筑饶外公路。

饶外公路是在大溪流西边的。它所经过地区虽比饶黄线为荒凉,但比它有许多优点。

第一,饶黄线那时的起落站为石龟头,这个海口常有风浪,阻碍货物的运输,但饶钱线的起落站为钱东市的海口,并无此害。第二是两线的吐纳口都以汕头或潮安为主。但这二地的货物,或旅客经过饶钱线的钱东,比经过饶黄线的黄冈再转到饶平县城,可以省少廿里路的运输费与时间。第三是饶钱线接受各地的货物比饶黄线为丰富。

饶钱线既然有种种优越性,而且饶平是山县,多开一条公路也有必要。所以我们与群众一同起来向饶钱公路动工了。但因浮山市有王姓听信谗言谓饶钱线如开成,对于饶黄线所经过他们独占的浮山市生意有损害,所以由他们几个绅士摊派巨巨,四出运动破坏。以致那时反动的饶平县国民党部及伪政府不但不帮助工作,而且阻碍我们的进行。

---

[1] 本文为张竞手稿,共四页。饶钱公路为三饶至钱东之间的公路。三饶为当时的饶平县城。
[2] 饶黄公路,三饶到黄冈之间的公路。

但在这种大阻力之下,我们全靠群众的力量,克服一切的困难。所以我们借口在三个月内,全靠公路线每段内的乡里群众自动加入工作就完成全路的工程了。以数十万工程日,不用一文,全靠群众的力量而告成功了。可是工程成功之后,行车组织需要资本,遂而由几个资本家投资主持,以致他们操纵一切财政,偷窃群众筑路时的成果,使群众在那些时间,对于此路毫无利益所得,这是他们对不住群众的。在此筑路时间,那时日夜与我们工作的,有工程师林美南同志[1]。后来他加入共产党,任东区专员。至于我个人对此路虽是发动人,但不敢以为功,只求免如东官乡王姓那样多方诬蔑加我许多罪名[2]就好了。(完)

补充:

——公路方面

(1)饶黄公路何时筑,何时完成与通车时间?我完全不知道。我那时尚在法国。现在记忆力不好了。但有一事记起是,在饶钱公路筑完后,我们尚出了许多工,把饶黄尚未筑成从浮山到汤溪桥的一段工程完成了。

(2)饶钱公路就我所能记起是在一九三三年开筑的。大约只用四个多月时间就筑好,同时也开车。

(3)饶钱沿路所需田亩,大约有几百亩。(那时有发给田主的凭据,折成为该路的股份。)

---

[1] 林美南是当时张竞生聘请的一位负责并指导修路工程的专家。
[2] 在张竞生的家乡,主要有张姓和王姓两个大的家族,由于各种原因,长期以来的家族以及各宗族之间的争斗是很常见的,两家一直有相互的仇恨,当张竞生准备修路的时候,王家的人自然有点不太积极,但由于该工程是面向整个地区的工程,所以,在修路的过程中,并没有家族之间的争斗,然而,当工程结束以后,问题也就来了,由于在施工的过程中难免要得罪一些地方势力,如祖坟被挖、田园被占等。他们这些人四处活动,上下串联,终于以"借修路之名修建了女浴池,而起了伤风败俗的作用"为名,要实施行政捉拿张竞生。

（4）饶钱公路开筑时，沿路居民都加入工作，约每日有二三千人。这些工人的食用由该乡村酌量补助。工人所用的工具不过是农具如锄头、钉锄、斧头等。因为无好工具，以致工作极多。但遇到大石壁时，我们则雇用专门打石的工人。所有饶钱路的桥梁涵洞的经费则由沿路的树林出卖支用。

（5）饶钱路行车组织由黄冈余某及汕商黄某主持。初时买有四五辆旅行车。后因生意好，再添几辆。但这班商人唯利是图，搞得彼此舞弊，用人过多，以致经济虚空，另行组织。我因当时为公路事被通缉逃在厦门，当然不能顾及了！

（6）初时因顾及人们经济水平，故各站收旅费相当便宜。计饶钱路从钱东、樟溪、浮滨、汤溪与饶平县城共有五个上落站。

（7）饶钱路通车后，饶平经济上根本无起什么变化。东路通车极少，相当受到饶钱路交通上的影响。

（8）抗日时，饶钱路停车，公路破坏与胜利后何时通车的确切时间，我都不记得起了。

张竞生的发言[1]

"堆肥"在农作物肥料上起着极重要的作用。在外国有所谓"堆肥专家",在我国先时也曾有出版过这样的专书。我今只来介绍其大纲,并与我国尿屎肥应用上求出一个最科学性的应用。

把草料、叶类及渣滓与涂泥及一切废物堆集起来分成几层(通常为九层,每层约一公尺),每层中浇上一些肥液料,使它几时后发出热气时(即发酵质)再加上层,照前法制。待到高度足时就停止层级,再待些时就可取用。这就是堆肥约略上的制造法(堆肥造后,须要遮盖)。

我今特来讨论对大小便的利用法。普通我国的大便放在干厕或水厕,而且厕所多无遮盖,遂使肥气在几日后走失许多。通常农民利用大便不是随时取用。有的经过几个月久。如我们潮州的水厕,农民只在稻田使用,每年不过清理几次厕肥。这样,粪肥在厕所内日子太久,大部分的肥质几已消失殆尽了。

为今之计,就在改良厕所的方法,最好是为干厕,上边有遮盖,深一丈余,尿屎放落在如上所说的渣滓层,待几日久,屎量足时,再加一层堆料。总之,把厕所做成为"堆肥所"。

这样结果的利益是由尿屎肥即时落在堆积物料上,就起了发酵的

---

[1] 这是张竞生在政协广东省委员会第一届第二次会议上的书面发言稿,时间为1956年4月。

作用，一切肥料不至消失。不但不曾消失，而且向废物起了发酵与腐化及繁殖肥菌的种种作用。估计这样大小便的效用，比它们单用时的肥料价值可多数倍，因为粪肥在此不单是粪肥，而是把一切所堆积的废物一气共同变成肥料了。

如不能把厕所改良到为"堆肥所"时，也当把尿屎随时放入于各个如上所说的堆肥层中。

在乡间的尿用法，当然与屎不相同，农民都随时把尿浇到菜蔬园中，这个用法，又嫌太快用。因为尿须加入些水，待到变成绿色时施用，更有效力。

总之，如把尿屎变成为堆肥，可以得到种种利益。我今简略地来说：

第一，可使粪肥不致在厕所久藏以致消失许多气力。

第二，可使堆积的一切废物，由尿屎的合作而同时起了肥力的作用。故尿屎的肥力在这样作用时，比它们在单用时可有增加几倍的效力。

第三，尿屎单用时，最危险时是在菜蔬及一切农作物中传播与繁殖一切极危险的病菌。今把它们"堆肥化"后因而发酵的结果，一切病菌死灭，以之施肥于农作物上，可以生食一切菜蔬而无害于卫生。（外国都禁止施用于农作物上的尿屎肥的。）

第四，直接施用尿屎肥于田园，肥气易失。故当常时施肥。如经验所说，种菜蔬的"日日水，三日肥"。意思是每三日须用一次尿屎肥。今若改用堆肥，则肥料在田园间，可以缓缓被利用。故落一次堆肥，可以半月至个把月久不用再行加肥。而且因废物的遮盖，在于园中，也可保存菜蔬中的水分，这于施肥的手续上也较便利得多。

又所谓堆肥的废料，在大城市的郊区收集极易。如市场、街路与人家所放弃的废料，都可充分取用。若在乡间比较困难，但乡间有许多涂泥，各种草料与叶料及猪牛栏的粪料，都是极好的堆肥物料（农民应把猪、牛、鸡粪等加入为堆肥）。

我先前在乡间十余年久种植农作物时，曾亲行利用这种堆肥。今约略写出其大纲，请农民兄弟作为参考。

山窝种柑谈[1]

潮柑——尤其"右柑"是世界上独一好的柑种,论及橙类,当应推尊"金山橙"。但将来"新会橙"改良后,或可与之竞争,至于右柑的色、香、味种种,迥非金山橙所能及。我们已在汕头设立"中华柑橘研究所"了。我去年在暹京与余先生子亮鼓吹右柑与樟柑的广大培植。如能将右柑好好改良,实在可在世界市场占了首席的位置,当能驱逐金山橙于市场之外了。

说来许多种柑人及果实家多不晓的,就是柑的培养特宜在山地,最佳的在山窝(即两山之间的谷)与其两旁。愈高山的谷,即愈深的窝地,愈宜于种柑。现在饶平独一的柑区乃在庵前村,经我两次的调查与村人的报告,多数在山窝得到兴旺与耐久的柑丛。他们不知此中的理由,让我简单来解释吧。因为山窝多肥地,第二又阴凉,第三在雨水季不害水,在旱季可免干燥,第四空气较平原为流通。至于平坦的田园呢,则适得其反面:在雨水季则阴雨缠绵,有时至一二个月之久。到秋冬季则干燥至四五个月。遇有水时太潮湿,多虫害,最惨的是萎黄或生黄棱病,全株不免于死亡。到秋新冬时太干燥枯竭,柑身不能兴旺。说及山谷比平原空气流通,须深晓气象学始能明白。因为窝谷中的空气较周围的为温暖,此中空气有如室内与外边一样,冷热

---

[1] 本文原刊1948年《现代农民》第11卷第8期。

时时对流不息，因此生机勃发，又减少虫病。至于平原周围彼此一样温度，当然不能对流而终久保留平静的气象了。有上种种理由，故山窝种柑比平原地胜过万万。

况且，就地价说，比平原地更多多的合算。就我本地说：开垦一亩山园的工价不过比买一亩地的十分之一。即是种一亩好田园的代价，要高出一亩山地十分之九了。且照国家开垦律，所开山地不用纳地税，凡此种种，多么便宜呵！

论及山，两山之间便有谷窝，一条山脉不知有多少山窝。就我饶平县说，我想最少有十万以上的。十余年前曾与一县长行山，我就向他说，你看这样一个山窝，大的养一大家庭，小的养一小家庭，如能利用所有山窝，饶平就能增加十余万家，即比现在多一倍人口了。

柑利真大，我园的柑，种下不过七八年，今年柑价，一株可卖到一二百万元。美国不过二州之地有种金山橙与柠檬的。我曾计算其战前（十余年前）的出息，已与我中央全年所收全国地税同样数目了。他们全行以科学方法培养，故其柑丛生活到数十年之久。可惜我们的柑，有时只能活到数年，以致种柑者常至赔本。这实在是人力不尽，不是我们的天然条件会比它输。故今后我们西南诸省，尤是自温州到福建至广东一带，好好去利用科学方法种植，单就柑橘一类已够使农民富裕了。

柑味，尤是有柑那种温柔刺激的挥发性，实在非他种果品所能及。且富有第三种维生素（清血毒洗肠肚的维生素），实在为卫生的要品。又据说多食柑能使人美丽，十年前希腊一女子得到世界美人的荣誉，即是生长于养柑家的。

所以论列果品，谁为第一？在外国则算苹果，苏东坡则主张荔枝，在我呢，则主张为柑，尤是在西南诸省，气候太热，不能种苹果（山东以上极宜），更愈应推柑，尤是右柑为第一了。

柑之为用已如此其多，尚有一种特质为人所未知者，乃在其花的芳馨，所以前时法国大皇帝鲁意十四[1]在其宫廷（凡尔赛）养到二千株之多，专门为他鉴赏与吸香气呢。又当其满丛柑果累累变成晕红色时，除香味外，那样一个一个的如乳形的色彩，也够人于月夜沉醉了。

或说西南诸省的山窝都去养柑，那么，出产过多，何处去销售呢？这是不怕的，因为有柑与柠檬可到全世界市场去，樟柑与橙类可为助品而畅销本国及南洋一带。此外，可以多多制成糖浆的柑品。我国的柑饼、橘饼已著名于世界了，在外国果浆中，我最喜欢的是柑浆，那样黄金色透明得入人眼睛，那样清香兼激发味的可口，在外国也列为上上品的，故不怕多柑，怎么多柑亦都能销售的。（又有一种六月成熟的柑，在夏季更为适宜的。）

我只写出柑橘一项已经这样多方面利用了。此外，西南诸省的山中，最易种植而比柑少工力，少成本，有易于生成与耐久的，尚有荔枝、龙眼、芒果、枣、栗、榛、白果、柿、橄榄等类。这些可免在山窝，只要在山上，勿过一定的高度，都可满山遍野生长的。它们不怕虫害，不怕水，不怕旱，一活就到百数十年，多么可爱的果木呵。故今后造林当先造果林，然后造普通林，果林造成后，就不怕饥饿了。每家如能造成二三百亩果林，每年如能收获数百担枣、柿、荔枝、白果等等，干藏起来，遇缺乏米麦时，大家只要来煮了一二碗这干果汁，便比米麦得饱，资养料更为充足了，即只生食也已不怕腹空了。至于果木死后，或老丛不生时，砍伐后，可做各种木料，其价值也极大的。

论及果味的清香甜，已经非肉鱼及菜类所能比拟，况且有多样果实的资养料直与肉类一样多，例如香蕉片肉同样质量，然比肉类好的，因为果类易消化，不消化，也不致在肠内生毒，故"果实派"比素食及肉食为卫生。

---

[1] 今译路易十四。

此外果实尚可当药用，我国古来著名的"杏林橘井"，为中药的神品。在西人有谚语谓"日食一苹果，医生家中坐"，这说如人能多食苹果，医生就无生意了。例如患大便枯燥病与肠出血者，只要食多少好香蕉，就治愈了。至于橄榄可治胃病，杏仁可治咳嗽，可说一样果实对一样疾病有治愈的功效，故多食好果实，便是好卫生，医生不用请，药品不必用了。

民需论[1]

诸位先生、诸位同学,今天我承贵院主任数次邀请得来此间和各位见面,实在觉得很高兴。今天看见各位这样热情使得我不能不提出一个问题来与大家研讨,这个问题是个学术的讨论,其题目为"民需论"。兹将其分为两讲述之。

第一讲

所谓"民需"是指生存、智育、艺术三种的需要,这三需是天赋的人权。每个人从呱呱坠地生下来以后即有此三需的要求,不论任何人甚至父母都不能侵夺,任何政府也不能漠视。一个人从其脱离母体出生后,即有生存权,长大成人时便有智育权(即教育权),受了相当教育以后再进一步便应有艺术权的享受,三种权的需要在人生中是不可缺一的。

三需在历史上的发展有其一定的规律,大概是起于独立而终于联系。这话怎样说呢?因为在最初的时候三需中的首脑——生存权,是起于自然的需求,初民的生活为渔猎,然后进为游牧,以至初期农业

---

[1] 此文为1947年12月上旬张竞生在南华学院的演讲,根据南华学院李连云笔记整理。原刊1948年1月《南华学报》迁汕再版号第2期。

时代。在这些时代,人民为自己生活毫无把握;又因为畜牧耕耘,个人与个人,或团体与团体,势力不能不有互助与竞争,一面要竞争,一面又要互助。(这可见达尔文的竞争学说与克鲁泡特金的互助论是看一方面,而实则是互相并立的。)人民于是将自己无暇管理的政权不得不付托于人或一种机关(最初为家长与宗老,继则为酋长等等)。

智育权起于人类好奇心与需要,人类最初觉得自然界现象的复杂甚为惊奇。后来在这种复杂现象中觉得有些与生活有密切的关系,因而生出一种智识的需要。起初是由庙宇的僧侣隐者开始研究,进而是士大夫的特殊阶级,再到社会进步而至今日,便有学院与普及教育的成立。

艺术乃起于人性好动及娱乐。群众的跳舞歌唱,以至于大建筑及特殊艺术家,都是从这些人性演进的。

三需本是依着这个次序发展的。而人民本应依着这个次序而获得三需权。可是为什么我们今天还得不到这三种需要呢?为什么曾遭受饿死得不到生存权?很多人得不到受教育权,更而许多人简直连有形的艺术都没有享受呢?据我看来完全是由于政权独立的毛病。

初民时代以至于初期农业,人民的生存绝无保障,彼此间不能不互相帮助,而且有竞争,于是不得不付托一种机关来处理一切事务。最初的组织不过为一种家庭性质,父兄为一家之长,或宗老管理一部分人,毫无政治性质而纯粹为这三需而努力。及到了部落的酋长,政权已独立了,渐渐脱离人民的三需权而独立了!酋长在政权上专制起来,人民一切全被剥夺。到了封建时期酋长一变为诸侯,甚而有了皇帝,中国历史至秦朝已达到完全专制,政权也完全独立,生存以至教育,艺术全被剥削。本来政权是一种手段,完全为人民的需要而成立的。及到政权独立,完全以政权为目的,遂使一部分人专在争取政权,这时候的政权完全和人民的三需脱离关系,失了原来的手段了。一直到十八世纪卢骚《民约论》[1]的出现挽救此中的过失。以至今日,

---

[1] 卢梭著作,又译为《社会契约论》。

虽然文明的国家已将政权移到全民手中，但仍然不能离开历来所犯的错误，我辈的"民需论"主要的就是在纠正这种错误。

卢梭的《民约论》主张天赋民权，后来引起法国革命要求取得人民政权，然而革命的效果仅为政治的改善，其对于社会及经济制度无多大补救。它的过失在于忽视人民的三需权。《民约论》的宗旨在争取人民的自由问题，在当时十八世纪欧洲确实是起了很大的响应。今日的中国社会虽在行将颁布宪法，可是人民的自由还受着极大的统制。《民约论》虽然争回了人民的自由，但尚嫌不够副人民的希望。人民的需要不独为自由，而要一种比自由还更切实的三需权呢。跟着《民约论》而应时产生的是马克思的《资本论》，这是一部经济战争的学说，主张反对经济的操纵，打破资产者与无产者的界限。认为资产阶级利用剩余利润，剥削工人的工资，因而贫者日贫，富者日富。结果使无产者起而夺取政权，求全民经济权的取得，苏联正在试金石时期，大概如能在国际经济上全部分着力组织则可以成功。若贸然参加了战争必致失败。

我们细加研究《资本论》的阶级斗争不过是一方面的看法。人民所需要是三需权同时之取得，在阶级斗争中，人民为着经济的需要出而战争，不过是初步的要求。今后最切实的应进而求得教育权和艺术权。从历史看来三需中最重要的是智识阶级，历来斗争即完全操纵在智识阶级手中，以智识阶级为中心，指挥人民，领导人民活动，《民约论》和《资本论》是智识帮助成功的结果。孙中山先生的革命也是起于智识阶级的。然而智识的活动没有一种环境及背景不能成功，这就是说思想是要靠经济和物质才能成功。所以斗争的主动者应该不仅是无资产阶级，而应该扩大范围至人民三需权的获得，这三需的取得不属任何阶级而是全民的战斗的，至于领导人物，则应注重智识阶级。

从上面所说我们知道《民约论》和《资本论》都有其毛病，前者是偏重政权的民主，后者是"一需权"的民主，廿世纪是民主时代，尤其今日之中国于行宪时期一切皆应民主，可是这个民主的政权绝非独立可能，应当附属于三需权，今后我们希望的并非单方面的民主而是三需的民主，即生存权、智育权、艺术权的民主，在生活上能得到衣、食、住、行最低限度的解决，又冀求在经济外，尚须着重于教育及艺术，然后将经济为全部的智育化与艺术化，这样生存始有意义。所以民需论的观点全在视其为全民的生存之外，同时在发展智育与艺术的必要条件。

民需中的智育目的是要打破士大夫的特殊阶级而达到普及教育，现在的文明国家已有了普及教育，中国却在例外。大学教育不消说，即中学教育及最基本的国民教育也还很少人享受得到，原来普遍教育的意义在理想上除了天然的残废及神经病者外，公家应给予全民的完善教育。这不仅是基本国民教育，或普通中学教育，而是以专门及大学程度的普及为必要义务，因为教育是助成经济与艺术的发展，所以我们说三需是以同时联系的教育为目的。

其次是教育达到相当高等与普及以后进而需要有艺术及娱乐生活的需求，有形的艺术如建筑图画比较容易享受，至于无形的艺术如音乐以至情感精神的享受便极难领略，在外国对于有形的艺术已可以人人普遍享受，他们对于物质艺术生活的水准很高。可是无形的艺术却要在受过高等教育以后才可以享受，不然即无以发挥。关于艺术方面的发挥如男女之间的情感，便是精神的艺术。男女到了成年时即有自然的性欲，不过表现于肉体上太无意义。最有意义的是在男女关系中情感的推动。人类情感的发生有种种不同，一个人的情感表现可以影响全体（例如著名的影星及一些表现专家）。艺术是人生的，不是示范的，所以我们希望能造成一切社会娱乐化及娱乐艺术化与性欲的娱乐艺术化而使其升华，这样才是真正的艺术。总之，我们期望有好的政权，使生存方面衣、食、住、行有合理的解决，智育方面能达到高等教育的普及，艺术方面达到有形无形的娱乐，这就是全部政权所发挥的三需权。

第二讲

三需的重要上面既经说过，现在我们要说的是新中国要怎样从三需上整个的组织法。兹将其分别说明之：

经济——求衣、食、住、行的合理供给，要达到此点务须先从农入手，蒋主席著《中国之命运》一书在初版中对经济方面主张重工业，对农业过分忽视，当前近代国家固然须向工业前途迈进，但在中国却不能做到，而相反的要以农业为主要。怎样说呢？中国以农立国这并非夸口，中国人口百分之八十为农民，一切还停留在从前社会状态，而无一点工业气息，财力的组织全在农村，所以中国一直到目前为止还是农业社会，本人为农民一分子，所以主张在中国农业重于工业，这并非重农主义，不过在国家的需要上以为先建设农业，然后再行发展工商。也就是说，如用百分力量来说，应以七十分为农，三十分为工商。在全国人民依靠农业为活的今日，我们不妨跑入农村去看一下，便可以见到许多的农民生活的痛苦，他们的生产技术，根本与几百年前的原始生产无异，没有一点科学基础。不论为了全国人民生活，为了中国社会，都有重农的必要。我们所以这样说是有理由根据的。

从工业上说，一间工厂的设立非几亿不能开办，建筑一条铁路，更无能力可说，事实上中国根本不够资本去发展工业，至于农业则比较容易，只要有近代的科学意想，去努力便可以成功。美国从前一个人仅可养四人，现在已经增到可以养活二十人，这就是由于科学的进步。我们中国今日也可以和美国一样用科学方法改良农业，即不必工业也可以养活许多人，中国有大量土地，有众多的人口，虽然缺经济一项尚足以致富。全国的农业既是不合科学的生产，而土地的利用又仅限于天然地，很多地方，尤其山地因为缺乏抽水机及水利建设便成了荒地而不能利用，结果形成可耕地甚少。如广东一省来说，全省人口总数约三千五百万人，平均每人得不到一亩田，加之生产技术的粗劣，丰收还不能维持，灾旱时就不免饿死了。至于山地之多，就粤省说，平均每人可得许多亩。东北诸省荒地一样多，西北诸省也不少，现在我们要说的是西南诸省，如广西、广东、湖南、福建、江西、贵州等省，以人口而论广东最多。可是其他诸省山地更多，那么每人平均可得许多亩了，所以我们提倡农业可以不必用机器，只须将中国多量人口的力量尽量在闲暇中去开发山地，利用科学智识，那么可以得到无限的资源。这样一来农村经济及全国的经济都可以完全充裕了。约在十九世纪六七十年代时，美国政府提倡系统开垦其西北平原，结果几十年来它的农产品增加不仅足够供吃，且可以供给全世界。这完全是由于人力与科学的成功。今日中国的许多问题不是不知，是知而不行，如果我们能用科学方法解决农业问题，则轻工业亦可发展，再进而发达重工业，所以中国的经济改变，实在与农业有重大关系（关于山地的开发，国人注意甚少，我近有"山的面面观"提倡以引起注意）。

教育——关于教育方面，中国早就有所谓普及国民教育之提出。其实，我们不但要国民教育的普及，而且要专门及大学教育的普遍。至于一切教育应尽量研究科学智识，去改良一切生活与艺术，科学的智识范围亦应广泛，中国的社会弄至今日还不能有科学化，所以社会事业不能完成。因此，我们今天正步向民主政权大道的时候，急呼实行科学运动、研究科学智识、提倡科学教育。至于教育独立不受外国操纵的问题，最近胡适校长主张节省留学费用，建设国内独立大学是很好的，我们希望能够做到此点。

艺术——关于艺术方面是比较专门的问题。这里所谈到的不过是普通的，我的意思主张普及艺术与普及教育同时着手建设整个社会的艺术化（如戏园、娱乐场、公园、工厂、农牧等的普遍设立艺术化的），从而改良整个中国，使"农村城市化"。要做到这点必要建设各地交通网，借缩短城市农村间的距离，打破彼此空间的隔膜。然而要注意的切不要放弃农村生活。在中国今日经济崩毁时跑到农村去不仅可以安定生活，而且有大自然的鉴赏与得到感情满足的享受。

其次还有一点是广播音的教育及艺术普及法——我曾在十年前发表过播音台的设置，这种设置是依地方言语之分别设立各种单位播音台，与普遍设立收音网，经常收各种如音乐、演说、科学等的智识。这样一二年后对于普通的知识和艺术的享受都可得到。实在比以学校去普及国民教育的收效大得多。去年我曾去过台湾参加过一次音乐大会，看见台湾人每百人中有八九十人喜欢音乐的。其艺术教育比其他各地为高，闻说这都是平常得到收音机的影响。

结　论

为了实现三需权。第一，我们要实行全民的政治——三需权的民主不用武力而用普选以及社会的建设而达到成功。第二，先定三十年内不参加国际的战争，不受世界上任何国家的利用，采取自主政策，一味倾全力为三需的建设。第三，内战至今已难再和解，然而双方彼此极难消灭任何一方，由此政治建设更谈不上，我希望中国不站在任何一方，应站在第三者的立场上，最好有"国际性"的组织，如"国际军"之类，以及寓兵于农去对付内乱，并努力将三需权的民主政治及社会事业的建设为解决内乱的对象。总之，一切以三需为基本。这三需的完成还希望不仅在一国的全民，而尚须要达到国际全体的参加（其中应参入人口的节制与移民法），务使全世界成为整个的经济网、智育网及艺术网的组织。

饶平县农产展览会告参观者及三字经说明[1]

告参观者

一至微细植物，能发现于人畜有益时，其功能超过大英雄、大皇帝。彼英雄之丰功伟烈，其效率不过一时与一地之争。如一件植物之功能，真与人类相终始。农林与民生之关系，一是需要的，一是趣味。既可锻炼其身体，又是超逸其心志。这是消极之遁隐，亦是积极之进取。唯能躬耕于南阳，才能尽瘁于国事。印度圣雄甘地说"最伟大者为农夫"，伟大的农夫阿！是的，唯农人始能与大自然相合一。

我省少田多山。全省人口合计，每人于天不过数分，于山可得万余亩。俺们之山利虽是取之不尽、用之无穷。林利之外，耕地广产，牧畜、水电相继而兴。经济充裕，进而求"新村"之组织。一切社会事业随之而振起。故农林是一种主义——民生主义——重要者之一部分。又是一种政策，而又侧重于农以为工之原料、商之泉流，而成经济中之根本政策。

这次小小农产展览会中，如能引起诸位参观者之一点点小兴趣，

---

[1] 这是一篇张竞生的手写稿。其内容主要是针对农村种植的方法思路问题以及由此而来的发展农村的经济问题。题目为编者所拟。

去搜罗自然无穷中之小株有益于人类之植物，这已算催促诸君做下一种英雄的事业了。诸君从事于农林主义与政策之实现，更是鄙人晨夕所馨香祷祝的。

卅三年十二月十二日

三字经说明

粉蕉（又名玉蕉、米蕉、寸蕉等）

去年饥，掘蕉头，蕉枝叶，无遗留。我现在，亦试食，粉蕉头，真好味，又香甜，又饱胃。粉蕉身，亦不劣，一蕉身，合头算，几十斤。人可食，猪可饲，舂碎碎，夹米糠，猪得肥，免瘟疫。粉蕉子，极精细，比他蕉，来得贵。屋前后，种粉蕉，身高大，叶茂丽。几十株，几百株，有生计，可优裕。

饥荒粮食

说去年，真可怜，人饿死，无米粮。金狗子，脱下毛，青金叶，舂为饼。鸭舌草，当菜食，香蕉头，蒸成饭。树皮壳，野菜蔬，抢到手，温肚皮。政不修，农不讲，穷人民，满地倒。富贵家，不知惨，特写出，呼人道。

堆肥

稻槁草，凡草叶，葬对象，都可以。幼稚枝，草木灰，合一处，每一层，尺余厚，盖上土，注屎尿。勿过干，勿过湿，数日后，发热气，待化后，真好肥。一家人，大小便，垃圾土，在灰寮，做堆肥，未失味，比厕所，气力大，几十倍。依样做，数家口，屎尿水，几亩田，是肥料，靠己便，未饥馁。

栗榛

栗与榛，大叶树，种几年，就有宝。好食味，当养料，木质美，枝叶茂。本地土，极宜种，俺多山，人万亩。广种栗，食米毕，广种榛，永不贫。

除虫药

除虫药，极多端，最效力，硫酸铜，与灰水，做成液（学名波尔锋波），杀尽虫。简易药，如茄汁，苦楝叶，能杀虫。稻作物，多死于，二螟虫，三螟虫，可怜人，委诸天。多发灰，多下药，包年年，都丰收。

辣椒

数椒种，几十样，有的食，有的玩。朝天椒，虽然小，辣刺刺，小更妙，满遍园，屋宇边，多种植，甚易大，既美观，可做酱（著名为暹罗做法），多兴奋，虽喜食，抚毒疫，今年头，畜瘟鬼，四处跑，我国中，朝天椒，杀鬼力，百只鸡，无一倒。

绿肥

草叶藤，青嫩时，做绿肥，增养料。独豆类，特别好，豆可食，荚凑叶，富菌种，荷兰豆，尤独出，冬耕时，满田播，花将用，全犁入，胜豆潭，超鸡毛，如勤力，榕树叶（俗名松杼），山上芒，田中草，溪内楼，其数目，论千种，取稚嫩，作绿肥，放入田，粟成堆。

赤松（俗名松柏）

论赤松，处处有，山顶上，石头隙，都能活，都妙巧。勿看它，无效益，其效益，说来大。种数年，取枝叶，堪火烧，取它油（松节油），称好药，有松罩，有松脂，鲜可制，火柴杆，枝叶杆，可制成，各纸料。树根下，生茯苓，种几年，变土质，劣化优，瘠成肥，大树后，数丈杆，只一枝，值万元。姿势土，如虬龙，松林内，空气清，人居中，肺康宁，肺病多（俗名内伤），可奈何，死得惨，死得苦，有松林，免烦忧。

桐油树

我国古语说："家有千株桐，子孙不怕穷，人有千株桐，胜于万户侯。"三年桐，种三年，就成功。木质美，家具丰，不忧腐，不怕虫，花如烛，真美丽，枳作油，可漆器，可点灯，可使机，油渣饼，做田肥，能杀虫，免烟灰。树易大，同桉木，十余年，成大园，数其功，比桉树，更佳妙，一株桉，一株桐，夹杂植，更神通（君滇记，我国家，年来输出货，桐油占上第一位，比绿茶之利益更大无穷）。

注：一，青金叶、金狗子生于山野，鸭舌草生于田野，在荒年，采食充饥是也。二，栽，潮汕称种苗为栽，如"菜栽""树栽"之类求其通俗也。

桉树（又名有加利、白树油、玉树等）

桉树叶，高顶天，容易大，质坚强。建筑料，桌椅床，又美致，又香甜，特别好，做"枕木"（铁路上之架木），落地下，不浸朽。枝叶盛，荫路旁，叶发味，"锈养骏"，能除疫，好除疮。屋宇边，乡村中，多种桉，无蚊蟒，是为油，药最良，白树油，治伤疮。数其益，难尽言，我饶平，种万千，安得满村满山种桉树，使尽人民快乐如神仙。

二江旱"变种"

二江旱，练培植，已变种，上山播，如旱谷。二月播，五月收，不怕旱，苗油油。数年前，倡山禾（一名金田禾），到头来，大失败，山木苗，太久长，播八月，始有粮，鸟啄食，人侵蚀，二江旱，只三月，多用荒，种此谷，满山中，成粟库，五月后，谷收成，种番薯，既饱食，又易储，如去年，虽干旱，种此谷，免饿殍，唉，唉，唉！

安得人人同努力，免使我人成饿莩。

二江早（本地名梅县种，早冬最佳之粟种也）

二江早，乃政府，提倡种，不怕虫，不怕旱，省肥料，省人工，膏高硬，粟肥舯，早收成，早见功。我田中，种二年，年年丰，望此益，与人同（本人及本村有此谷种，如有人要换，只求平换，不收利益）。

揭阳青（晚季之佳谷种也）

揭阳青，试几年，极著名，粟穗多，粟粒大，含糯质，煮粥饭，胶黏黏，极好食。倭奴尖，有糯味，揭阳青，甚相似。论世界，好谷种，二百余，水土近，气候同，都可试，早晚季，挑选出，十余样，轮流种，甚效果，比年年，种一样，或较好。近期来，我期望，这样做，望各人，同样做，外来种，好收成，老农话，应记着。（我有此种谷，愿种者可来平换）

花卉（玫瑰与菊对话）

玫瑰姊，来欧西，对菊妹，极惊疑，骄气说："朕在欧，称花王，我在此，妹何堪？"菊花妹，鞠一躬，论美丽，将无同，玫瑰王，气汹汹，主人来，讲折中，你为王，他为后，两并大（众花卉，在一旁），各闹妍，二六宫，七二院，牡丹妃，杜鹃嫔，莲花逸，不入场。

一枝小小野草儿，吐出一缕心中魂。含情凝睇对二尊，进草谁敢轻视我之天地春。村中弱卉曾矜夸，不肯屈伏富贵葩。

柑

有桶柑，浆柑王，我国种，熊四方，美脐橙，橙之后，一粒大，重一磅，柑为利，真不少。金银树，随人叫，前特候，我国产，无目算，三千万，美二洲，面积小，一年利，二万万，种柑地，勿在田，远山脚,盛山窝,培植好,富万代,柑栽子,要自理,外来栽,多浸水,种下后,数年死。柑之花,香馥馥兮悦嗅官,我今写此倍伤心,我柑不活我心休,重整旗鼓勿豫犹,誓与柑叶富神州。

按：饶平县农产展览会于卅三年十二月十二日在县立第一中学举行,饶平县立初级农业职业学校校长张竞生博士亲临主持,应邀在一中大礼堂演讲《食的哲学》,指出"少、好、巧"便是食的哲学。因题目新鲜,各界人士听讲踊跃,将礼堂挤得水泄不通。展览会场使用教室二间,由于张校长的《告参观者》及《三字经说明》,引人入胜,展出时间十天,天天客满,难能可贵。回忆往事,感念无已。

小学教师与农村领袖[1]

（三）农村领袖的易为与其利益

那么农村领袖，如教师肯为，自然马上可以成功，这个当然由教师担当，比别人较易为力，理由如上所说了。照此看来与其舍弃教师而去从军政界与工商上希望成为领袖，其事甚难。因教师的资格有限，且都是读书人，不能长于交际，吹牛拍马，而且亦无许多闲钱去冲长久的候补费。故教师而不为教师，根本就失去了依据，一生弄得一事无成就。然教师而只为教师，也必觉得枯燥无意义，并失去了天然赋予的农村领袖之特典。所以教师而兼为农村领袖其利益可有种种。今我粗举其要者如下：（1）位置可以提高，前美国某总统由乡下教师为领袖而得选为该处的议员，以达到一国的元首。这虽是一个特例。但能做领袖，则虽小小的领袖，岂不比单做"教书匠"之地位高出许多倍么？（2）薪水可以添多。我说的农村领袖，乃要自食其力的，即于早晨或晚间手执锄头去种各种菜蔬或花果。又为农人组织各种合作社，于其中亦可得些应得的利益，凡此都可帮助教金的收入。（3）身体可以锻炼。教师——实则公务员及所谓读书人——终日粉板生涯，不事工作，以致养成衰弱的身体，甚且多犯肺病与种种短死命的症候。若能去做自食其力的农村领袖，身体即行健壮了，笔者

---

[1] 本文连载于某杂志，今仅存第二、三部分。

本人便受到这些益处不少。我近十年来，从事锄头工作，故行年将近六十而自觉得尚是廿卅岁人，养得好老命，希望有柴烧。我国人死得太快，美国人平均六十余岁始死，我国人大约平均恐不到廿五岁，四五十岁人已算长命了，实则五六十岁始是做人——尤是做领袖的时候。可惜我们死得太快了，连年纪也不许我人有资格配做领袖！所以今当拐个弯，即从领袖的工作，达到老命的取得。这就是说：唯有努力做到自食其力的农村领袖，始能得到长久而康健的生命。

以下所说教师能去努力为农村领袖，就可得到那些利益！教师们！这些利益是极可珍贵的。你们肯去放弃吗？你们做农村领袖之机会那样容易，而其利益竟如是之多，你们尚不觉悟，尚不努力吗？

（四）农村领袖的志愿、智识、才能、方法与修养

就上所说，小学教师是天生成的农村领袖，可惜你们不曾抱负这种志愿。故劝你们今后就要坚定这个志愿，不达到不休止。晨起来，夜睡下，就心头念念不忘，不忘我必要达到做了农村领袖的志愿。有这个志愿，你们就不怕不再努力下属所说的领袖条件了。既有志愿又有应具的条件，你们就不怕不能达到弄农村领袖的事实了。……（此处缺一列文字）是"合作论"，与多少农林常识就够了。说到才能，也不过一些普普通通的才能就够了。但诸君要谨记所谓"农村领袖"的智识与才能，只要肯去实干，肯去实行。在苦干中，自然想出有方法去对付；在需要中，自然能创造；在对付中，自然能去组织。故智识与才能的最高峰，为对付、为创造、为组织，而其发动点乃在苦干实行与需要迫切中，这条是自来科学发明与社会事业创造上之一定律例。如不去实行，如不感需要，则所谓智识与才能不过"纸上谈兵"，实无丝毫用处，只要在理论上……（此处缺一列文字）极易得到的，有数日闲去认真看看社会科学及农村常识就够了，这数日充其量也不过数个月，所得的尝试就够用为数年间的实行材料。如肯随事留心去

体察，就能产生出许多的创造与组织了，所做农村领袖的知识与才能是极易得到的。再其次，说到"方法"，这里是指怎样推动农民从你话去做的方法，我想最要在动以"利益"。开垦土地，向他说怎样他可得利益；修一条铁路，造一条桥，向他说他如何可得利益；组织各种合作社，都向他们说全为他们的利益着想。利益又利益，农民所要的为利益……（此处缺一列文字）乱的农村中，推动大多数愚蠢的农民去做有系统的事业，非有坚忍的修养不可。这是说，今日说不通的，明日再说。此事做不行的，可从他事入手。这人不听的，希望别人可顺从。总之自己应急进，对他人无妨忍耐。一年半载能做一事也将就了。此其中最要是领袖自己先"以身作则"。要他人拿锄头，自己应先拿锄头。要他人开垦，造桥，修路，自己应先去开垦，加入造桥与修路之工作。

你们如能"以身作则"，凡事肯去努力实行，即时就可取得农村领袖的资格了。在农村中，在农……（以下文字缺失）

今后之农民政策[1]

今日我国农民所患之贫、弱、愚、横先天毛病，非其身之罪，乃是政治、经济、教育与社会种种恶制度所造成，故欲救治其毛病非从根本上改良图善而不能成功。

先以政治说，今后所应注重者厥为"实业政治"。举凡农工商矿电力运输，均应脱离"官僚政治"，而望其本身之权力独立，以我国今日普遍的贫穷，尤须注重于最大效率之造产。次就农业论，我国人口众多，而可耕土地，究属有限。例如号称天府之四川，与富庶之广东，平均每人实不得一亩田。而统计全国，每人亦不到二亩田。故非先事富有系统与伟大的造产，则今日破坏的农村，永无复兴之希望，而一切实业之原料永无供给，可惜若不造产，纵使一班大地主与富农之田地悉数充公分配，而农民亦不能维持其最低限度的生活，所以今日农业政策亦如他种实业一样，造产应列为第一。

于造产中，同时固当注重土地分配的合理问题，以缓进说，则应实施国父之平均地权政策。但今后局势急变，应行速进之处分，始能满足农民之要求，故应即付诸实施者，则有下列数事：

（一）制定佃农秋季所得，仅须缴还田租十分之三于田主，其十分之七应归自身，春季夏季则所产粮食归佃农。

（二）制定田主不得无故撤消租佃农之田，但佃农亦不得将田主

---

[1] 原文载于1945年10月28日《大光报》。

之田转佃他人，总以自耕为原则。

（三）制定佃农有优先买田主之田，及强迫田主卖田之法令。

（四）实施限制过度买田之法律，如以口计田，家有十口者，最高度数不得超过者应由公家或佃农收买之类。

（五）政府对农税应极轻便，遇有荒岁则应予半数或九成豁免征收。

（六）政府对城市之土地，荒山矿地，应行特别法，务使一切土地归公所有为原则。

凡此定分不过因地制宜，至于根本方针总以造产为重，至于利用国际投资，与□□□□□□□□为一种根本，一种政策，但因我国人力之多余，且农人大多数为小农，每年都有数月之余暇，如能利用此无穷之二力与新式耕种技术及各种工作法与集体之农场制度，则虽无外资，而专靠自己之努力，也可造成大富产，要之农业政策，先定第一，明后之年，则实行有系统的长期征工制，实行科学技术化，普遍成立合作社，组织大农场、大林场、渔场，求最效率之造产，而以"出力者有其田"为原则。

次就农业经济论：于东北西北诸省则有系统的开垦与畜牧，在中部应注重水利与荒地，而尤须注重黄河、长江，整理□□□□□□□□□力□到此山荒与林木。仅就西南诸省言，人民不论男女老幼，每人平均可得一二万亩山地，此项山地均甚富饶，而非属童山濯濯，诚能将此荒地垦殖为五谷区若干亩，为畜牧区若干亩，此外则兴造有用之林木，尤得其中利用为水电者若干处，为矿地者若干处此中水电之利用无穷，当使全区得水电化之发动力，故单以西南山地之有系统的发展后富裕已能扩展至全国，一如美国在前世纪之开发西部农业，可使美国受益之前例，总之农业经济政策有此大纲：

（一）使人力与土地，尽量配合，尽量互相发展，务使一尺地就有人力加入，务使一人力就有地方可利用。我们今后应叫起"百万青年从农"之口号，应如美国前世纪开发西部一样，以种种便利，使小公务员、小学教师、游余者与一切小职工均得从农林努力而成家立业。（二）在使农业工业化，种种利用机器种植与制造，运输。每个农人当以耕作数十亩至数百亩为度，而其出产品大都为工业化，可以运输至全国与全世界为目的。（三）使全国内地人民向东北、西北、西南之边疆移垦，既可以扩充农作之面积与收成，又可以充实国防之工作，既可以消纳国内游余之人力，又可以谋进人民高级之生活，所谓内外调剂，一而□和者也，以今……（此处缺少数列文字）。播音教育方法所费甚省，而收效极大，此乃本人对农村所主张之特殊教育方法者也。他如电影普及教育方案、国民学校普设方案、高等及大学研究院及奖励金之种种晨林教育方案，亦当注全力以谋其完善之成功，但无论何种教育方法，总当以科学精神为依归。

末了就社会组织说，我们对于纯朴之农村，寄托无穷之希望，因农民之纯朴，故其改革比较城市更易上于轨道，故本人主张由农村改设"新村"，乃谋整个社会中最有效力之设施。以农民人口说，占全国百分之八十以上，若以其所占面积与城市比较则当千分之九百以上，故改革农村为改革全国社会任何部门为重要。新农村之组织，以政治、经济、教育为基础，而注重善良风俗之养成与卫生方法之实行，而尤应注重"大自然"之美感与信仰。盖政治、经济、教育与社会是整个而不可分的。此整个的制度应从新农村之组织中充分表现出来，亦唯以新农村为整个社会之中心，然后合理的政治、经济、教育之措施始有着落，然后农村自治及各种建设始能收伟大与迅速之效率，此本人对此新农村之建设，下最大之努力以求其彻底之成功者也。

附　录

张竞生谈饶平建设近况[1]

哲学博士张竞生氏,昨由饶抵汕。据张谈云,饶平公路现分五截,同时兴筑。征集民工甚多,在二个月内可完成三百余里,从前闭塞不通之区,将一变而四通八达。欲振兴地方实业,此实为第一步。今拟同时扩张此种民力,从事开垦种种。本人现担任饶平实业督办职,对于本县建设,自应积极促进。定于阴历正月初间,人民春暇之际,督饬全饶人民荷锄上山开地。凡属壮丁,均须受征,务期全县人民总动员,为全国树一着实建设之先声。我国现在民穷财尽,只有人力上称富足,若能利用,使之从事种植,利益实无穷尽。且清乡方面,免使人民陷于偷闲赌博以及其他堕落行为。以饶平论,预计每人肯出廿工,计全县十万民工,即可得二百万工。以工值计,无异投资百余万元于地上。如此累积,行见全县濯濯童山,一变而为繁荫之果林与树林矣。倘使栽培与保护得法,不独此项山林,每年可出息千余万元,使穷县变为富县。然后再移此种伟大之民力,从事卫生教育以及其他事业,无论何事,都可成功。此种强迫民工从事牟利事业之方法,深望全国各地,均能同样举行,则我国立可转贫弱而为富强。虽有十个日本在面前,亦不足怕云云。

---

[1] 本文原刊1933年《旅外岭东周报》创刊号。

张竞生博士的农村生活[1]

张竞生自杭州驱解出境后,其一切性学影片文稿没收净尽,张彷徨出国赴法乡间居住,仍不忘情于文字生涯,执笔选稿,稍涉遐想,而环境生活迫人,卖文煮字,不能糊口,睹青山绿水,麦垄桑田,大动博士乡心。念漂泊二十年,卒无归宿之所,乃毅然以回乡办实业为己任,不愿再享受性博士之芳名。查张于民国十九年冬由法国归,在法之生活费与归途盘川,多为其挚友所汇归。过汕时未停留,行李寄放汕友家中,即匆匆乘轮归,余往访未获晤面,引为憾事。张为饶平浮山区桥头乡人,户本小康,有田园数十亩。张后恶家庭窗户太窄,光线与空气均感不足,不宜读书研究学问,乃在野外盖一木板屋,上面盖瓦,四面用铁纱网为屏,以作假墙,屏外走廊宽六七尺,意在防风雨袭入室中,张名其曰绿窝,取其意在万绿丛中也。室中无陈设,一桌一椅一帆布床与被褥,桌上为写文字具,地下有洁净之地板铺平,堆叠书籍,如同布肆散摊地板上。张在此中研究土壤之肥瘠,以便试种果木造林。张有一子,为当年与褚雪松女士研究优生学所得之结晶,现年约十岁,聪明活泼,随侍张侧,帮忙挖土种花诸役,诚人生家庭中之乐事也。张原配妻许春姜不育,去春不幸夫妻志愿相违,服毒自尽,张至今未续弦专心致志于种植养鸡,有终身耕耘之志。张

---

[1] 本文原刊1932年《农业世界》第1卷第2期,作者署名为"慧琪"。该杂志"通讯"专栏专门报道一些富有意义的现实问题以及一些知名人士的事迹。

以三月工夫，测验附近十里之内，田园旷地之土质，即着手种植。山石间种菠萝黄梨，山腰向南者种梨，向北者种栗，山下近水处种梅桃李，阴湿通风临流之处种芭蕉，小冈之上种木棉，小冈之下种黄棉，足水之田种稻，缺水之田种蔬菜薯蔗。张族祖尝之田归张试验，邻里各姓之田归张指导，张将其私人所有田园为基本苗圃，两年成绩斐然，青葱入望。张且善于果木接驳移植之法，惨淡经营两年，家畜家业亦昌盛。十月二十六日，张到饶平县拟向县政府倡设造林局及模范苗圃，并在黄冈组农林讲习所造就人才。按张生平明睿过人，自幼负文名，该乡绅耆多器重，为人诚实俭约。以前研究性学，人皆讥评之，今果能返本还璞，以前为其信徒者，观此篇有以自省矣。又前数日张因事抵汕，语友人谓近著二书《心理学》及《革命与建设》，行将付梓。并谓中国今日遭遇空前之国难，国人应沉着应付时机，不要犯历来浮躁空呼救国的口号。趁着时机，赶上农业建设，彼自言在乡中赞助公路交通实际工作，发展地方农业乃正确的途径。

张竞生回到农村以后[1]

数年前曾提倡某种学说救国，轰动一般青年，致到处被人驱逐，拒绝登岸，由哲学博士之衔，一变而为性学博士之号之张竞生氏；近忽由某种学说救国转而为实业救国矣。闻张氏自民国二十年返梓提倡实业以来，成绩颇有可观，虽然广东五个绥靖区之中，张之家乡东区成绩最坏（见去月陈济棠谈话）；但日来接乡人（广东饶平）来信，述张氏之努力建设之成效，颇有记载之价值，兹录其荦荦大者，以公诸关心农村问题，作为研究参考的资料。

（一）建筑公路——饶平位于广东东区，南离汕头水陆约计二十里许，四面环山，只有小溪南通黄冈（丁未起义的革命纪念地）。然该溪面狭水浅，只可驶量不满数吨之帆船而已，且未抵达县城二十里便搁石不可通行。下游则匪徒出没其间，抽捐打牌（按牌照乃匪类劫夺之一种名称），船夫多相戒不前，交通因之全阻。虽该县于民国十七年间鸠工建筑饶平公路——自饶平县城至黄冈，长九十里——由县自治会负责；所谓自治会也者，固以县长为要角，而县长乃一变相之投资商人，其在位则抱五日京兆，其目的则在乎求财牟利。若说罚款抽税，则夙夜匪懈，若说建设事业，则尸位素餐；以致年复一年，路款耗费数十万，而路基尚未建成。迨至张氏返梓后，实行其监督官厅之民权，于是尸位素餐者流，做贼心虚，便岌岌自危，竟有当

---

[1] 本文原刊 1933 年 5 月 27 日《礼拜六》，作者署名为"钱汉光"。

地人士乘机组织建筑公路会，专管公路事务。其主要角色多系富有建筑经验而稍能努力者，更兼受张氏之训导，现该县遂得成可以通车之路，计除张氏个人所负责筹款兼督筑之长六十五里之饶钱（自饶城至钱东市，可转车达汕头）线外，筑路会方面之成绩有（1）饶黄公路，（2）安（潮安）黄（黄冈）诏（闽省诏安）长七十里之省道，亦已有一段可以通车。至路基已成，仅差桥梁涵洞者，有：（1）饶茂路长四十五里，（2）新柘路长九十里，（3）碧店路长二十五里，（4）黄鸿路长二十里，（5）饶凤路长四十里。

　　（二）努力造林——饶平四面皆山，连亘数百里，丘陵起伏，多系泥土造成，且气候温和，宜于种植；惜乎乡农无知，以致牛山濯濯。张氏既以造林垦荒为职志，而粤当局亦乐于授以实业督办之责，官气十足，谁敢仰视？张擘划全县分设苗圃六个，以专制式督促乡民栽植。其第一苗圃，在张宅之附近，分为中山、抗日等区，已绿荫成林，枝叶森森。上月二十五日举行苗圃典礼，有第七师副师长谭朗星及该县县长马炳乾等参加，张出其新出土产享之。据张语人，二年之后，此第一苗圃，可以产出几百万株树苗，以分布童山栽植，则十载之间，获利不下数十万矣。

为移植美松致张竞生书[1]

近阅报载及乡人传述，知先生现方注全神于领导饶平县乡人努力作开路造林工作，学者能作国民向视为"种田牛"所作之事，听闻之余，雀跃而拜，缘此举确为今日救乡救国之图也。追溯民国念余年以来，内乱不已，最大之病根，无非知识阶级分子，咸奔集都市，互相作争夺行为，以遂个人享乐的欲望，以致农村领导乏人，生产没落，农村破产，向以农业立国之国家，今日之衣食，之住行，几无一非依赖舶来品不可。年来入超之巨，令人可警。单以木材而论，美国松木之输入吾国，每年竟达一万一二千万元之多，漏卮不塞，终非民族之福，为亡羊补牢计，唯有移植美松于吾国。兹据老于农事之同乡张渔耕君谈：饶平多高山峻岭，移植美松，为最适宜。（按张君自幼在潮阳乡间，勤力耕种历三十年，成绩几为全县冠，后因事变迁，地方不靖，改就商业，唯对于种植各事，经验素富，且多系自身试验者，实可为农业者之导师。且张君非但对于农植富有经验，即潮汕各属地理，亦多熟识，故能言之成理也。）因高山峻岭，有阴阳调剂之作用，树木易于生长，若平岗低山，只易种植谷类或少数果树。至于松子及松苗之播种法，播子宜自冬至至春分，掘土深一寸，然后将子埋下，种苗须自清明至小满间为宜，唯欲养成高大之林，最好播种子，因松木有中心根，以支持全树，移植树苗，中心根难免受损害，支持之作

---

[1] 本文原刊1933年《旅外岭东周报》第1卷第7期，作者署名"志平"。

用减少故也。就上海而论，近年以来，所有建筑物，均已完全采用美松，高楼大厦之建筑，多用五六丈长、三四尺直径之大美松打桩，其值每条自七八十元至一百元不等，每棵松木可裁三条，种植二三十年，即可成如此大材，其利益之优厚，诚可惊矣。盖美松性直质坚，极适合于建造房屋之用，故用途日广，若本国松木，则性曲质软，仅可供燃料之用，优劣之分，直不可以道里计矣云云。此等福国利民之要政，理应由政府买苗子，分发各省试种，以为提倡，但在此政治未上轨道的现状下，政府何暇及此，国民唯有急起自为之耳。

先生久留欧美，对于区区美松子采办，定极容易，唯现已春初，该松子如能在菲律宾采得，自无问题，如向美州采购，切须计算能否在小满前运到，稍迟三五日尚可种作苗圃，留为次年移植，若过迟则以秋后采办为宜，因种子隔年多不能用故也。先生是否以弟等所见为然，如赞成的话，美松子何日可到，向美国何处采买，每磅价值若干，均望详为示复，缘弟等亦拟采购分送各处试种，以资提倡也。